ALLIAGES CULTURELS

LA SOCIÉTÉ FRANÇAISE EN TRANSFORMATION

Heather Willis Allen
University of Wisconsin-Madison

Sébastien Dubreil
University of Tennessee, Knoxville

HEINLE
CENGAGE Learning

Australia • Brazil • Japan • Korea • Mexico • Singapore • Spain • United Kingdom • United States

HEINLE
CENGAGE Learning

Alliages culturels: La société française en transformation
Heather Willis Allen and Sébastien Dubreil

Publisher: Beth Kramer

Senior Acquisitions Editor: Nicole Morinon

Development Editor: Mayanne Wright

Editorial Assistant: Gregory Madan

Managing Media Editor: Morgen Murphy

Market Development Manager: Courtney Wolstoncroft

Executive Brand Manager: Ben Rivera

Rights Acquisitions Specialist: Jessica Elias

Art and Design Direction, Production Management, and Composition: PreMediaGlobal

Manufacturing Planner: Betsy Donaghey

Cover Images:

Paris Metro train: © Simon Smith/iStockphoto

Train motion blur: © Michael Dunning/Getty Images

Library of Congress Control Number: 2012952054

Student Edition:

ISBN-13: 978-1-133-30996-3

ISBN-10: 1-133-30996-8

Heinle
20 Channel Center Street
Boston, MA 02210
USA

Cengage Learning is a leading provider of customized learning solutions with office locations around the globe, including Singapore, the United Kingdom, Australia, Mexico, Brazil and Japan. Locate your local office at **international.cengage.com/region**

Cengage Learning products are represented in Canada by Nelson Education, Ltd.

For your course and learning solutions, visit **www.cengage.com.**

Purchase any of our products at your local college store or at our preferred online store **www.cengagebrain.com.**

Instructors: Please visit **login.cengage.com** and log in to access instructor-specific resources.

Printed in the United States of America
1 2 3 4 5 6 7 16 15 14 13 12

For Carol Herron

Table des matières

Student Preface

TO THE STUDENT

Welcome to the first edition of *Alliages culturels : La société française en transformation*. The first part of the title, *Alliages culturels*, emphasizes the fact that a culture always consists of a collection of diverse people who choose to construct a sustainable community together. Unlike a metallic alloy, which is fixed once melted together, a culture is always changing as the people composing it constantly evolve. Thus, the second part of the title, *La société française en transformation,* attempts to recognize the ever-evolving and plural notion of French identity and culture today. The primary objectives of *Alliages culturels* are to enrich your knowledge of France and French society in the 21st century, in large part through the analysis and interpretation of authentic documents from France and the French-speaking world, and to refine your ability to communicate in French in advanced ways, both orally and in writing.

Alliages culturels begins with a general introduction to the study of another culture, and then is organized thematically into four parts. Each part consists of three or four chapters, for a total of 15, all of which systematically address the larger core question, *Qu'est-ce qu'être français aujourd'hui ? Partie I* examines representations of France and French society by the French and others, such as symbols and stereotypes; *Partie II* focuses on the most salient elements of French identity today, including linguistic, geographic and ethnic identities; *Partie III* looks at pressing social and cultural issues in contemporary French society related to education, immigration, and religion. *Partie IV* turns to France's place in today's world in light of an expanding Europe and the impact of globalization.

Each chapter contains the following features:

- A list of linguistic and cultural objectives for the chapter accompanied by a photo and question to help you begin reflecting on the chapter's theme.
- **Expressions de base**, a list of vocabulary related thematically to chapter materials. Organized by part of speech, these expressions facilitate your comprehension of and communication about chapter themes and materials.
- **Entrée en matière,** an introduction to the theme of the chapter. This multi-page narrative summarizes major elements of the chapter theme, including historical references and definitions of related cultural concepts. To facilitate comprehension, each sub-section concludes with one or more **Question(s) de compréhension**. In addition, to move you from comprehension of factual information to interpretation and discussion of that material, several **Questions de réflexion** follow the **Entrée en matière**.

- **Texte(s) à analyser**, one or more texts accompanied by activities to help you reflect on and analyze the chapter themes in greater depth. Texts include newspaper and magazine articles, literary texts, songs, speeches, and survey data, among others. Activities move from pre-reading (**Avant de lire...**) to comprehension activities (**En lisant...**) and conclude with interpretation and discussion activities (**Après avoir lu...**).
- **Première personne,** one or more video or written interviews found in many chapters conducted with French speakers currently residing in France. Like the written texts in **Texte à analyser**, the interviews are accompanied by pre-viewing/reading activities (**Avant de regarder/lire l'interview**), comprehension activities (**En regardant/lisant l'interview**), and discussion activities (**Après avoir regardé/lu l'interview**).
- **Rappel !,** a review of useful grammatical or linguistic functions related to a particular chapter theme. For example, narrating in the past is reviewed in the chapter on history. **Rappel !** contains a concise review of linguistic material as well as contextualized examples and practice activities linked thematically to the chapter.
- **Activité de synthèse**, a concluding section designed to assess your understanding of the chapter's theme through a summative task, either oral or written. Tasks range from traditional essays and PowerPoint™ presentations to staged debates and digital oral recordings. You will complete many of these individually, but some (e.g., debates) will be carried out with your classmates.

All activities are designed to help you identify and mobilize what you already know about a particular topic so that you can bring it to bear on your discussions and reflections. They are also designed to encourage reflection on your own culture as well as exploration of the complexities of important societal debates in contemporary French culture.

Alliages culturels Premium Website

Alliages culturels is accompanied by online student resources that are accessible via the Premium Website. These include three types of activities:

- **Avez-vous compris?** These are short quizzes to assess your understanding of the material introduced in the **Entrée en matière** section.
- **Allez plus loin**. These are web search activities for each chapter that expand on an element of the **Entrée en matière** section in greater detail.
- An **image analysis writing activity** for every chapter, based on photographs from the digital image gallery.

There are also two chapters with links to Internet web pages that will help you complete activities in the textbook. All activities requiring you to access the Premium Website are indicated by a globe icon in the textbook: .

Exploring and discovering a culture can be challenging, but it can also be an exciting and stimulating adventure. We hope you will enjoy each step on this path of inquiry as well as acquire tools that will serve you throughout your life as you endeavor to become a more informed global citizen. We wish you the best on this journey, and as French sailors say, « *Bon vent !* »

Acknowledgments

The authors would like to thank the many people at Heinle Cengage Learning who contributed their energy, expertise, and time to the publication of the first edition of *Alliages culturels*. We are most grateful to Nicole Morinon, Senior Acquisitions Editor, for her enthusiasm to nurture this project and embrace a new approach to teaching French cultural studies, as well as Beth Kramer, our Publisher.

Our special thanks go to Mayanne Wright, our Developmental Editor, for providing ongoing and invaluable insights and meticulous feedback during the writing of the manuscript, and to Morgen Gallo, our Media Editor, for building our website.

Given the critical role of reviewer suggestions in the development of this first edition of *Alliages culturels*, we are grateful for the work of Timothy Deer, Assistant Editor, in coordinating several rounds of reviews. Special thanks are also given to Jessica Elias and Sylvie Pittet, who helped secure permissions for the use of works appearing in the textbook. We are also appreciative of the efforts of Arul Joseph Raj, Project Manager at PreMediaGlobal, for his help in preparing the textbook for production, as well as the copyediting work of his colleagues, Katherine Gilbert and Michèle Dussaucy.

Given the importance of the perspectives of natives and residents of France featured in *Alliages culturels*, the authors would like to thank those who participated in video interviews, Estelle Zadra, Nathalie Grasset, Aurélien Djadjo M'bappé, Denis Mercier, Franck Mercier, Norbert Merjagnan, Gaby LeGoff, Sandrine Doulin, Pascal Da-Rui, Abderrahim Reda, Guy Doulin, and Hervé Carn, as well as Kory Olson and Marie-Claude Dumay, whose print interviews appear in the textbook. We are also grateful to those friends and colleagues who kindly shared photographs included in the digital image gallery and the textbook, including Katie Angus, Jennifer Kermeen Cowan, Abigail Fine, Nicole Mills, and Joe Wilkins. We are also appreciative of Vanessa Reynaud's work in preparing materials for the Premium Website.

Heather Willis Allen would like to thank her family for their patience and support during the development of this project. She also extends her gratitude to Beatrice Dupuy, Stacey Katz, Kate Paesani, and Todd Reeser, whose encouragement and insights as French instructors and textbook authors were invaluable. She would also like to thank her colleagues, both past and present, for their invaluable suggestions on content and text selection for *Alliages culturels*, including Marc Brudzinski, Névine El Nossery, and Subha Xavier. Special appreciation goes to Sébastien Dubreil for the creativity, good humor and, most of all, the depth of cross-cultural understanding that he brought to this project. Thanks also go to her undergraduate students at the University of Wisconsin–Madison, who participated in piloting *Alliages culturels* materials during the 2011–2012 academic year. Finally, she would like to acknowledge those pedagogical mentors who have inspired her teaching and writing: Bill Allen, Richard Donato, Carol Herron, and Guy Spielmann. Their influence is enduring and deeply appreciated.

Sébastien Dubreil would like to thank the many students who were part of his classes on French culture, his mentors, past and present, and his colleagues for their support, in particular Susan Médina and Maria Stehle for having been exceptional collaborators over the years. He also would like to thank the more than forty people who opened their doors to him, his camera, and his microphone, for their time, generosity, good laughs, and good food. Special expression of gratitude goes to Heather Willis Allen for her friendship, a long trajectory shared over the years, and for our *regards croisés* on this project: a true translingual and transcultural collaboration. Finally, Sébastien wishes to thank his family and his parents for their love and relentless support: You make everything possible.

Lastly, the authors would like to thank the many colleagues who carefully reviewed the manuscript for *Alliages culturels*. Their candid feedback and useful suggestions were essential to the refinement of this first edition of the textbook.

List of reviewers

Madalina Akli *Sam Houston State University*
Helene Andrieu-Pafundi *Hudson Valley Community College*
Gabriel V. Asfar *Bard College at Simon's Rock*
Alice Barrette *Asbury University*
Anne-Sophie Blank *University of Missouri-St. Louis*
Géraldine Blattner *Florida Atlantic University*
Tamara A. Cox *Gardner-Webb University*
Fanny Daubigny *California State University, Fullerton*
Dominick De Filippis *Wheeling Jesuit University*
Jeanne-Sarah de Larquier *Pacific University*
Janice Duncan *Ouachita Baptist University*
Jin Lu *Purdue University Calumet*
Claire Malarte-Feldman *University of New Hampshire*
Stuart McClintock *Midwestern State University*
Heather McCoy *Pennsylvania State University*
Lee Mitchell *Henderson State University*
Jennifer Perlmutter *Portland State University*
Anne-Christine Rice *Tufts University*
Stephanie Roulon *Portland State University*
Kelly Sax *Indiana University*
Françoise Sullivan *Tulsa Community College*

[1] *MLA Ad Hoc Committee on Foreign Languages (2007), "Foreign Languages and Higher Education: New Structures for a Changed World." in* Profession, *pp. 234–245.*

Introduction

OBJECTIFS

- Définir les concepts **culture, mode par défaut** et **différences culturelles**
- Expliquer son propre mode par défaut et formuler des hypothèses sur les éléments du mode par défaut d'un(e) Français(e)
- Enrichir son vocabulaire à propos de la culture et de l'apprentissage des cultures
- Rappeler comment faire des comparaisons

En regardant cette image, quelles sont les trois premières impressions que vous avez sur la culture française ? Expliquez ces impressions.

Expressions de base pour parler de la culture

Pour parler de culture

Noms

un collectif
une communauté
un comportement
une culture
une habitude
la modernité
une perspective
un phénomène
un réseau
le sens
un signe
la signification
un stéréotype
un symbole
un système
une tradition
une valeur

Adjectifs

collectif(-ive)
culturel(le)
général(e)
imaginaire
individuel(le)
moderne
réel(le)
particulier(-ière)
traditionnel(le)

Expressions

en commun
être membre de quelque chose
faire partie de quelque chose

Pour faire des comparaisons entre les cultures

Noms

la communication
le dialogue
la différence
l'hégémonie *f.*
une interaction
l'intolérance *f.*
la relativité
la ressemblance
la similarité
la tolérance

Adjectifs

absolu(e)
étrange
étranger(-ère)
familier(-ère)
relatif(-ive)

Pour parler des personnes

Noms

l'autre
un(e) citoyen(ne)
un(e) compatriote
le soi

Expressions

être à l'aise
être mal à l'aise
prendre conscience

D'autres expressions utiles

a priori
afin de
ainsi
au-delà de
cependant
lorsque
quant à

ENTREE EN MATIERE

Moi, toi, nous : Cultures, différences culturelles et **mode par défaut**

Il y a quelque temps, les étudiants internationaux qui arrivaient à une certaine université se voyaient raconter l'histoire d'un monde imaginaire dans lequel on trouve deux pays. Dans l'un des deux, tous les habitants portent des vêtements jaunes et des lunettes de soleil jaunes ; dans l'autre pays, tous les habitants portent des vêtements bleus et des lunettes de soleil bleues. Sans que les relations entre ces deux pays soient ouvertement conflictuelles, elles sont cependant tendues, chaque pays étant convaincu de sa supériorité sur l'autre et de l'étrangeté de la culture de l'autre. Un jour, un diplomate du pays bleu décide d'aller visiter le pays jaune. Il rencontre des gens, se fait des amis, dont l'un qui lui donne une paire de lunettes jaunes. Il rentre chez lui persuadé que le pays jaune n'est pas méchant mais que la conception du monde de ses habitants est différente de celle des habitants du pays bleu. En fait, dans ses conversations avec ses compatriotes, il leur dit que les habitants du pays voisin ne sont ni méchants, ni bizarres, ni même stupides et que lui avait trouvé la vie très agréable dans ce pays tout vert[1].

Cette histoire résume bien une façon dont on peut appréhender les trois notions de **culture, mode par défaut** et **différence culturelle**. En effet, la culture est un principe d'organisation de toute activité humaine. La culture règle la façon dont une société ou une communauté envisage les rapports humains, la relation au temps et à l'espace, l'organisation de l'espace, la relation entre sphère publique et sphère privée. La culture conditionne aussi une certaine conception du monde et un ensemble de valeurs qui organisent les comportements des membres d'une société. Mais cette société, cette communauté humaine est une communauté imaginée. C'est-à-dire que comme les habitants des pays bleu et jaune, chacun vit sa vie en suivant, plus ou moins, des principes, sans nécessairement se poser la question de leur origine ou même de leur légitimité. Les valeurs et les principes d'une culture sont enseignés aux membres de cette culture, transmis de génération en génération, à travers différents mécanismes qui conditionnent ce qui est considéré comme des comportements admis, c'est-à-dire acceptables, par la société.

Ainsi les « lunettes de soleil » à travers lesquelles chacun voit le monde sous un jour particulier représentent pour cette personne son **mode par défaut.** Le mode par défaut constitue donc la façon dont une personne voit le monde *a priori*, c'est-à-dire les conditions de vie et les comportements que les membres d'une même culture considèrent comme « normaux ». Ici, les habitants des pays bleu et jaune vivaient leur vie sans questionner le fait qu'ils voyaient le monde en bleu ou en jaune. C'est la seule « couleur » sous laquelle ils avaient jamais vu le monde. A tel point que le diplomate du pays bleu croyait que le pays jaune était en fait vert. Ceci montre à quel point il est difficile d'envisager les différences culturelles, et cela pour deux raisons. Tout d'abord, parce que la capacité à véritablement apprendre une autre culture passe par la capacité à réaliser — et admettre — la présence de ses « lunettes de soleil », c'est-à-dire de son mode par défaut. Ensuite, parce qu'à partir du moment où l'on considère un comportement comme « normal », on a tendance à le considérer également comme étant « correct ». Cela veut dire que ce qui est différent paraît souvent « anormal » ou « incorrect ». Il apparaît donc important de surmonter cette tendance à considérer l'autre culture pour l'avoir explorée comme « bizarre » et de réserver ses opinions jusqu'à la complétion de la rencontre entre les cultures.

Question de compréhension. Comment définissez-vous les notions de **culture, mode par défaut** et **différence culturelle** selon ce que vous venez de lire ?

[1] © Cengage Learning, 2014

Différences culturelles et comparaisons : Un peu de pragmatique

Naturellement, quand on parle de comparaisons entre deux ou plusieurs cultures, il est rare de pouvoir effectuer une comparaison aussi simple que « la France est plus petite que les Etats-Unis ». En effet, les différences entre deux cultures sont souvent moins évidentes et plus nuancées que cela. Ainsi, lorsque vous effectuez une comparaison entre deux cultures, il faut considérer deux moments : (1) la comparaison en elle-même et sa nature et (2) la signification ou les conséquences de cette comparaison. En ce qui concerne la nature de la comparaison, on pourrait distinguer deux cas : les comparaisons objectives qui reposent sur des faits réels et quantifiables, et les comparaisons subjectives qui reposent sur des stéréotypes ou des jugements de valeurs. Dans le premier cas, si l'on dit « la France est plus petite que les Etats-Unis » ou encore « les études universitaires en France sont moins chères qu'aux Etats-Unis », il est difficile de disputer ces faits. En revanche, si l'on dit « les Français sont froids et malpolis » ou « les Américains sont gros et ignorants », on comprend assez vite que cette affirmation demande à être nuancée, voire même réfutée.

Quant à interroger la signification d'une comparaison, c'est là que réside le challenge principal de la comparaison entre cultures. Dans les deux cas de comparaisons, objective et subjective, il est crucial d'envisager la question du « et alors ? » En effet, le simple fait ne suffit peut-être pas à établir une image complète de la question abordée. Si l'on dit « les Etats-Unis sont plus grands que la France », c'est irréfutable, mais quel est le contexte de la comparaison ? Est-ce que c'est l'occasion d'expliquer pourquoi il est si difficile aux Etats-Unis d'établir un réseau ferroviaire viable ou un système d'éducation centralisé à la française ? Est-ce qu'il s'agit plutôt de comparer combien de zones climatiques il existe dans les deux pays ? Quand on dit « les études universitaires aux Etats-Unis sont plus chères qu'en France », même s'il y a probablement du vrai dans cette affirmation, encore faut-il nuancer le tableau en n'oubliant pas (1) d'inclure tous les frais associés à la scolarité (logement, nourriture, etc.) et (2) de comparer les infrastructures et les services rendus. On trouve dans de nombreuses universités américaines de nombreuses salles d'informatique, d'immenses infrastructures sportives, des bibliothèques universitaires ouvertes 24h/24, autant d'éléments qui contribuent à augmenter le coût de fonctionnement de l'université et que l'on ne trouve pas en France.

Dans le cas de comparaisons plus subjectives ou reposant sur des préjugés, il convient de mettre en question ces préjugés pour déterminer leur origine et leur évolution. Nous étudierons cela plus en détail dans la *Partie I*. Par conséquent, il apparaît nécessaire, lorsque l'on effectue des comparaisons entre cultures, de remettre les phénomènes culturels que l'on observe dans leur contexte culturel respectif. C'est peut-être la meilleure façon d'établir une comparaison plus valide qui prenne en compte les exigences de chaque système culturel afin de mieux mesurer les avantages et les inconvénients d'une pratique culturelle telle qu'elle s'inscrit dans son contexte. Gardez cela à l'esprit quand vous faites des comparaisons entre cultures.

Questions de compréhension. Quand on fait une comparaison entre deux cultures, quels éléments doit-on considérer ? Comment peut-on différencier une comparaison culturelle objective d'une comparaison subjective ?

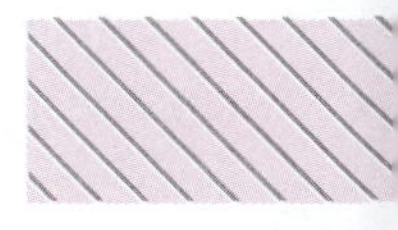

Avez-vous compris ?
Allez plus loin

Questions de réflexion

Répondez aux questions suivantes à l'écrit. Ensuite discutez vos idées en groupes de trois ou quatre personnes.

1. Nommez et décrivez quelques grands symboles de la culture américaine.
2. Décrivez quelques valeurs importantes dans la culture américaine (par exemple, la notion que le changement et la concurrence sont des forces positives dans la société).
3. Décrivez quelques normes qui gouvernent les comportements dans la culture américaine (par exemple, ce qu'on considère « correct » dans la sphère publique par contraste avec la sphère privée aux États-Unis).
4. En vous basant sur ces trois premières questions, définissez votre **mode par défaut**.
5. Nommez quatre ou cinq éléments constitutifs d'une culture qu'il vous semble important de considérer quand on veut apprendre une autre culture. Pourquoi les avez-vous choisis ?

RAPPEL !

Comment faire des comparaisons

Souvenez-vous, pour effectuer des comparaisons, on utilise en français des constructions similaires à celles de l'anglais, c'est-à-dire en deux parties.

Comparaison de supériorité

	Structure	Exemple
avec un adjectif ou un adverbe	**plus** + adjectif/adverbe + **que**…	La France est **plus** petite **que** les Etats-Unis. Aux Jeux Olympiques, les Américains gagnent des médailles **plus** souvent **que** les Français.
avec un nom	**plus de** + nom + **que**	En France il y a **plus de** sortes de fromages **qu'**aux Etats-Unis.

Comparaison d'infériorité

	Structure	Exemple
avec un adjectif ou un adverbe	**moins** + adjectif/ adverbe + **que**…	La France est **moins** grande **que** les Etats-Unis. Aux Jeux Olympiques, les Français gagnent des médailles **moins** souvent **que** les Américains.
avec un nom	**moins de** + nom + **que**	La France a **moins d'**habitants **que** les Etats-Unis.

Comparaison d'égalité

	Structure	Exemple
avec une adjectif ou un adverbe	**aussi** + nom + **que**	La France est **aussi** diverse **que** les Etats-Unis. Les Français parlent **aussi** rapidement **que** les Américains.
avec un nom	**autant de** + nom + **que**	La France a **autant de** problèmes **que** les Etats-Unis.

Comparatifs irréguliers

bon	→	**meilleur**
mauvais	→	**pire**
bien	→	**mieux**
mal	→	**plus mal** (ou **pis** qui est rarement utilisé mais que l'on retrouve dans l'expression **de mal en pis** qui signifie *from bad to worse*)

Autres expressions utiles pour faire des comparaisons

davantage (de, que)
autant (de, que) notamment dans les expressions **autant que possible** ou **autant que faire se peut** (qui signifient *as much as possible*).

Pratiquons !

En groupes de deux ou quatre étudiants :

1. Formulez à l'écrit quatre ou cinq comparaisons entre la culture française et la culture américaine en utilisant différentes formules du *Rappel !* ci-dessus. Vérifiez avec les autres membres de votre groupe que la construction de chaque comparaison est correcte.
2. Ensuite, en vous basant sur ce que vous connaissez de la culture française, discutez de ces comparaisons et essayez d'affiner chacune d'elles en réfléchissant sur les facteurs qui contribuent à ces différences culturelles.
3. Pour finir, discutez les questions suivantes : Pensez-vous que les éléments que vous avez évoqués définissent votre **mode par défaut** ? le **mode par défaut** des Français ? Pourquoi ou pourquoi pas ?

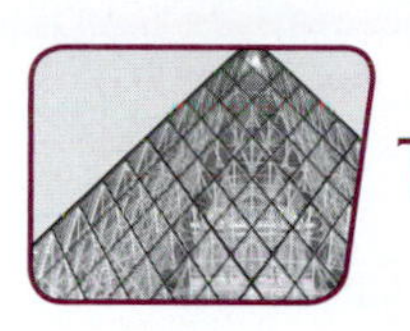

TEXTE A ANALYSER

Entre le général et le particulier : Marée, vent et apprentissage transculturel

Avant d'embarquer pour ce voyage transculturel, il convient tout d'abord de s'interroger sur ce qu'est une culture et sur les conditions de possibilités de l'apprentissage d'une culture qui n'est pas la sienne. A cet effet, vous allez lire une nouvelle d'un romancier et essayiste italien, Italo Calvino. En 1975 il a créé le personnage de Monsieur Palomar, son alter-ego littéraire, un observateur attentif du monde qui l'entoure, monde dont précisément Monsieur Palomar s'efforce de s'extraire afin de l'observer de l'extérieur. En 1983, une collection de nouvelles intitulée *Palomar* est publiée. « La lecture d'une vague », la première nouvelle du recueil, met en scène les efforts de Monsieur Palomar pour observer une vague et la décrire.

Avant de lire la nouvelle

Répondez aux questions suivantes avant de lire la nouvelle.

1. Qu'est-ce qu'une nouvelle comme genre littéraire ? Quels éléments vous attendez-vous à rencontrer en termes de structure, style et contenu dans une nouvelle ?
2. Avez-vous déjà essayé d'observer une vague ? Décrivez cette expérience.
3. D'après vous, quelles difficultés Monsieur Palomar pourrait-il rencontrer dans cet exercice d'observation ?

En lisant la nouvelle

En lisant la nouvelle, prenez des notes pour répondre aux questions suivantes.

1. Qui sont les protagonistes de cette histoire ?
2. Où se passe la scène ?
3. Quel est l'objectif précis de Monsieur Palomar ?
4. Comment Monsieur Palomar procède-t-il pour atteindre son objectif ?
5. Quelles sont les difficultés rencontrées par Monsieur Palomar dans sa tentative d'observation ?
6. Quelles stratégies Mr. Palomar utilise-t-il pour atteindre son objectif? Dans quelle mesure fonctionnent-elles ou pas ?
7. Quels sont les moments clés du texte ? Divisez le texte en plusieurs parties et donnez-leur un thème.

« Lecture d'une vague » extrait de *Palomar sur la plage*

rippled

state of mind

(1) La mer est à peine ridée° : quelques petites vagues battent le sable du rivage. Monsieur Palomar se tient debout et regarde une vague. Ce n'est pas qu'il soit absorbé par la contemplation des vagues. Il n'est pas absorbé, car il sait très bien ce qu'il fait : il veut regarder une vague, et il la regarde. Il n'est pas non plus en train de la contempler, car il faut pour la contemplation un tempérament approprié, un état d'âme° approprié, un concours de circonstances extérieures approprié : et, bien que monsieur Palomar n'ait en principe rien contre la contemplation, aucune de ces trois conditions n'est dans son cas vérifiée. Enfin, ce ne sont pas « les vagues » qu'il a l'intention de regarder, mais une seule vague, c'est tout : il veut éviter les sensations indéterminées et se propose pour chacun de ses actes un objet limité et précis.

flow back / from then on

shore

wave, swell

(2) Monsieur Palomar voit une vague se lever au loin, grandir, s'approcher, changer de forme et de couleur, s'enrouler sur elle-même, se rompre, s'évanouir, refluer°. Il pourrait dès lors° être convaincu d'avoir mené à terme l'opération qu'il s'était proposé et s'en aller. Mais il est très difficile d'isoler une vague, de la séparer de la vague qui la suit immédiatement, qui semble la pousser, qui parfois la rejoint et l'emporte ; tout comme de la séparer de la vague qui la précède et qui semble la traîner derrière elle vers le rivage°, quitte peut-être à se retourner ensuite contre elle comme pour l'arrêter. Si l'on considère de plus chaque lame° dans son extension, parallèlement à la côte, il est difficile d'établir jusqu'où il s'agit d'un front qui s'avance sans discontinuité, où il se prépare et se segmente en vagues indépendantes, distinctes par la vitesse, la forme, la force, la direction.

(3) En somme, on ne peut observer une vague sans tenir compte des éléments complexes qui concourent à sa formation et de ceux non moins complexes auxquels elle donne naissance. Ceux-ci varient continuellement,

c'est pourquoi une vague est toujours différente d'une autre vague ; mais il est vrai aussi que toute vague est identique à une autre, mais pas nécessairement à celle qui est immédiatement contigue ou successive ; il y a, en somme, des formes et des séquences qui se répètent, bien qu'elles soient irrégulièrement distribuées dans l'espace et dans le temps. Puisque ce que monsieur Palomar veut faire en ce moment c'est simplement *voir* une vague, c'est-à-dire saisir toutes ses composantes simultanées sans en négliger aucune, son regard s'arrêtera un instant sur le mouvement de l'eau qui bat le rivage jusqu'à ce qu'il puisse enregistrer des aspects qu'il n'avait d'abord pas saisis ; dès qu'il s'apercevra que les images se répètent, il saura qu'il a vu tout ce qu'il voulait voir et il pourra s'arrêter.

depression

(4) Monsieur Palomar, homme nerveux vivant dans un monde frénétique et congestionné, a tendance à réduire ses relations avec le monde extérieur et, pour se défendre de la neurasthénie° générale, il cherche à contrôler le plus possible ses sensations.

peak
foam
swallowed
carpet
sparkling
spreading

(5) La bosse° de la vague, en s'avançant, se lève plus en un point qu'en un autre, et c'est à partir de là qu'elle commence à se border de blanc. Si cela arrive à une certaine distance du rivage, l'écume° a le temps de s'enrouler sur elle-même, de disparaître à nouveau comme engloutie°, et au même instant de recommencer à tout envahir, mais cette fois elle ressurgit par en dessous, comme un tapis° blanc qui remonte le rivage pour accueillir l'arrivée de la vague. Cependant, lorsqu'on s'attend à ce que la vague roule sur le tapis, on s'aperçoit qu'il n'y a plus de vague mais seulement le tapis, et il disparaît rapidement lui aussi, en devenant un miroitement° de sable mouillé qui vite se retire, comme repoussé par l'étalement° du sable sec qui avance sa limite opaque ondulée.

openings

(6) Il faut, en même temps, considérer les échancrures° du front, là où la vague se divise en deux ailes, l'une tendant vers le rivage de droite à gauche et l'autre de gauche à droite ; et le point de départ ou d'arrivée où elles divergent ou convergent, c'est cette pointe en négatif, qui suit l'avancée des ailes, mais qui est toujours retenue en arrière et soumise à l'alternance de leur superposition, jusqu'à ce qu'elle soit rattrapée par une autre lame encore plus forte qui dissout le nœud en le brisant.

sketched
tide
tongues
crossing over

(7) La plage, se modelant sur le dessin des vagues, enfonce dans l'eau des pointes à peine esquissées° qui se prolongent en bancs de sable submergés, tels que les courants en forment et en défont à chaque marée°. Monsieur Palomar a choisi comme point d'observation une de ces langues° de sable basses, parce que les vagues les battent en biais d'un côté et de l'autre, et parce que, franchissant° la surface à moitié submergée, elles se rencontrent avec celles qui arrivent de l'autre côté. Pour comprendre la manière dont une vague est faite, il faut donc tenir compte de ces poussées en des directions opposées qui, dans une certaine mesure, se contrebalancent et dans une certaine mesure se cumulent, et produisent un brisement général de toutes les poussées et contre-poussées dans l'habituel débordement d'écume.

(8) Monsieur Palomar cherche à présent à limiter son champ d'observation ; s'il considère un carré d'à peu près dix mètres de rivage sur dix mètres de mer, il peut dresser un inventaire de tous les mouvements de vagues qui s'y répètent avec une fréquence variée dans un intervalle de temps donné. La difficulté est de fixer les limites de ce carré, car, s'il considère par exemple comme le côté le plus distant de lui la ligne relevée d'une vague qui avance, cette ligne, s'approchant de lui et s'élevant, cache à ses yeux tout ce qui se trouve derrière ; et voilà que l'espace examiné, alors, se renverse en même temps qu'il s'aplatit.

(9) Monsieur Palomar, de toute manière, ne se décourage pas : il croit à chaque instant qu'il a réussi à voir tout ce qu'il pouvait voir de son point d'observation, mais à la fin surgit toujours quelque chose dont il n'a pas tenu compte. N'était-ce cette impatience de parvenir à un résultat complet et définitif, le fait même de regarder les vagues serait pour lui un exercice très reposant qui pourrait le sauver de la neurasthénie, de l'infarctus° et de l'ulcère d'estomac. Et ce pourrait être probablement la clé pour maîtriser la complexité du monde en la réduisant à son mécanisme le plus simple.

heart attack

(10) Toutes ces tentatives pour définir ce modèle doivent encore tenir compte d'une longue vague qui survient perpendiculairement au mouvement des brisants et parallèlement à la côte, et fait rouler une crête° continue qui affleure à peine. Les bonds des vagues qui s'ébouriffent° vers le rivage ne troublent pas l'élan uniforme de cette crête compacte qui les coupe et dont on ne sait où elle va ni d'où elle vient. Peut-être un léger souffle venu du levant fait-il mouvoir la surface de la mer transversalement à la poussée profonde venant des masses d'eau du large, mais cette vague naissant de l'air ramasse au passage les poussées obliques qui naissent de l'eau, elle les dévie et redresse dans son sens, les emmène avec elle. Ainsi continue-t-elle à croître et à prendre de la force jusqu'au moment où le heurt° avec les vagues contraires l'amortit peu à peu et finit par la faire disparaître, ou bien elle la tord° jusqu'à la confondre en une de ces nombreuses dynasties de vagues obliques, et elle la jette en leur compagnie sur le rivage.

crest
to ruffle itself up
crash
twists

(11) Fixer son attention sur un détail fait surgir ce dernier au premier plan et lui fait envahir le tableau, comme dans certains dessins où il suffit de fermer les yeux et de les rouvrir pour que la perspective ait changé. Dans ce croisement de crêtes diversement orientées, le dessin global sort maintenant fragmenté en carrés qui affleurent et s'évanouissent. Il faut ajouter que le reflux de chaque vague a, lui aussi, une force qui entrave° les vagues suivantes. Et, si l'on concentre l'attention sur ces poussées en arrière, il semble que le vrai mouvement soit celui qui part du rivage et va vers le large.

hinders

(12) Le résultat auquel monsieur Palomar est en train de parvenir, peut-être est-il de faire courir les vagues dans le sens opposé, de renverser le temps, d'apercevoir la vraie substance du monde en dehors des habitudes

sensorielles et mentales ? Mais non : il parvient à ressentir une légère sensation de vertige, rien de plus. L'obstination qui pousse les vagues vers la côte a gain de cause : le fait est qu'elles ont beaucoup grossi. Le vent changerait-il ? Quel malheur si l'image que monsieur Palomar a réussi à constituer minutieusement se bouleverse, se brise, se disperse. C'est seulement s'il arrive à en garder présents tous les aspects à la fois que peut commencer la deuxième phase de l'opération : étendre cette connaissance à l'univers entier.

(13) Il suffirait de ne point perdre patience, mais cela ne tarde pas à arriver. Monsieur Palomar s'éloigne le long de la plage, les nerfs aussi tendus qu'à son arrivée et encore plus incertain de tout.

Après la lecture

Questions de réflexion. Pour vous aider à réfléchir d'une part sur ce qu'est une culture et d'autre part sur un éventuel processus d'apprentissage d'une autre culture, répondez aux questions ci-dessous.

1. En se basant sur cette nouvelle, dans quelle mesure peut-on comparer l'océan à une culture, par exemple la culture française ?
2. Si ce texte constitue une métaphore pour l'apprentissage d'une culture en général et d'une culture autre que la vôtre en particulier, que suggèrent pour vous les termes suivants ? (Certains paragraphes du texte qui peuvent guider vos réponses vous sont suggérés entre parenthèse.)
   a. contemplation (1)
   b. complexité (2 et 3)
   c. modèle (7 à 9)
   d. composantes (7 à 9 et 12)
   e. motifs (11 et 12)
   f. limiter le champ d'observation (8)
   g. le même problème de divergence / convergence(tout au long du texte)
3. Après avoir observé une vague, Monsieur Palomar veut « commencer la seconde phase de l'opération : étendre cette connaissance à l'univers entier ». Dans quelle mesure pensez-vous que ce type de généralisation soit désirable quand on parle de culture et de l'apprentissage d'une autre culture ?
4. « Il suffirait de ne point perdre patience, mais cela ne tarde pas à arriver. Monsieur Palomar s'éloigne le long de la plage, les nerfs aussi tendus qu'à son arrivée, et encore plus incertain de tout ». Comment interprétez-vous cette citation de la nouvelle dans le contexte de ce cours où vous allez apprendre une culture étrangère ?
5. En vous basant sur ce texte et sur vos expériences personnelles, comment envisagez-vous maintenant la définition des termes suivant :
   - culture
   - différence culturelle

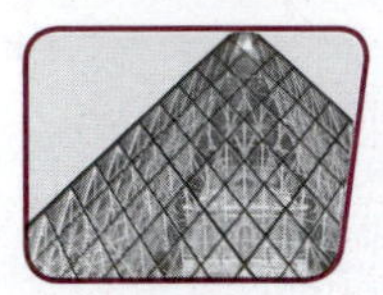

ACTIVITE DE SYNTHESE

Réflexion écrite

En vous basant sur vos expériences personnelles, réfléchissez à une situation où vous avez été confronté(e) à un phénomène culturel qui vous a fait réagir. Pensez par exemple à un phénomène d'une autre culture (par exemple votre première rencontre avec la culture française ou une autre culture francophone) ; vous pouvez aussi analyser un phénomène de votre propre culture que peut-être un de vos amis n'a pas compris étant extérieur à ceci. Dans une réflexion écrite d'une à deux pages, décrivez la situation et abordez les questions suivantes :

- Quelle a été votre réaction ?
- Quelles sont les raisons pour lesquelles vous avez eu cette réaction ?
- Si vous étiez de nouveau confronté(e) à une telle situation, auriez-vous la même réaction ? Expliquez.

PARTIE I

Représentation de la France et des Français

CHAPITRE

1

L'Histoire

OBJECTIFS

- Identifier sept moments importants de l'histoire de France
- Comprendre le rôle et l'importance du passé dans la culture française
- Comprendre la relation entre le passé, le présent et l'avenir dans la culture française
- Rappeler comment narrer un récit au passé
- Enrichir son vocabulaire pour faire une description

Restes du Mulberry à Arromanches, Normandie, France © Sébastien Dubreil, 2005

En regardant cette image, quelles traces de l'histoire voyez-vous dans la culture française contemporaine ?

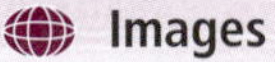

Images

Expressions de base pour parler de l'histoire

Noms
un(e) allié(e)
l'apogée *f.*
l'aristocratie *f.*
une avancée
le bilan
la bourgeoisie
la civilisation
une coalition
un conflit
une conséquence
une constitution
une crise
la débrouillardise
la décentralisation
le déclin
la décolonisation
la démocratie
l'égalité *f.*
l'empire *m.*
l'emprise *f.*
une ère
un évènement
une grève
la guerre
l'héritage *m.*
l'industrialisation *f.*
la liberté
la monarchie
la montée
la nation
la noblesse
l'occupation *f.*
une période
un peuple
un phénomène
la population
le pouvoir
une puissance
le rayonnement
la reconstruction
le règne
une république
un royaume
un siècle
une société
le territoire

Adjectifs
colonial(e)
colonisé(e)
contemporain(e)
culturel(le)
débrouillard(e)
démographique
diplomatique
économique
industriel(le)
juridique
militaire
nationaliste
occidental(e)
politique
social(e)

Verbes
s'achever
déclencher
dominer
envahir
s'étendre
favoriser
gouverner
s'imposer
s'installer
occuper
perdurer
régner
revendiquer
traverser
soutenir

D'autres expressions utiles
cependant
davantage
désormais
en effet
en revanche
malgré
outre
pourtant

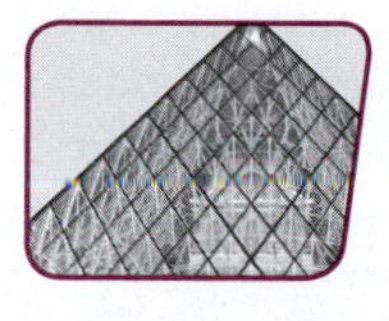

ENTREE EN MATIERE

Sept moments clés dans l'histoire de France

Quels sont pour vous les sept moments les plus importants de l'histoire des Etats-Unis ? Pourquoi les avez-vous choisis ? Dans quelle mesure pensez-vous que ces évènements continuent à influencer la culture américaine contemporaine ?

On peut toujours trouver les fondations d'une culture dans les évènements qui l'ont façonnée à travers les siècles. Cette question se pose en termes très clairs pour la France, qui a un passé riche d'événements et de traditions qui façonne le rapport que les Français entretiennent avec la notion de temps long. Dans les sept événements décrits ci-dessous se trouvent les principales fondations historiques de la culture française et ainsi les forces qui ont contribué à faire de la France ce qu'elle est aujourd'hui.

1. Le temps des Gaulois et la défaite de Vercingétorix

Les faits

Venus d'Europe centrale au dès le IIe millénaire av. J.-C., les Gaulois occupent à leur apogée (au Ve siècle av. J.-C.) un vaste territoire qui couvre la majorité de ce qui est aujourd'hui l'Europe de l'Ouest. Ils se sont installés en particulier sur le territoire de la France actuelle qui s'appelait alors la Gaule. Héritiers des Celtes, les Gaulois sont parmi les premiers à laisser une trace sur le territoire français et sur l'histoire de France.

Longtemps considérés comme des tribus, les Gaulois sont véritablement un ensemble de peuples différents formant une civilisation dominée par les cavaliers qui forment son aristocratie. Ils établissent des relations commerciales avec les communautés avoisinantes (Espagne, Grèce) qui contribueront à la domination gauloise d'une grande partie de l'Europe. En revanche, les relations avec Rome (conquise par les Gaulois en 390 av. J.-C.) sont plus conflictuelles.

La reconquête de la Gaule par Rome commence au début du IIIe siècle av. J.-C. Jules César, un général romain, va intensifier les efforts et la guerre des Gaules finira en 52 av. J.-C. par le siège d'Alésia (une place fortifiée située dans la Bourgogne actuelle). Cette épique bataille oppose deux excellents stratèges : Jules César et Vercingétorix, un jeune chef gaulois. Après un mois de combats serrés, les Gaulois perdent du terrain. Vercingétorix et ses lieutenants se voient contraints de déposer les armes. C'est le début de l'ère de la Gaule romaine.

Du passé au présent

Les Gaulois restent un symbole important dans l'imaginaire collectif des Français grâce à un héros d'une bande dessinée, Astérix, un petit guerrier gaulois incarnant l'esprit de résistance et de débrouillardise. Pourtant, les Gaulois et leur influence sur la culture française n'ont pas toujours été bien compris. Souvent considérés comme des peuples barbares aux tendances guerrières, les Gaulois étaient aussi une société culturellement diverse. Ils étaient d'excellents cavaliers aux armes féroces car ils maîtrisaient le travail du fer. Mais ils étaient aussi une société commerçante qui a forgé des relations avec d'autres cultures. Le mélange des peuples et des civilisations a donc une longue histoire en France.

Après la guerre des Gaules commence une longue période d'occupation et de contact entre la culture gauloise et l'Empire romain. La culture gréco-romaine a donc profondément influencé les fondations de ce qui est aujourd'hui la culture française, à commencer par la langue, l'infrastructure, l'architecture et une certaine idée du gouvernement, du droit et de la notion de citoyen. Les influences — et les tensions — provenant de ce double héritage (gaulois et gréco-romain) perdurent encore: un attachement à l'individualisme et l'autorité locale héritée des Gaulois, mais aussi à la centralisation du gouvernement et l'idée de nation venues de la culture romaine ; un désir d'égalité, de pouvoir du peuple et une aversion envers les privilèges, mais aussi une certaine reconnaissance des élites, intellectuelles en particulier ; une grande importance de l'histoire mais une volonté de progrès et de vivre avec son temps.

Il importe enfin de noter une influence indirecte de cette période sur la culture française : les manuels d'histoire ont longtemps mentionné « nos ancêtres les Gaulois » y compris dans les colonies françaises où une grande partie de la population n'avait pas d'ancêtres gaulois. On voit également combien cette expression peut être problématique dans la société française contemporaine marquée par une grande diversité ethnique.

Questions de compréhension. Qui étaient les Gaulois? Dans quelle mesure la civilisation gallo-romaine continue-t-elle d'exercer une influence sur la culture française contemporaine? (Donnez au moins trois exemples.)

2. L'ère de l'absolutisme monarchique : Louis XIV

Les faits

Quand Louis XIV arrive au pouvoir, il n'a que 4 ans. En 1661, à la mort de son ministre Mazarin, il réunit ses ministres et leur annonce qu'il va désormais gouverner seul. Il a tout juste 14 ans. Son règne marque l'apogée de la monarchie absolue, hypercentralisée, de droit divin. A ce titre, Louis XIV se fait appeler le Roi-Soleil. Son ambition politique, diplomatique et militaire est extrême. Il fait construire le palais de Versailles pour garder un œil sur l'aristocratie. Versailles contribuera à la grandeur de la France, faisant l'envie des souverains voisins.

Louis XIV sait s'entourer de conseillers ou ministres influents qui conduisent les politiques du souverain. Mais il se préoccupe peu de blesser les susceptibilités et mène une politique d'expansion territoriale à travers de nombreuses guerres tout en maintenant un contrôle absolu dans son propre royaume. Il contrôle la presse et les parlements, domine la noblesse et réprime les révoltes paysannes. En 1685, il révoque l'Edit de Nantes qui assurait la liberté de culte aux protestants.

Pourtant, dans sa vision du rayonnement[1] de la France, Louis XIV garde une place privilégiée pour la culture et dépense de grandes sommes d'argent pour soutenir les artistes, tels que les écrivains Molière, Racine, La Fontaine, le musicien Lully, le jardinier Le Nôtre. Il soutient aussi les travaux d'architecture de Mansart et Le Vau et la vie intellectuelle, avec notamment les travaux de Pascal et Saint-Simon. Malgré cela, la folie des grandeurs du souverain amène le royaume de France au bord de la ruine économique et financière.

Louis XIV régnera pendant plus de 72 ans, du 14 mai 1643 jusqu'à sa mort le 1er septembre 1715, le règne le plus long de l'histoire de France.

Du passé au présent

Louis XIV représente l'apogée de l'Ancien Régime (la période de l'histoire de France qui va de la Renaissance à la Révolution française) et de la monarchie absolue de

[1] *Le terme de* rayonnement *ou de* grandeur *fait référence à Louis XIV qui se faisait appeler le Roi-Soleil. Pour lui, la France devait non seulement être une grande puissance mondiale, elle devait être le modèle du succès et de la grandeur politique, économique, intellectuelle et artistique. Le terme a été repris par d'autres chefs d'état.*

droit divin qui revendiquait même le droit à gouverner l'Eglise dans son pays. Il reste chez les Français une certaine fascination pour ce souverain extravagant, à la fois visionnaire et implacable. Louis XIV avait un goût pour le savoir et l'éducation, et il avait l'idée d'une certaine grandeur de la France. Outre les guerres, le rayonnement de la France selon Louis XIV passe aussi par une expansion coloniale, principalement en Amérique du Nord, dans les Antilles et les Indes.

Le règne de Louis XIV montre aussi la fragile relation qui existe entre le monde des affaires et les initiatives de l'Etat, un phénomène qui dure toujours dans les économies de marché capitalistes. La fin du règne de Louis XIV et les changements du XVIIIe siècle vont voir une fragilisation de l'absolutisme ; la montée en puissance d'une nouvelle classe, la bourgeoisie ; et l'influence de la philosophie des Lumières. Les Lumières sont un mouvement intellectuel fondé principalement sur deux idées : la liberté de l'homme et son pouvoir de raison. Ce mouvement dominera l'Europe, et notamment la France, au XVIIIe siècle.

Question de compréhension. Quelle phrase ci-dessous décrit le mieux le règne de Louis XIV? Justifiez votre réponse.

a. Louis XIV a régné sur la France en monarque absolu de façon tyrannique sans écouter ses ministres.

b. Louis XIV a régné sur la France en monarque absolu de façon ferme, mais il a défendu les arts et l'éducation.

c. Louis IV était un souverain progressiste qui a posé les bases de la démocratie moderne.

3. La Révolution française et Napoléon Ier : Rupture et/ou continuité ?

Les faits

Au cours du XVIIIe siècle, la France jouit d'un grand prestige et d'une certaine prospérité économique due aux efforts d'industrialisation et au succès du commerce. En revanche, le pouvoir royal est affaibli car le mécontentement du peuple monte vis-à-vis des deux ordres privilégiés (le clergé et la noblesse) qui font tout pour conserver leurs privilèges et financent leur train de vie extravagant en levant de nombreux et lourds impôts. Le reste de la population représente le troisième ordre, appelé le tiers état, et comprend une population très hétérogène aux intérêts divergents.

Au début du règne de Louis XVI, en 1774, la France traverse une sévère crise économique. En 1788, le roi convoque les Etats généraux (rassemblement des trois ordres) pour trouver une solution. Ceux-ci s'ouvrent le 5 mai 1789 à Versailles mais les réformes sont largement ignorées. Le 17 juin, les députés du tiers état (représentants des villes et villages) s'autoproclament Assemblée nationale promettant de doter le royaume d'une nouvelle constitution (Serment du Jeu de Paume). Le 14 juillet plus de 40 000 personnes se munissent d'armes et se dirigent vers la forteresse prison de la Bastille qu'ils prennent d'assaut. La Bastille, symbole de l'Ancien Régime et de la monarchie absolue, est tombée. Le 26 août est proclamée la Déclaration des Droits de l'homme et du citoyen dont les principes fondateurs sont : liberté, égalité et souveraineté de la nation. Le roi essaie en vain de fuir et est déposé le 10 août

1792. L'Assemblée décide d'élire une Convention nationale au suffrage universel — une Assemblée constituante qui gouverne en France de 1792 à 1795 et vote l'abolition de la monarchie. Le 21 septembre celle-ci proclame la République à l'unanimité. C'est le début de la Première République[2].

Après une période tourmentée de Terreur à l'intérieur et de conflits contre les monarchies européennes qui essaient de stopper la révolution républicaine, Napoléon Bonaparte, un jeune général devenu populaire grâce à son habileté politique et ses succès militaires, monte un coup d'état et prend le pouvoir le 25 janvier 1800. La Révolution est finie. Une fois au pouvoir, il gouverne avec vigueur :

- Il centralise l'administration du pays (politique, juridique et financière).
- Il dote la France d'une nouvelle constitution.
- Il promulgue le Code civil, ou Code Napoléon (base du droit français).
- Il établit une banque centrale (Banque de France).
- Il établit une nouvelle monnaie, le franc germinal.
- Il crée les lycées.
- Il reconnaît le catholicisme comme « la religion de la majorité des Français ».
- Ses nombreuses expéditions militaires se poursuivent avec succès.

Bonaparte se sacre Empereur des Français le 2 décembre 1804 dans la cathédrale Notre-Dame et devient ainsi Napoléon Ier.

La puissance et l'expansionnisme de l'Empire français inquiètent les monarchies européennes qui forment une coalition contre Napoléon. Après un succès initial contre la coalition, les armées impériales connaissent l'échec suite à une expédition en Russie (1812). Les troupes de la coalition européenne entrent en France. Napoléon abdique le 6 avril 1814 et la monarchie est restaurée. Exilé à l'Ile d'Elbe, Napoléon s'en échappe et reprend le pouvoir du 20 mars au 20 juin 1815 — la période des Cent Jours. Vaincu par la coalition à Waterloo, Napoléon abdique de nouveau et est encore exilé. Il meurt en 1821. Lui qui avait lutté pour la grandeur de la France commencée par Louis XIV laisse un pays en ruine : démographique (perte de 1 700 000 hommes en 20 ans), économique (perte de la plus grande partie de ses colonies) et politique (perte de l'influence internationale de la France).

Du passé au présent

La Grande Révolution, comme on l'appelle parfois, est un épisode fondateur de la culture française. Elle marque le début d'une rupture entre l'Ancien Régime et la modernité. Cette rupture brutale entraine presqu'un siècle d'hésitations sur la nature du gouvernement avant l'arrivée définitive de la république en 1871. La Révolution de 1789 est elle-même la conclusion de près d'un siècle de transformations dans tous les domaines (économique, politique, social, intellectuel), influencées en particulier par le discours des Lumières. Les Lumières sont surtout à l'origine d'une critique sociale sévère et leur philosophie politique défend l'obtention de plus de libertés et l'abolition des privilèges. Elles ont donc une influence importante sur les révolutions américaine (1776) et française (1789) ainsi que sur les constitutions qui en résultent, toutes les deux réclamant les droits de l'homme et du citoyen. Ce

[2] *En France, une nouvelle république commence chaque fois qu'une nouvelle constitution est votée. Depuis 1958, la France est sous la Ve République (La Ière, 1792–1804 ; la IIe,1848–1852 ; la IIIe, 1871–1940 ; la IVe, 1947–1958).*

concept résonne particulièrement aujourd'hui puisque la France a engagé un débat sur l'identité nationale à une époque où l'on parle de citoyenneté mondiale.

Le XVIIIe siècle est aussi marqué par la montée en puissance de la bourgeoisie dont la Révolution de 1789 verra le triomphe. Avec le poids grandissant du peuple qui les soutient, les bourgeois occupent peu à peu de nombreuses positions de pouvoir, notamment dans les domaines politique, juridique et économique.

L'héritage napoléonien se pose d'abord dans la continuité des valeurs de la Révolution, puis en rupture avec elles au profit d'une vision plus autoritaire du pouvoir et d'une société plus hiérarchisée. Napoléon embrasse une certaine idée de grandeur de la France et envisage à sa façon un rayonnement international qui sera militaire, mais aussi diplomatique, politique, culturel et intellectuel. Sous son règne, le Louvre devient le plus grand musée du monde, le droit français est codifié (le Code Civil demeure encore aujourd'hui la base du droit français), les relations entre l'Etat et la religion (catholique particulièrement) sont officiellement régulées (Concordat), et enfin, le rôle de l'Etat dans l'éducation de la population est étendu et renforcé. C'est donc cette modernisation des institutions françaises sous Napoléon qui permettra en partie aux idées de la Révolution de perdurer.

Questions de compréhension. Quel courant de pensée a inspiré la Révolution ? Quel est l'héritage de ce courant dans la culture française contemporaine ? Qui était Napoléon et quelles ont été ses contributions les plus importantes ?

4. La révolution industrielle et les avancées sociales

Les faits

Le XIXe siècle est avant tout le siècle de la révolution industrielle : le passage d'une société basée sur l'agriculture et l'artisanat à une société dominée par l'industrie manufacturière et le commerce. Le processus d'industrialisation est rendu possible par une relative absence de conflits à l'échelle européenne et une montée en puissance du capitalisme et du libéralisme, ainsi que la mécanisation, la division du travail et le progrès technologique. La France suit un développement quelque peu atypique puisque son entrée dans l'ère industrielle coïncide avec la Révolution. L'Etat joue donc dès le début un rôle important et moteur dans le succès de la croissance économique. Le poids de l'héritage républicain et des Lumières ajoute une immédiate prise en compte de la dimension sociale de l'industrialisation.

C'est ainsi que dès les années 1810, une loi oblige les chefs d'entreprise à payer les frais médicaux de leurs employés (puis de leur famille). Au début des années 1830, des lois sur l'hygiène des logements et sur le travail des enfants sont votées. Ces dernières interdisent le travail pour les enfants de moins de 8 ans et le travail de nuit pour les enfants de moins de 12 ans. A partir de ce moment, médecine du travail et protection sociale vont continuer de progresser.

En 1848, une crise économique entraine la fin définitive de la monarchie en France et la proclamation de la IIe République. Sous la pression des bourgeois, des ouvriers et des paysans, le nouveau gouvernement garantit le droit au travail, et la durée de la journée de travail est réduite à 10 heures. En 1864, le droit de coalition est reconnu, c'est-à-dire que les ouvriers peuvent se regrouper pour protester. C'est le début du droit de grève.

Les avancées sociales se poursuivent sous la IIIe République (1871) : (1) Une série de lois rend l'école obligatoire jusqu'à 13 ans (ce qui empêche les enfants de travailler trop jeunes), réorganise et améliore l'éducation des jeunes filles ; (2) La légalisation des syndicats offre un contre-pouvoir face au patronat et au gouvernement ; (3) La création, en 1906, du ministère du travail et de la prévoyance sociale a pour but d'examiner des réformes comme l'impôt sur le revenu et un régime de retraites.

Malgré ces avancées, la dépression économique des années 1930 s'installe en France, et le pays est en mauvaise posture au moment où, en 1936, la victoire électorale du Front populaire (une coalition des trois principaux partis de gauche) donne une grande bouffée d'oxygène à la classe ouvrière : conventions collectives, durée de la semaine de travail à 40 heures, création des congés payés. C'est un premier pas vers l'accès de masse aux loisirs, favorisé par des initiatives comme les billets de trains à tarif réduit et les auberges de jeunesse. Le ministre de la culture influence également une certaine démocratisation de l'accès à la culture. Pour la première fois, les ouvriers pensent que le gouvernement fait passer l'intérêt du peuple avant tout.

Du passé au présent

Le XIXe siècle français est avant tout marqué par le triomphe d'une bourgeoisie au pouvoir économique grandissant et la montée de l'idéal républicain. Après la fin du Premier Empire, la France connaît une période de Restauration (retour à la monarchie) mais il s'agit d'une monarchie parlementaire où modération et questions sociales occupent le devant de la scène. Après presqu'un siècle de maturation, la République s'impose définitivement avec conviction.

L'industrialisation a de multiples conséquences :

- L'exode rural. Les gens s'installent davantage dans les villes pour y chercher du travail, créant les bases du paysage urbain que la France connaît aujourd'hui.
- Un nouvel élan pour l'aventure coloniale due à la recherche de matières premières. A la fin du XIXe siècle, la France contrôle une grande partie de l'Afrique du Nord et de l'Ouest.
- Une dimension sociale qui va favoriser des courants comme le socialisme, qui va d'une conception pragmatique de liberté et d'égalité à des visions dites utopiques en passant par des courants marxistes.

Dès les origines de la révolution industrielle est donc très présente en France une tension entre les forces du marché et une volonté de justice sociale dont l'Etat serait garant. Ceci se manifeste par des initiatives comme les ateliers sociaux (dont la vocation est d'employer des chômeurs) et le droit à l'éducation, mais également par des luttes pour faire accepter la notion de syndicats et renforcer l'idée de démocratie (le pouvoir du peuple).

Question de compréhension. Quelles sont les conséquences de la révolution industrielle en France, en particulier sur le modèle économique et social ?

5. L'Europe en guerre : La Première et la Seconde Guerre mondiale

Les faits

Le XXe siècle débute dans un climat de tensions économiques et politiques entre les pays d'Europe. Les grandes puissances européennes rivalisent pour dominer les marchés et pour agrandir leur territoire colonial. En outre une montée de sentiments nationaux ou nationalistes forts commence parfois à se manifester. Ces tensions se matérialisent dans la création de deux grandes alliances : la Triple Entente (France, Grande-Bretagne et Russie) et la Triplice ou Triple Alliance (Allemagne, Autriche-Hongrie et Italie).

Le 18 juin 1914, suite à l'assassinat de l'archiduc-héritier de l'empire austro-hongrois, François-Ferdinand de Habsbourg, et de sa femme à Sarajevo, le mécanisme des alliances se met en marche et en l'espace de deux semaines, l'Europe est en guerre. Comme les grands pays d'Europe ont des colonies et des alliés, le conflit s'étend au monde entier.

La Première Guerre mondiale est avant tout une terrible guerre entre soldats réfugiés dans des tranchées, avec des opérations coûteuses en vies humaines. En 1917, deux évènements vont avoir un impact majeur sur la guerre : (1) la révolution bolchévique de Lénine en Russie et (2) l'entrée en guerre des Etats-Unis. Avec les renforts américains, les Alliés lancent une grande contre-offensive qui repousse les Allemands sur tous les fronts. Le 11 novembre 1918, un armistice est signé. La guerre est terminée, mais les bilans économique et humain sont lourds pour la France, qui est ruinée.

Signé le 28 juin 1919 à Versailles, le traité de paix a des conséquences graves pour l'Allemagne. Il crée de multiples sources de tensions entre les pays européens et favorise la montée du nationalisme. La création de la Société des Nations pour garantir la paix est un pas dans le bon sens mais reste inefficace par manque de réels moyens.

C'est ainsi que vingt ans plus tard, et alors qu'elle se trouve au milieu d'une crise économique grave, l'Europe se trouve plongée dans un nouveau conflit. En outre, la montée du fascisme en Italie sous Mussolini dès 1922 et la proclamation du Troisième Reich par Hitler en Allemagne dès 1933 inquiètent. Un sentiment de malaise naît en France et en Grande-Bretagne où les gouvernements hésitent sur la conduite à tenir et préféreraient se concentrer sur la crise économique. Hitler veut agrandir l'Allemagne en annexant Dantzig, un territoire allemand transformé par le traité de Versailles en ville libre sous contrôle de la Société des Nations. Le corridor de Dantzig garantissait à la Pologne, qui était soutenue par la France et la Grande-Bretagne, un accès à la mer. Deux jours après, la France et la Grande-Bretagne déclarent la guerre à l'Allemagne.

Les forces allemandes marchent sur la France et surprennent les Alliés. Le maréchal Pétain, installé à Vichy avec son gouvernement, signe un armistice le 22 juin 1940, puis impose aux Français la collaboration avec l'Allemagne nazie : travail obligatoire, antisémitisme et déportations dominent. La France est divisée en deux zones séparées par une ligne de démarcation : la zone occupée (le Nord et l'Est, Paris et sa région et toute la façade atlantique) et la zone libre. Le 18 juin, le général de Gaulle, réfugié à Londres, lance à la BBC un appel à la résistance : « La France a perdu une bataille, dit-il, mais la France n'a pas perdu la guerre ». La résistance s'organise et mène des opérations de renseignement et de sabotage. Les Etats-Unis entrent en guerre en 1941 et leur soutien en hommes et en matériel se fait sentir dès 1942. Le général Eisenhower monte l'opération militaire la plus audacieuse de l'histoire : l'opération *Overlord*. L'invasion de la France par la Normandie débute le 6 juin 1944, le Jour J, et surprend les Allemands. Les Alliés remportent une victoire décisive. Le 25 août 1944 Paris est libérée et le général de Gaulle y installe le gouvernement provisoire de la République Française.

L'Allemagne est prise entre les troupes alliées à l'Ouest et la contre-attaque soviétique à l'Est. Le 8 mai 1945, elle demande un armistice et signe une capitulation sans condition. La guerre est finie en Europe. Elle s'achèvera sur le front pacifique le 2 septembre 1945 après les bombardements atomiques des Américains sur Hiroshima et Nagasaki.

Du passé au présent

Les deux conflits mondiaux ont eu des répercussions profondes sur l'ensemble du monde et sur la culture française en particulier, la France ayant été par deux fois le théâtre principal des opérations. La Première Guerre mondiale a entraîné un traumatisme certain dans la mémoire collective des Français. Les conséquences démographiques et économiques sont catastrophiques. Le quart Nord-Est du pays est dévasté : 800 000 maisons détruites et des terres agricoles inutilisables. Le bilan humain est tout aussi terrible : 1,4 millions de morts (un tiers des hommes entre 19 et 22 ans), 3 500 000 blessés, 1 200 000 veuves et orphelins. La Seconde Guerre mondiale est le conflit le plus meurtrier de l'histoire (50 millions de morts). La France perd plus de 600 000 personnes dont plus de la moitié sont des civils. Le plan Marshall d'aide à la reconstruction européenne et l'établissement de nouvelles structures politiques vont remettre la France en route vers la reconstitution de sa société.

Outre l'occupation allemande, la principale cause du traumatisme laissé par la Seconde Guerre mondiale reste la collaboration du régime de Vichy et d'une partie de la population avec les Nazis. Le climat d'après-guerre était tendu entre les anciens résistants et les anciens « collabos » dont plusieurs milliers sont exécutés. Cependant, il n'y a pas de procès de hauts fonctionnaires français pour crimes contre l'humanité jusqu'en 1994. Et encore ces procès sont-ils controversés : là où certains saluent le devoir de justice, d'autres critiquent le fait de raviver des blessures qui divisent la société française.

Au niveau global, c'est surtout la réalité des camps nazis de concentration et d'extermination qui a bouleversé le monde. Le génocide des Juifs, mais aussi l'extermination de centaines de milliers de personnes (intellectuels, dissidents, handicapés, homosexuels, etc.), a forcé le monde à un examen de conscience qui a redéfini la pensée contemporaine.

Questions de compréhension. Les phrases suivantes sont-elles **vraies** ou **fausses** ? Justifiez vos réponses.

- La Première Guerre mondiale a été principalement causée par l'assassinat de Sarajevo plutôt que par les tensions politiques et économiques entre les grands pays d'Europe.
- La Seconde Guerre mondiale est le résultat direct du traité de Versailles et de la montée du fascisme en Allemagne et en Italie.
- La Seconde Guerre mondiale a eu pour conséquence le bouleversement de l'ordre mondial dans tous les domaines (politique, économique, intellectuel, etc.).

6. La Décolonisation

Les faits

Au sortir de la Seconde Guerre mondiale, la France doit faire face à un conflit coûteux en Indochine (actuel Vietnam, une de ses colonies) où Hô Chi Minh a proclamé l'indépendance le 2 septembre 1945. À peine la guerre d'Indochine est-elle terminée que commence la guerre d'Algérie. Le 1er novembre 1954, un groupe de nationalistes algériens constituent le FLN (Front de Libération Nationale) et déclenchent une insurrection. Très vite, le conflit escalade et exacerbe l'instabilité du gouvernement français sur la question coloniale. En 1956, le processus de décolonisation commence au Maroc et en Tunisie. Mais dans le cas algérien, le gouvernement tient à « maintenir et renforcer l'union indissoluble entre l'Algérie et la France métropolitaine » tout respectant « la personnalité algérienne ». Un processus de décolonisation par étapes est mis en place. Pendant ce temps, le conflit en Algérie, marqué par attentats terroristes et torture, exaspère l'opinion publique. La France court désormais le risque d'une guerre civile ou d'un coup d'état militaire. Le 15 mai 1958, le général de Gaulle est rappelé pour sauver la France. Il accepte, forme son gouvernement et, investi des pleins pouvoirs, prépare une nouvelle constitution. La Vᵉ République naît donc sur les ruines de IVᵉ République.

Alors que le processus de décolonisation s'accomplit sans conflits majeurs en 1960–1961, la situation en Algérie se détériore et la guerre n'arrivera à sa fin que le 18 mars 1962. La majorité des Français (et sympathisants) vivant en Algérie rentre en France, ce qui crée des difficultés économiques et sociales car il faut réintégrer cette population qui a vécu, parfois depuis plusieurs générations, en Afrique du Nord.

Du passé au présent

Au lendemain de la Seconde Guerre mondiale, l'expérience coloniale avait suivi son cours. La France, comme les autres pays de l'hémisphère nord n'est plus considérée comme invincible. Les pays colonisés aspirent à l'auto-détermination et à se libérer du colonisateur. Il devient nécessaire pour la France d'envisager un nouveau type d'influence internationale, autre que par la domination politique, économique et militaire. C'est dans ce sens que l'idée de Francophonie[3] peut être vue. Cette période voit aussi une croissance de l'immigration africaine vers la France pour des raisons économiques et politiques et une propagation rapide de l'Islam dans les pays d'Afrique subsaharienne.

La décolonisation va également obliger la France à faire devoir de mémoire pour digérer son passé colonial, un processus parfois long et difficile. Dans le cas de l'Algérie, on peut dire qu'il n'est pas fini. En revanche, il faut saluer les initiatives culturelles qui examinent cet héritage colonial et post-colonial, depuis les premiers événements du commerce triangulaire[4] jusqu'à la place et les contributions des populations colonisées ou anciennement colonisées à la culture française. Malgré cela, de nombreuses questions continuent de se poser : la France s'est-elle vraiment retirée de ses colonies ? Dans quelle mesure ces pays continuent-ils d'être exploités ?

Question de compréhension. Dans quelle mesure la décolonisation va-t-elle pousser la France à repenser sa position comme puissance mondiale et son rôle dans la communauté internationale ?

[3] *La Francophonie est ici définie comme l'ensemble des pays où le français est parlé.*

[4] *Désigne la traite des esclaves. Au XVIIᵉ des bateaux quittaient les ports français chargés de marchandises qui étaient échangées en Afrique contre des esclaves. Les bateaux repartaient alors pour les Amériques où ces esclaves étaient échangés contre des produits comme le café, le sucre, le coton, le cacao ou le tabac.*

7. Ve République : De Gaulle, mai 68 et les années Mitterrand

Les faits

La Ve République commence avec Charles de Gaulle qui se présente comme le sauveur du pays et gouverne avec « une certaine idée de la France » et en particulier une idée de puissance et de « grandeur » héritées de l'histoire. Il veut un état fort et rejette la notion d'hégémonie des deux grandes superpuissances (Etats-Unis et URSS) en essayant de trouver des alliés extérieurs pour s'assurer une certaine indépendance. Sur le plan militaire, il transforme la France en puissance nucléaire et quitte l'OTAN pour défier le gouvernement américain dont il critique l'intervention au Vietnam.

En 1968, cependant, la crise économique et un grand mécontentement social entrainent une révolution spontanée à la fois du milieu étudiant, du milieu ouvrier et de la gauche politique. Emeutes, grèves, manifestations, discours publics : partout on dénonce une société trop traditionnelle, le capitalisme, les inégalités sociales. Les usines sont occupées, des barricades sont construites dans les rues. Le 24 mai 1968, une grève nationale rassemble près de dix millions de grévistes. La France est complètement paralysée. De Gaulle réussit à stabiliser le pays, mais ces événements conduiront quand même à sa démission l'année suivante.

Alors que la France est en pleine expansion, les années 1970 sont difficiles, en partie à cause des chocs pétroliers des années 1973 et 1979. Les Français sont désormais préoccupés par le chômage, l'inflation et la perception d'un problème d'intégration des immigrés dans une société en crise. C'est dans ce climat que François Mitterrand devient le premier président socialiste de la Ve République. Il déploie de grands projets de réformes politiques, économiques et sociales. Sur le plan politique, Mitterrand organise la décentralisation du pouvoir en matière d'éducation et d'initiative économique. Le 9 octobre 1981, la France abolit totalement la peine de mort. Il met en place une politique de relance de la consommation complétée par une politique sociale agressive : semaine de travail de 39 heures, établissement d'une cinquième semaine de congés payés, retraite possible à 60 ans et augmentation du salaire minimum (SMIC) et des prestations sociales[5].

Du passé au présent

Alliant charisme, éloquence et intelligence politique, Charles de Gaulle et François Mitterrand ont marqué l'histoire politique française de par leur vision pour le pays. S'appuyant sur une présidence forte, ils étaient à l'écoute du peuple et ont œuvré pour établir ou préserver une certaine influence de la France dans le monde.

Mitterrand a aussi laissé sa marque sur la culture française à deux niveaux : (1) comme instigateur des grands travaux (la pyramide du Louvre, la Défense, la nouvelle Bibliothèque nationale de France) ; et (2) comme président de l'alternance (droite-gauche) puis, par deux fois, de la cohabitation, c'est-à-dire avec un gouvernement de droite alors que lui était de gauche. Ceci ne facilite pas l'exercice du pouvoir et a entrainé une réforme de la durée du mandat présidentiel.

Sans être une prise du pouvoir, mai 1968 a vu le peuple (re)prendre la parole à travers différents groupes (étudiants, ouvriers, femmes, intellectuels) et réaffirmer son rôle de citoyen républicain dans le processus démocratique.

Les Français se font principalement entendre sur le terrain social au nom d'un certain principe de solidarité et de justice sociale qui semble rester aujourd'hui un

[5] *Argent dépensé par les organismes publics pour remplir des objectifs sociaux comme la santé, l'éducation.*

pilier de la société française. On voit d'ailleurs dans les revendications actuelles un retour au programme politique du Conseil national de la Résistance, à l'héritage de l'histoire des avancées sociales évoqué plus haut, ainsi qu'une affirmation de l'importance de la protection sociale, notamment sur la durée du temps de travail et le système de retraite (voir *Chapitre 11*).

Questions de compréhension. Pour quelles raisons la Ve République est-elle un régime relativement stable ? Quels éléments de l'histoire de la Ve République vous semblent refléter le mieux ce que vous savez de la culture française contemporaine ?

Questions de réflexion

Répondez aux questions suivantes à l'écrit. Ensuite, discutez avec un groupe de collègues vos idées à l'oral.

1. Quels sont les thèmes récurrents que vous avez remarqués dans l'histoire de France ? Par exemple, on peut noter à plusieurs reprises une volonté centralisatrice du pouvoir indépendamment des régimes politiques. Notez trois thèmes récurrents et pour chacun, faites une liste des événements historiques qui lui sont liés.
2. Parmi les sept moments importants de l'histoire de France, lesquels vous semblent avoir eu le plus grand impact sur la France actuelle ? Lesquels, selon vous, continueront à avoir un grand impact sur l'avenir ? Choisissez-en trois et expliquez chaque choix.
3. Quels sont pour vous les sept moments les plus importants de l'histoire des Etats-Unis ? Pourquoi les avez-vous choisis ? Dans quelle mesure pensez-vous que ces événements continuent à influencer la culture américaine ? Justifiez votre position.
4. Comparez la brève histoire de France ci-dessus avec l'histoire des Etats-Unis. Pensez-vous que les conséquences des moments clés de l'histoire des Etats-Unis soient aussi clairement visibles aujourd'hui dans la culture et la société américaine que ceux de l'histoire de France le sont dans la culture et la société française ? Justifiez votre position.

Avez-vous compris ?
Allez plus loin

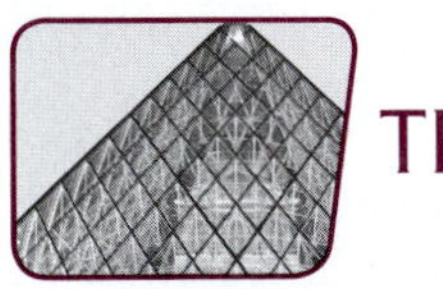

TEXTE I A ANALYSER

Audio Le passé dans le présent : La Marseillaise

L'histoire continue à se manifester dans le présent par l'intermédiaire, entre autres, d'évènements, de personnes et de symboles (voir *Chapitre 2*), autant de facteurs qui structurent et façonnent l'espace culturel d'une communauté. *La Marseillaise*,

l'hymne national français est un des symboles de la République. Elle a été composée en 1792 par un officier de l'armée française, Claude-Joseph Rouget de Lisle. Elle est aujourd'hui un des symboles de la République française.

Avant d'écouter / lire l'hymne

Répondez aux questions suivantes avant d'écouter *La Marseillaise.*

1. Quelle est la fonction d'un hymne national ?
2. L'hymne national a-t-il pour vous une importance particulière ?
3. Connaissez-vous l'histoire de l'hymne national américain ? Est-ce important ?

En écoutant / lisant l'hymne

La Marseillaise est un chant qui utilise beaucoup de figures de style. En l'écoutant réfléchissez aux questions suivantes qui attirent votre attention sur certaines d'entre elles et notez vos idées.

1. A quoi réfère le mot « tyrannie » dans le premier couplet ?
2. Quelle impression donne l'utilisation du verbe « mugir » pour qualifier l'ennemi ?
3. « Egorger vos fils, vos compagnes. » En lisant ces mots, qu'est-il question de défendre ici ?
4. Quand Rouget de Lisle parle de « Liberté, Liberté chérie », de quoi parle-t-il ?
5. Comment comprenez-vous le dernier couplet dans la mesure où il représente un lien entre passé, présent et futur ?

La Marseillaise

1er couplet

Allons enfants de la Patrie,
Le jour de gloire est arrivé !
Contre nous de la tyrannie,
L'étendard sanglant est levé, (bis)
Entendez-vous dans les campagnes
Mugir° ces féroces soldats ?
Ils viennent jusque dans vos bras
Egorger° vos fils, vos compagnes !

Roar, Howl, Moo

To cut the throat of

Refrain :

Aux armes, citoyens,
Formez vos bataillons,
Marchons, marchons !
Qu'un sang impur
Abreuve nos sillons° !

Spills on our fields ! (lit. May an impure blood water our furrows.)

6ème couplet

Amour sacré de la Patrie,
Conduis, soutiens nos bras vengeurs
Liberté, Liberté chérie,
Combats avec tes défenseurs ! (bis)
Sous nos drapeaux que la victoire
Accoure° à tes mâles accents, *Rush*
Que tes ennemis expirants
Voient ton triomphe et notre gloire !

7ème couplet

Nous entrerons dans la carrière
Quand nos aînés n'y seront plus,
Nous y trouverons leur poussière,
Et la trace de leurs vertus (bis),
Bien moins jaloux de leur survivre,
Que de partager leur cercueil°, *coffin*
Nous aurons le sublime orgueil
De les venger ou de les suivre !

Source : La Marseillaise by Rouget de Lisle

Après avoir écouté / lu l'hymne

Un hymne national représente un pays. En tant que représentation, il peut aussi être le lieu de contestation. Réfléchissez à ces thèmes avec les questions suivantes. Ensuite, discutez vos idées avec vos collègues et votre professeur.

1. Quel est le ton de cet hymne national ? Quels mots et quelles structures grammaticales contribuent à établir ce ton ?
2. Quelles références trouvez-vous aux idéals révolutionnaires et républicains ? Si vous lisez cela à la lumière des événements historiques décrits plus haut, quels liens voyez-vous entre *La Marseillaise* et l'évolution de la culture française depuis cette période ?
3. Comme beaucoup de symboles hérités du passé, *La Marseillaise* fait parfois l'objet de controverses. Notamment, Serge Gainsbourg, un chanteur français, en a fait une version reggae. Plus récemment (novembre 2007 et 2008), des spectateurs d'un match de football de l'équipe de France ont sifflé en signe de protestation pendant la présentation de *La Marseillaise* au Stade de France à Paris. Quel sens peut-on attacher à ces gestes ?

Aller plus loin

Pour retrouver l'histoire de *La Marseillaise* et les paroles intégrales, rendez-vous sur le site Internet d'*Alliages*.

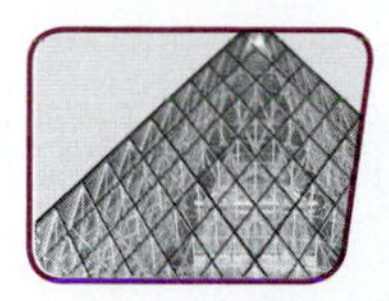

RAPPEL !

Comment parler au passé

Votre étude de la culture française vous mènera à parler des événements historiques ou même d'un passé plus récent. Pour construire des narrations au passé en français, on utilise principalement quatre temps : **l'imparfait, le passé composé, le passé simple** et **le plus-que-parfait**. Le **passé simple** est aujourd'hui un temps **littéraire,** c'est-à-dire qu'on le trouve principalement à l'écrit (dans les textes littéraires, les magazines, les journaux, etc.). Il est donc important de savoir le reconnaître même si vous l'utiliserez sans doute peu souvent. En revanche, les trois autres temps sont utilisés régulièrement dans la langue écrite et orale.

Ces quatre temps se répartissent le long de la chronologie du discours comme suit :

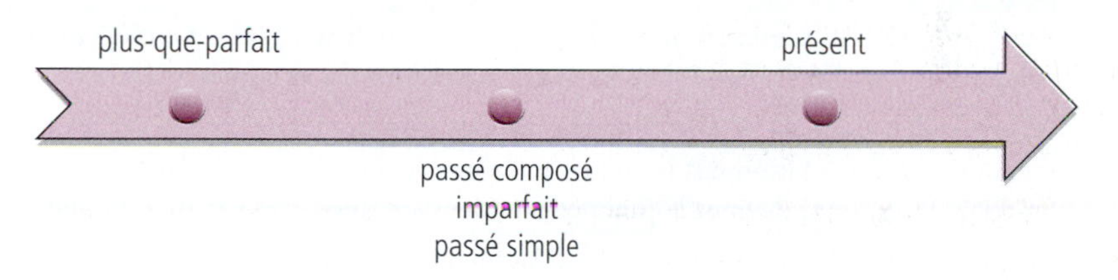

Le **plus-que-parfait** exprime des actions ou des moments achevés qui précèdent une autre action ou un autre moment du passé.

La Révolution **était** (déjà) **passée** quand Rouget de Lisle a composé la Marseillaise.

Le **passé simple** et le **passé composé** expriment des actions achevées dans le passé.

François Mitterrand **laissa** sa marque sur la culture française à deux niveaux.

François Mitterrand **est devenu** le premier président socialiste de la Ve République en 1981.

L'**imparfait** exprime des actions habituelles du passé, ainsi que des actions inachevées (qui sont en train de se faire). Il se peut que ces actions perdurent jusqu'au moment de la narration, et dans le deuxième cas, qu'elles soient « interrompues » par des actions plus courtes et achevées. L'imparfait décrit aussi l'état d'être de quelqu'un ou de quelque chose ainsi que des faits du second plan ou d'arrière-plan d'une narration.

Quand j'**étais** petite, j'**avais** souvent de bonnes notes dans le cours d'histoire-géographie. (état d'être / description ; action habituelle)

Les Français **étaient** préoccupés par le chômage et l'inflation pendant les années 1970. (état d'être / description d'arrière-plan)

J'**ai ouvert** la porte de la salle de conférence où le professeur **donnait** une présentation à propos de la Seconde Guerre mondiale. (action courte et achevée au passé composé ; action en train de se faire (interrompue) à l'imparfait)

Ainsi, dans une narration au passé, l'imparfait est utilisé pour décrire le contexte, l'ambiance, les caractéristiques des personnages entre autres. En revanche, le passé composé exprime les faits du récit ou les actions réalisés par les personnages de la narration.

Pratiquons !

Réécrivez les phrases ci-dessous au passé. Choisissez entre l'**imparfait**, le **passé composé** ou le **plus-que-parfait**. Ensuite, expliquez chacun de vos choix. Utilisez les informations dans le *Rappel !* pour vous aider à formuler vos explications.

1. Le XIXe siècle **est** avant tout le siècle de la révolution industrielle.
2. Pendant la Seconde Guerre mondiale, le maréchal Pétain, installé à Vichy avec son gouvernement, **signe** un armistice le 22 juin 1940.
3. Le XXe siècle **débute** dans un climat de tensions entre les pays d'Europe. Il **existe** des tensions économiques tout d'abord puisque les grandes puissances européennes **rivalisent** pour dominer les marchés.
4. Pendant le siège d'Alésia en 52 av. J.-C., Jules César **lutte** contre Vercingétorix pendant un mois mais par la suite les Gaulois **perdent** du terrain.
5. Au cours des années 1970, les Français **ont** de nombreux soucis : le chômage, l'inflation et l'intégration des immigrés dans une société en crise. Dans ce climat François Mitterrand **devient** le premier président socialiste de la Ve République.
6. Après la Première Guerre mondiale, l'Allemagne **est** humiliée par le traité de Versailles. La réaction contre ce traité **entraine** une montée du nationalisme et **conduit** finalement à la Seconde Guerre mondiale.
7. Les Français **élisent** François Mitterrand président en 1981 mais la première fois que Mitterrand **se présente** aux élections, il **est** battu par de Gaulle.
8. Louis XIV, Napoléon, de Gaulle et Mitterrand, bien que très différents, **partagent** des caractéristiques communes. Ils **sont** tous les quatre des chefs d'état qui **jouent** un rôle important dans l'histoire de France.

TEXTE II A ANALYSER

Quelques perspectives des Français sur l'histoire

Vous allez lire quelques extraits du livre *Ma France à Moi* (Hélène Constanty et Nathalie Funès, 2003), une série d'entretiens avec une quarantaine de personnes célèbres en France : des artistes, des femmes et des hommes politiques, des sportifs et des intellectuels. Le sujet de ces entretiens est l'identité culturelle collective en France et les personnes interrogées y décrivent leur France à eux — par exemple, leur plat préféré, un objet fétiche, un personnage admiré, et cetera. L'histoire figure de façon importante dans ces entretiens. En effet chaque personne interviewée a été invitée à décrire un évènement historique important.

Avant de lire les extraits

Dans une activité de ce chapitre, vous avez identifié les sept moments que vous considérez les plus importants dans l'histoire des Etats-Unis. Maintenant limitez-vous à *un* seul moment historique, celui qui vous semble le plus important. Décrivez à l'écrit cet événement et les raisons pour lesquelles vous croyez qu'il mérite une si grande reconnaissance. Partagez vos idées à l'oral avec un petit groupe de vos collègues.

En lisant les extraits

Pour chacun des quatre témoignages que vous lisez, faites un résumé des idées qui y sont représentées en vous servant d'un tableau comme celui ci-dessous.

Nom de la personne interrogée	Evènement historique et date	Rapport de la personne interrogée à l'événement historique	Signification donnée à l'évènement historique par la personne interrogée

Ma France à Moi, extraits

Pierre Arditi, comédien

le 10 mai 1981

« Moi qui suis fils d'un peintre intello-communiste, j'ai vécu toute mon enfance et mon adolescence dans l'attente de cette chose qui paraissait de plus en plus improbable au fur et à mesure° que les années passaient : l'accession de la gauche au pouvoir. J'avais trente-sept ans quand François Mitterrand a gagné l'élection présidentielle et vraiment je commençais à me dire que cela n'arriverait jamais, je n'osais° plus y croire. Le soir du 10 mai 1981, je suis allé à la Bastille avec mon fils de onze ans sur les épaules. Il pleuvait, je marchais vers l'espoir enfin récompensé et mon fils râlait° parce qu'il était mouillé. Ce contraste entre les ronchonneries° de mon fils, homme de demain, et mon enthousiasme d'homme d'âge mûr qui partait à la rencontre du peuple français était assez étrange. »

as

dared

grumbled

grouchiness

Paul Bocuse, cuisinier

Le débarquement américain du 6 juin 1944

« Le 6 juin 1944, les Américains ont débarqué sur la côte Normande. Ils ont laissé sur nos plages des milliers de morts et ont permis aux Alliés de gagner la guerre. S'ils n'étaient pas venus, beaucoup de Français ne seraient sans doute pas là aujourd'hui. En hommage, j'ai toujours un drapeau américain au fronton de mes restaurants. Le débarquement est un évènement particulièrement émouvant pour moi. Engagé volontairement pendant la Seconde Guerre mondiale, j'ai été démobilisé à l'âge de dix-neuf ans et décoré de la croix de guerre. »

Marine Jacquemin, journaliste

Mai 1968

« J'étais adolescente en mai 1968 et je me souviens d'avoir été très marquée par la force des défilés, par l'exaltation qui s'en dégageait. Je n'y ai pas participé car j'étais encore à l'école°, mais j'ai vécu cet évènement à travers ce que m'en racontaient mes amis étudiants°. Ils me disaient qu'ils ne savaient pas trop ce qu'ils faisaient mais qu'ils y allaient et voilà. La parole était descendue dans la rue, un mélange de rigidité idéologique et de vent de liberté. Un jour, avec mon petit ami de l'époque, étudiant en médecine, je suis allée à un meeting à la faculté du Panthéon. J'avais le sentiment de participer à l'écriture d'une page d'histoire. »

au lycée

étudiants à l'université

Andrée Putman, designer

L'appel du 18 juin 1940 de Charles de Gaulle

Je trouve ce texte admirable, même si je ne suis pas gaulliste. J'aime l'histoire de cet homme qui part pour sauver son pays, avec tant de foi, de passion, de détermination… Si on la racontait à une enfant de dix ans, il penserait qu'on se moque de lui. Il faut croire aux miracles : Cela aide à ce que ils se réalisent. J'habitais rue de l'Abbaye, à Paris, quand j'ai entendu l'appel du 18 juin à la radio avec toute ma famille. Nous avons tout de suite compris qu'il se passait quelque chose de dramatique. Les deux seuls événements de la Seconde Guerre mondiale dont je me souviens sont l'appel du 18 juin et la Libération.

Source : Hélène Constanty et Nathalie Funès, *Ma France à moi*, 2003.

Après avoir lu les extraits

Réfléchissez sur les idées représentées dans les extraits que vous avez lus et discutez ces questions avec vos collègues et votre professeur.

1. Comparez les réponses de Paul Bocuse et Andrée Putman, deux Français de la même génération, nés en 1926 et 1925. Quelles similarités et différences y notez-vous ?
2. Dans les réponses de Pierre Arditi et Marine Jacquemin, on voit une volonté de la part de la personne interrogée de participer à l'événement historique au moment où il s'est déroulé. Pensez-vous que le fait de vivre un évènement historique le rende plus important pour la personne qui le vit ? Peut-on attacher une importance équivalente à un événement historique qu'on n'a pas vécu personnellement ?
3. Dans les réponses de Marine Jacquemin et Andrée Putman, les deux femmes ont choisi des évènements historiques vécus pendant leur adolescence. Attachez-vous beaucoup d'importance à un (ou plusieurs) évènement(s) historique(s) que vous avez vécu(s) dans votre pays pendant votre enfance ou adolescence ? Si oui, lesquels ?

ACTIVITE DE SYNTHESE

Pour approfondir votre compréhension de l'importance de l'histoire dans la culture française ainsi que de la relation entre le passé, le présent et le futur, vous allez créer une frise historique —c'est-à-dire votre propre chronologie— de l'histoire de France. Pour cela, suivez les étapes ci-dessous. Pour vous inspirer, vous pouvez relire les sept moments clés présentés dans la première partie de ce chapitre.

1. Formez un groupe de cinq étudiants. En groupe, choisissez cinq événements importants de l'histoire de France différents des moments clés présentés au début du chapitre.
2. Chaque membre du groupe choisit un des cinq évènements et décrit l'importance de cet évènement dans l'histoire et la culture françaises. Votre description comprendra trois parties : les causes de cet évènement, les faits et l'influence de cet évènement sur l'histoire et la culture actuelles.

   Partie I : Les causes

   Dressez une liste des évènements importants qui ont conduit au moment historique que vous avez choisi. Décrivez brièvement chaque évènement et son influence.

   Partie II : Les faits

   Dressez une liste des faits importants du moment dans l'histoire de la France que vous avez choisi. Décrivez brièvement chaque fait.

   Partie III : Les influences

   Dressez une liste des conséquences de ce moment dans l'histoire de France et des influences qu'il a eues sur la culture française.
3. Avec votre groupe, en vous servant d'un site Internet pour la création de frises historiques, créez-en une sur laquelle vous placerez vos événements et vos analyses.
4. Présentez votre travail à la classe.

CHAPITRE

Signes, symboles et mythes

OBJECTIFS

- Définir les mots **signe**, **symbole** et **mythe**
- Identifier quelques symboles associés à la culture française et la vie quotidienne en France
- Identifier quelques mythes associés à la culture française
- Analyser plusieurs images symboliques et expliquer la signification des éléments qui les composent
- Enrichir son vocabulaire à propos des signes et symboles

Dans quelle mesure est-ce que cette image est un symbole de la culture française ?

Expressions de base pour parler des signes, symboles et mythes

Noms
une association
une communauté
la compréhension
un concept
une convention
le dialogue
un interlocuteur
une interprétation
le langage
la langue
la linguistique
un mythe
la mythologie
la parole
un processus
la relation
une représentation
le sens
un signe
le signifiant
la signification
le signifié
un symbole
un système
la transmission
une valeur

Adjectifs
collectif (-ive)
commun(e)
complexe
conventionnel(le)
culturel(le)
invisible
linguistique
mutuel(le)
porteur (-euse)
symbolique

Verbes
appartenir (à)
composer (de)
constituer
construire
envisager
évoquer
fonctionner
renvoyer (à)
reposer (sur)
signifier
symboliser
transmettre

Expressions pour lier les idées
d'autre part
en effet
en revanche
par conséquent

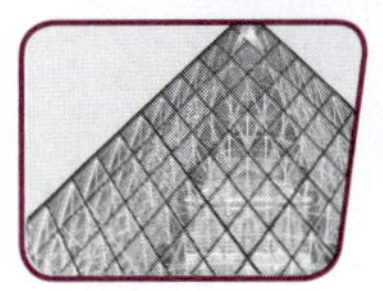

ENTREE EN MATIERE

Signes, symboles et mythes

La langue française contient des expressions comme « c'est un signe des temps » ou « tout un symbole ». *Mais dans quelle mesure y a t-il une différence entre signe et symbole ? Comment les définir ? Quelle est la fonction des signes et symboles dans une culture ? Quelle est la fonction du mythe dans le développement d'une culture ?*

Qu'est-ce qu'un **signe** et comment fonctionne-t-il ? Selon le linguiste suisse Ferdinand de Saussure, le langage[1] est un système de signes qui se définissent non pas par ce qu'ils sont, mais plutôt par ce qu'ils ne sont pas (par exemple un chat

[1] *Saussure fait une distinction entre trois concepts :* ***langage*** *(un code basé sur un système de signes),* ***langue*** *(un moyen de communication utilisé par une communauté, par exemple le français ou l'anglais) et* ***parole*** *(l'utilisation de la langue par les locuteurs d'une langue dans un contexte précis de leur vie quotidienne).*

n'est pas un chien, ni une girafe, ni encore une cafetière, etc.). Ceci est d'ailleurs aussi vrai pour les lettres : *a* n'est pas *b,* ni *c,* etc. Pour Saussure, le signe est composé de deux éléments : le **signifiant** et le **signifié.** Le signifiant est le mot ; le signifié est le concept ou la représentation mentale d'une chose désignée par le mot.

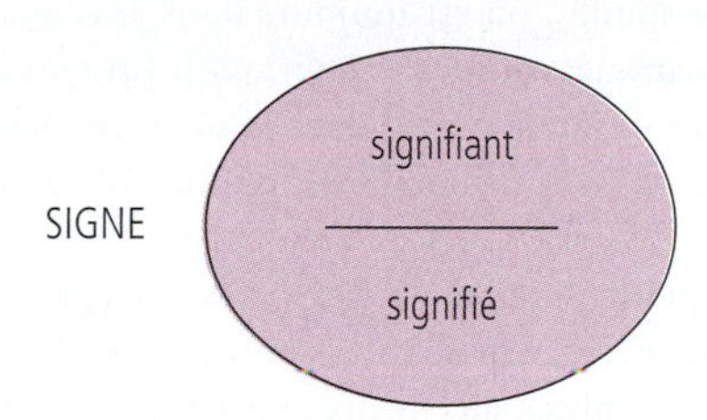

La relation, symbolisée ci-dessus, entre le signifiant et le signifié est purement conventionnelle. Il n'y a aucune raison *a priori* pour laquelle le mot « table » désigne un objet plat que l'on trouve souvent dans la cuisine, la salle à manger ou le salon. D'autre part, juste parce que vous parlez d'une table n'implique pas nécessairement que votre interlocuteur ait la même représentation mentale que vous. Si le signe sert donc bien de véhicule à la communication, il faut — pour arriver à une compréhension mutuelle entre les interlocuteurs, c'est-à-dire à un sens en commun — un processus de dialogue et de négociation qui permet de choisir la meilleure parmi les différentes interprétations possibles. Autrement dit, le sens n'est pas un produit figé, mais un processus qui dépend du contexte dans lequel le message est transmis.

On voit que la conception même du signe est quelque chose de complexe, surtout que les signes peuvent être multiples : Saussure parlait du signe dans un sens strictement linguistique (les mots) mais chaque communauté communique également par l'intermédiaire de signes non verbaux (gestes, expressions de visage, images, objets, etc.) qui fonctionnent sur le même modèle et qui sont eux aussi culturellement déterminés et conventionnels. La culture, à travers ses conventions et ses normes, influence donc le processus de communication : règles de politesse, distance entre les interlocuteurs (les Français se tiennent souvent plus près les uns des autres que les Américains), statut social, etc.

Lorsque l'on est dans son propre environnement culturel, on suit naturellement ces normes et on reconnaît naturellement ces différents signes. En revanche, si on est dans un pays étranger, les conventions culturelles du pays vont sans doute freiner la facilité avec laquelle on peut communiquer. En effet, comme les signes sont différents, la communication n'est pas nécessairement aussi immédiate : par exemple, les panneaux de signalisation routière, les enseignes de magasin, etc. Tous ces signes sont culturellement spécifiques. En France, si on cherche une boîte à lettres pour envoyer des cartes postales, il faut chercher une boîte jaune, non pas bleue comme aux Etats-Unis. De la même façon, une croix lumineuse verte au-dessus d'une vitrine indique la présence d'une pharmacie.

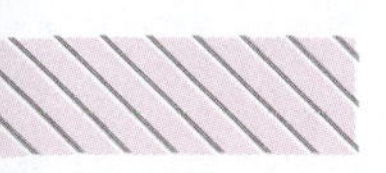

Question de compréhension. Expliquez ce qu'est **un signe** et donnez quelques exemples.

Comment distinguer entre **signe** et **symbole** ?

Dans une culture, il existe donc un grand nombre de signes qui sont porteurs de sens. Il faut maintenant distinguer entre **signe** et **symbole.** Tous les symboles sont des signes, mais tous les signes ne sont pas des symboles. Par exemple, les mots « blanc » et « noir » renvoient à des couleurs précises. Si on dit « un blanc » ou « un noir » en parlant de personnes, on est toujours dans le domaine du signe mais on met en jeu des problématiques sociales et politiques. En tant que symbole, le blanc peut symboliser l'innocence ou la pureté dans la majorité des cultures occidentales alors qu'il symbolise le deuil en Chine. C'est le noir qui symbolise le deuil dans la culture française.

On voit ici la valeur symbolique du langage et on imagine alors l'importance que cette valeur symbolique peut avoir dans la communication entre membres d'une même culture et entre membres de cultures différentes. Contrairement au signe, le symbole évoque plus que le signe qui le représente. En revanche, la croix verte pour représenter une pharmacie constitue seulement un signe car elle n'évoque rien d'autre qu'une pharmacie et ne renvoie pas à d'autres idées. La valeur symbolique d'un signe est donc en excès de la signification immédiate de ce signe. Par conséquent, on voit comment la relation entre un symbole et l'objet de sa représentation repose sur une association d'idées ou de valeurs partagées par une société, une culture, un groupe de gens. Ce partage de valeurs touche les membres d'une culture donnée de façon plus profonde que la simple volonté de communiquer au moyen de signes (linguistiques ou autres).

Si les signes sont des représentations culturellement marquées eux aussi, la différence principale réside donc dans le fait que le symbole renvoie à quelque chose qui n'appartient pas au domaine du monde réel ou sensible. Le pain, par exemple, est un objet concret dont les Français font une utilisation quotidienne. Pourtant, la valeur, ou plutôt les valeurs symboliques du pain vont bien au-delà du simple objet et des pratiques de consommation. En effet, le pain a longtemps été la nourriture de base pour la population, surtout en milieu rural. Dans la langue courante, « gagner son pain » veut dire travailler et gagner sa vie. Le pain représente donc le fruit du travail de la terre (et donc la relation au territoire ou au terroir) qui donne le grain qui donne la farine que le boulanger utilise pour faire le pain. Par conséquent, le pain symbolise aussi une relation au temps (la préparation du pain requiert un « *timing* » précis) et à la gastronomie. La baguette est aussi utilisée pour symboliser le Français (avec le béret et le t-shirt marin à rayures). Dans une perspective chrétienne, enfin, le pain représente le Christ. (N.B. : La tradition chrétienne n'est bien entendu pas la seule tradition religieuse à accorder au pain une valeur symbolique.). Si on veut aller plus loin, l'étymologie du mot « compagnon », en français, signifie « celui qui mange le même pain ». Les ramifications culturelles associées à un simple objet comme le pain sont complexes. Chaque culture porte en elle ces ramifications à travers ses symboles (et à moindre titre ses signes) et il convient donc d'être vigilant pour les reconnaître et rendre possible la communication.

Question de compréhension. Quelle est la différence entre **un signe** et **un symbole ?**

Les mythes : Des récits appartenant à la mémoire collective

Sont à noter parmi les éléments symboliques importants d'une culture un phénomène particulier qui est profondément constitutif de la culture : les mythes. Un **mythe** est un récit qui appartient à la mémoire collective d'un peuple ou d'une culture. Les mythes sont à l'origine des récits anonymes transmis oralement. Puis les modalités de transmission se multiplient : écriture, iconographie, performances. A travers les générations successives qui les transmettent, c'est le geste même de la transmission du mythe qui lui donne son sens et qui fait fonction de mémoire sociale collective. C'est-à-dire, que la transmission des mythes est constitutive de l'identité d'une communauté à un moment donné. Les mythes sont donc souvent liés aux grandes questions que se pose une culture, véritable ciment du lien social.

Le mythe a quelquefois eu une mauvaise réputation comme étant faux, exagéré, du domaine de la fable ou de la légende. On voit même aujourd'hui que, dans la langue des jeunes, quelqu'un qui ment de façon chronique se voit traité de « mythomane ». Cette dévalorisation du mythe dans les sociétés développées est due en grande partie à l'importance donnée au progrès et à la force de la raison ; il n'en reste pas moins que les mythes ont une importance indéniable dans la construction d'une culture. C'est pour cela que même lorsqu'il comporte des éléments inexacts ou même faux, le mythe a des conséquences réelles et visibles. En effet, certains mythes renvoient à des visions du monde, des pratiques socioculturelles ou des rituels qui sont porteurs de sens et de vérité pour la communauté qui les construit. Par exemple, la devise de la France, « Liberté, Egalité, Fraternité » constitue un des mythes fondateurs de la culture française. La devise est bien réelle, d'un point de vue linguistique et par le fait qu'elle apparaisse sur les façades des mairies. Elle a même une valeur symbolique pour la République française. Mais surtout, c'est en tant que mythe fondateur qu'elle sert de principe organisateur de la culture française. En effet, si cette devise n'est pas appliquée tous les jours[2], elle sert cependant de guide pour les membres de la culture française et pour la République.

On voit à travers cet exemple que les mythes peuvent renvoyer aux origines d'une communauté, chronologique ou métaphorique. Il existe ainsi une mythologie dans de nombreuses cultures. C'est également pour cela que certains événements ou personnages historiques, par la façon dont un peuple ou une communauté se les approprient, peuvent faire fonction de mythe. Jeanne d'Arc, par exemple, constitue un autre de ces « mythes fondateurs » de la culture française. Si Jeanne d'Arc a bel et bien existé, c'est surtout sa signification symbolique puis mythique que la mémoire collective française a retenue, plus que les détails de sa biographie dont on ne sait pas forcément beaucoup. Jeanne d'Arc est une paysanne très pieuse née vers 1412. Elle s'est distinguée comme héroïne pendant la Guerre de Cent Ans entre la

[2] *On se souvient que la France a eu un passé colonial pendant lequel elle a privé des nations de leur liberté ; le principe d'égalité n'a pas toujours été respecté dans le droit de vote, notamment puisque les femmes ne l'ont obtenu qu'en 1944. Si les Français sont attachés à une certaine justice sociale, on sait aussi qu'il existe des inégalités économiques et sociales que le système a des difficultés à corriger malgré le principe de fraternité.*

France et l'Angleterre. Alors que la France est en mauvaise posture, Jeanne affirme qu'elle a entendu des voix divines lui disant qu'elle devait chasser les Anglais hors de France. Jeanne part en guerre, revient victorieuse et fait sacrer Charles roi de France en 1429 dans la cathédrale de Reims, lieu symbolique de la monarchie française. Jeanne d'Arc restaure ainsi la légitimité du pouvoir royal et revigore un sentiment d'union nationale en France. Elle est capturée par les Anglais et meurt brûlée sur le bûcher en 1431.

Personnage historique tout d'abord, Jeanne d'Arc est devenue un personnage mythique, voire mystique de la culture française. Elle est surnommée « la pucelle d'Orléans », en raison de sa virginité mais aussi parce que certains de ses contemporains étaient persuadés qu'une vierge guerrière allait les sauver. Canonisée en 1920, Jeanne est proclamée sainte patronne secondaire de la France en 1922. Elle incarne dans la mémoire collective des Français la pureté, la conviction, la légitimité de la France, l'union nationale, la fille du peuple symbolisant le patriotisme. À ce titre, pendant la Seconde Guerre mondiale la Résistance a fait de Jeanne d'Arc un de ses symboles, elle qui avait chassé l'occupant hors de France. De plus, le général de Gaulle a adopté comme symbole la croix de Lorraine qui est associée, entre autres, avec Jeanne d'Arc. La valeur symbolique de Jeanne d'Arc est donc multiple. C'est pourquoi il existe encore aujourd'hui une controverse autour de ce personnage pour au moins deux raisons:: (1) le régime de Vichy, collaborant avec les Nazis, l'a faite lui aussi un de ses symboles pendant la Seconde Guerre mondiale, la montrant comme victime des Anglais ; (2) aujourd'hui, Jeanne d'Arc a été récupérée par le Front national (FN), parti politique d'extrême droite, comme incarnant la souveraineté nationale et le patriotisme.

Les notions de signes, symboles et mythes sont donc des notions centrales dans le processus de construction culturelle. Ce qui lie ces trois notions est bien sûr le langage, puisque c'est à travers le langage d'une communauté que signes, symboles et mythes sont construits et transmis. La compréhension du contexte culturel constitue alors un élément critique du processus de communication et il convient de connaître et comprendre comment les signes, symboles et mythes d'une culture sont exprimés dans la vie quotidienne, à travers le langage en particulier. Ceci a des conséquences importantes pour les habitants d'un pays comme la France ou les Etats-Unis, des pays de plus en plus divers sur les plans linguistique et culturel. C'est aussi vrai pour chaque individu, citoyen d'un monde dans lequel on doit trouver une place et se situer par rapport aux autres, c'est-à-dire par rapport à des personnes qui ont des origines culturelles et linguistiques différentes ainsi qu'un système symbolique et une vision du monde qui leur sont propres. Ces différences, souvent invisibles, vont influencer la manière dont chaque personne se situe dans l'espace et le temps présent mais aussi comment cette personne se rappelle le passé et se projette dans l'avenir. La compréhension de ces différents éléments — chez soi et chez l'Autre — est essentielle à la compréhension entre les cultures.

Question de compréhension. Regardez chaque image à la page suivante et décidez s'il s'agit d'**un signe,** d'**un symbole** ou d'**un mythe**. Discutez votre interprétation à l'oral avec vos collègues en vous servant des définitions des concepts clés. N'oubliez pas de justifier vos interprétations.

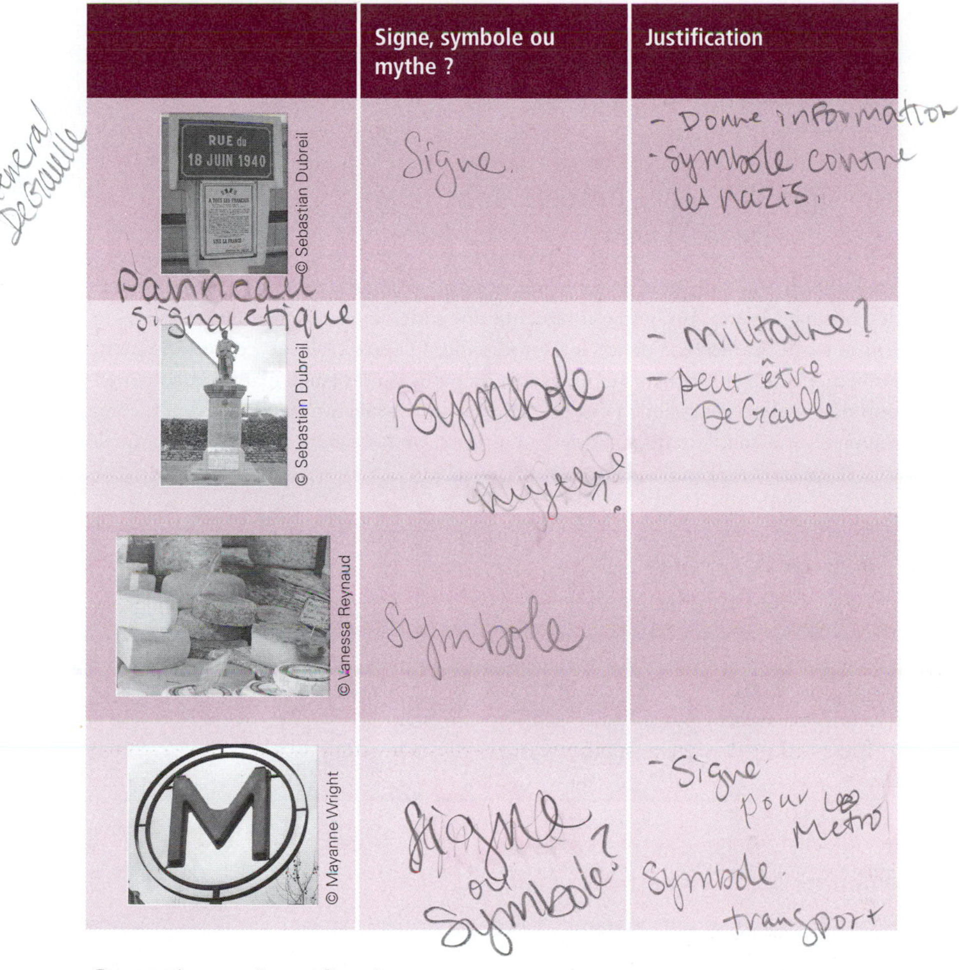

	Signe, symbole ou mythe ?	Justification
© Sebastian Dubreil		
© Sebastian Dubreil		
© Vanessa Reynaud		
© Mayanne Wright		

Questions de réflexion

Répondez aux questions suivantes à l'écrit. Ensuite, discutez avec un groupe de collègues vos idées à l'oral.

1. Qu'est-ce que c'est qu'un signe ? un symbole ? Comment comprenez-vous la différence entre les deux ? Identifiez quelques signes de votre culture. Comment les utilisez-vous ?
2. Qu'est-ce que c'est qu'un mythe ? Quels en sont les éléments constitutifs ? Quelle est sa fonction dans la société ?
3. Quel est un exemple d'un symbole officiel de votre pays ? Un exemple de symbole non officiel ? Que signifient-ils pour vous et pour votre culture ?
4. Avez-vous déjà participé à une conversation dans laquelle vous avez senti un décalage entre vous et votre interlocuteur ? Dans un pays étranger ? Aux Etats-Unis ? Dans quelle mesure est-ce que ce décalage était dû à des références culturelles différentes ?

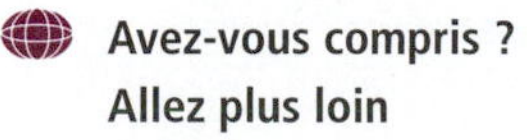

Avez-vous compris ?
Allez plus loin

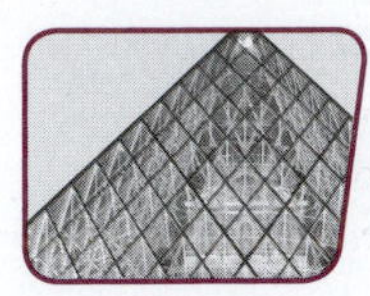

TEXTE I A ANALYSER

Les signes et les symboles dans la vie quotidienne en France

Vous allez lire une vignette de *La première gorgée de bière et autres plaisirs minuscules* de Philippe Delerm, un livre qui présente une série de textes en prose relativement courts basés sur des faits de la vie quotidienne. D'après Delerm, ce sont ces petits événements qui constituent un ensemble de petits signes participant à la construction de la culture de chaque personne et donc, quand ils sont partagés, d'une communauté. En étant attentif à ces signes culturels, on peut alors se demander lesquels sont devenus des symboles de la culture française.

A propos de l'auteur

Fils d'enseignants, Philippe Delerm naît en 1950. Il passe une enfance heureuse et se dirige vers des études de littérature. Il devient à son tour professeur de français dans un collège de Normandie. En parallèle, il poursuit sa vraie passion : l'écriture. Après des tentatives qui sont d'abord refusées par les éditeurs, il connaît un succès auprès du public et des critiques avec la publication en 1997 de *La première gorgée de bière et autres plaisirs minuscules* aux Editions Gallimard.

Avant de lire la vignette

Répondez aux questions suivantes à l'écrit. Ensuite, partagez vos idées avec vos collègues et votre professeur.

1. Qu'évoque pour vous le titre de cette vignette, « La première gorgée de bière » ?
   a. L'auteur va parler de la première fois où il a goûté de la bière.
   b. C'est juste une façon d'évoquer le premier chapitre du livre.
   c. L'auteur va parler du plaisir ressenti quand on boit de la bière.
2. Quelles sont vos attentes de ce texte ? Que va-t-il décrire selon vous ?
   a. Une expérience malheureuse.
   b. L'expérience de déguster une bière.
   c. Une fête traditionnelle dans laquelle les gens boivent de la bière.
3. Le fait de « boire de la bière » fait-il partie des pratiques culturelles que vous associez avec la France ? (Expliquez votre choix.)
   a. Oui, mais seulement dans certaines régions.
   b. Absolument pas. Les Français ne boivent presque jamais de bière.
   c. Bien sûr. Les Français boivent beaucoup de bière.

En lisant la vignette

Faites un tableau à deux colonnes. Dans la première colonne, faites une liste des mots liés aux sensations. Dans la deuxième, faites une liste des mots liés aux rituels. A la fin de la lecture, expliquez l'impression que produisent ces termes et la mesure dans laquelle vous voyez une relation entre les deux.

La première gorgée de bière

trivial / coating / lukewarm / wasted

C'est la seule qui compte. Les autres, de plus en plus longues, de plus en plus anodines°, ne donnent qu'un empâtement° tiédasse°, une abondance gâcheuse°. La dernière, peut-être, retrouve avec la désillusion de finir un semblant de pouvoir…

frothy gold
palate / subdued / bitterness

Mais la première gorgée ! Gorgée ? Ça commence bien avant la gorge. Sur les lèvres déjà cet or mousseux°, fraîcheur amplifiée par l'écume, puis lentement sur le palais° bonheur tamisé° d'amertume°. Comme elle semble longue, la première gorgée ! On la boit tout de suite, avec une avidité faussement instinctive. En fait, tout est écrit : la quantité, ce ni trop ni trop peu qui fait l'amorce idéale ; le bien-être immédiat ponctué par un soupir, un claquement de langue ou un silence qui les vaut ; la sensation trompeuse d'un plaisir qui s'ouvre à l'infini… En même temps, on sait déjà. Tout le meilleur est pris. On repose son verre, et on l'éloigne même un peu sur le petit carré buvardeux°. On savoure la couleur, faux miel°, soleil froid. Par tout un rituel de sagesse et d'attente, on voudrait maîtriser le miracle qui vient à la fois de se produire et de s'échapper. On lit avec satisfaction sur la paroi° du verre le nom précis de la bière que l'on avait commandée. Mais contenant et contenu peuvent s'interroger, se répondre en abîme°, rien ne se multipliera plus. On aimerait garder le secret de l'or pur et l'enfermer dans des formules. Mais devant sa petite table blanche éclaboussée° de soleil, l'alchimiste déçu ne sauve que les apparences, et boit de plus en plus de bière avec de moins en moins de joie. C'est un bonheur amer : on boit pour oublier la première gorgée.

beer coaster / honey

side

in abyss

splashed

Source: Philippe Delerm, « La première gorgée de bière » in *La première gorgée de bière et autres plaisirs minuscules* © Editions Gallimard www.gallimard.fr.

Après avoir lu la vignette

Citations à discuter. Delerm décrit un moment de la vie quotidienne qui a un sens auquel on peut s'identifier car il a une signification culturelle. Pour comprendre ceci, discutez avec un collègue vos interprétations des citations suivantes.

1. « bonheur tamisé d'amertume »
2. « la sensation trompeuse d'un plaisir qui s'ouvre à l'infini »
3. « Par tout un rituel de sagesse et d'attente, on voudrait maîtriser le miracle qui vient à la fois de se produire et de s'échapper. »
4. « On aimerait garder le secret de l'or pur et l'enfermer dans des formules. »

Questions de discussion. Dans ce texte il est question de la façon dont les petits plaisirs de la vie quotidienne sont non seulement des signes culturels mais aussi constitutifs de la culture française. Pour mieux comprendre comment ces signes fonctionnent, discutez les questions suivantes avec vos collègues.

1. Qui est « l'alchimiste déçu » ? Comment expliquez-vous cette référence ?
2. Dans quelle mesure « la petite table blanche éclaboussée de soleil » est-elle un signe de la culture française ?
3. Pourquoi attacher tant d'importance à « la première gorgée de bière » ? Et surtout, pourquoi le faire avec tant de précision ? Quelles hypothèses pouvez-vous tirer de ce texte quant à l'importance du plaisir dans la culture française ?
4. Avez-vous jamais vécu une expérience similaire à celle que décrit Delerm dans cette vignette ? Expliquez.

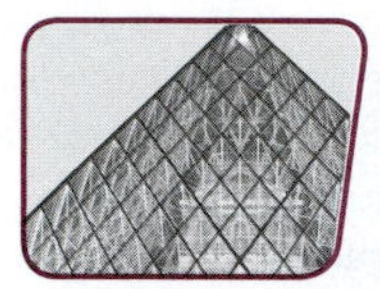

TEXTE II A ANALYSER

Icônes ou mythes culturels ? Portraits de la France contemporaine

Vous allez lire deux extraits de « Mythologies 2007 » publiés dans le *Nouvel Observateur*, un magazine français d'actualité. Ces extraits parlent de deux phénomènes culturels contemporains : Diam's, une chanteuse française de hip hop qui a été au centre de polémiques, notamment à cause de ses origines et de ses prises de positions politiques, et la *Star Academy*, une émission de télé-réalité. Ces phénomènes ont une signification culturelle, mais sont-ils des symboles de la culture française contemporaine ? C'est ce que vous allez analyser.

A propos de « Mythologies 2007 »

Cinquante ans après la publication des *Mythologies* de Roland Barthes, véritable portrait de la société française à travers l'analyse de plusieurs icônes culturelles, Jérôme Garcin lance l'initiative de mettre à jour le portrait, ou plus exactement, de faire un nouveau portrait de la société française d'aujourd'hui. Ce nouveau portrait a paru dans le *Nouvel Observateur* daté du 15 mars 2007. Des auteurs venus d'horizons divers et variés (journalistes, philosophes, écrivains, sociologues, etc.) mythifient à leur tour et tournent leur attention sur les icônes politiques et culturelles de ce début de XXIe siècle. S'inscrivant dans le même esprit que Barthes les avait imaginées, ces nouvelles mythologies couvrent beaucoup de terrain.

Extrait 1

Avant de lire l'extrait

Répondez aux questions suivantes afin d'examiner la notion de mythe et sa fonctionne dans une culture.

1. Qu'évoque pour vous le terme « mythologie » ?
2. Dans quelle mesure peut-on envisager le portrait d'une société à travers ses mythes ?

En lisant l'extrait

A. Vrai ou faux? Décidez si les phrases suivantes sont **vraies** ou **fausses** en regardant le contexte dans lequel se trouve chaque expression indiquée. Justifiez brièvement votre choix.

1. La phrase « [sa voix] fait entendre ce que le public rumine » signifie que les chansons de Diam's expressent les sentiments et les idées de ses fans.
2. Un « jour de grands départs » est un jour où de nombreuses familles partent en vacances.
3. Sibony qualifie Diam's de « beurette ». Cela signifie qu'elle est une personne de couleur.
4. L'expression « son album se vend un max » signifie que Diam's a vendu le plus possible d'albums mais que les ventes se sont arrêtées.

B. Travail sur le vocabulaire. Quelles expressions de ce texte sont en lien avec le domaine du mythique ? Quelles expressions sont en lien avec le domaine de la voix ? Relevez ces expressions et faites-en deux listes.

Diam's de Daniel Sibony[3]

Un mythe est un fantasme qui s'incarne pour un groupe, se fixe dans un récit, devient même le lieu commun qu'un public aime fréquenter. Si en plus un chanteur lui prête sa voix, celle-ci fait entendre ce que le public rumine.

J'ai « connu » Diam's un jour de grands départs — embouteillages —, mes enfants ont mis le CD, une scène amoureuse° à plusieurs.

love scene

« *C'est superbe*, m'écriai-je, *ce rythme, ce souffle et cette beurette qui tape fort sur les fantômes° ! Alors ils peuvent s'en sortir, ils peuvent parler, chanter, c'est bon, c'est un mythe porteur°… — Mais papa, Diam's n'est pas une beurette, elle vient de Chypre°. Et de sa banlieue chic elle allait en banlieue « difficile » pour apprendre le rap. — So what ?* »

of North African descent who chases ghosts from the past / a rallying myth / Cyprus

J'aime encore plus son accent « beur » ; j'aime ceux qui dévoient° l'identité en l'affirmant, qui la jouent et la déjouent. Après tout, chanter, c'est faire entendre la voix de l'autre devenue la vôtre, ou qui vous reste dans la gorge… (Il paraît que son album se vend « un max ». Tant mieux, nos « mythes » ont besoin de l'industrie pour être « sacrés ».)

subvert

Source : « Diam's » (Le *Nouvel Observateur*, 15 mars 2007, by Daniel Sibony)

[3] Daniel Sibony est psychanalyste et auteur de *Création : Essai sur l'art contemporain* (publié aux Editions du Seuil) et de *Lectures bibliques* (publié aux Editions Odile Jacob).

Après avoir lu l'extrait

Questions de discussion. Que nous révèle cet extrait sur la constitution d'un mythe et sa fonction dans la culture française ? Pour vous aider à aborder cette question, discutez avec vos collègues les questions suivantes.

1. Daniel Sibony propose la définition suivante du mythe : « Un mythe est un fantasme qui s'incarne pour un groupe, se fixe dans un récit, devient même le lieu commun qu'un public aime fréquenter. » Qu'entend-il par là ?
2. Comment comprenez-vous l'affirmation de Sibony : « (…) j'aime ceux qui dévoient l'identité en l'affirmant, qui la jouent et la déjouent. Après tout, chanter, c'est faire entendre la voix de l'autre devenue la vôtre, ou qui vous reste dans la gorge… ». Quel mythe Diam's incarne-t-elle selon vous ? Quel rôle ce mythe joue-t-il en tant que signe dans la culture française ?
3. Quelle est l'importance de la voix dans la constitution d'un mythe ? Pourquoi la voix de quelqu'un comme Diam's peut-elle être importante et pour qui ?
4. Pensez-vous qu'une personnalité comme Diam's, étant donné ses origines et sa situation, puisse être un symbole de la condition des banlieues qui est souvent liée à des questions de pauvreté et d'exclusion ? Expliquez.

Extrait 2

Avant de lire l'extrait

Vous allez lire une seconde vignette sur un phénomène culturel récent en France, appelé la *Star Academy*. Pour vous aider à réfléchir sur ce phénomène en tant qu'il se présente comme signe ou symbole culturel, répondez aux questions suivantes.

1. Qu'évoque pour vous le terme « Star Academy » ?
2. Suivez-vous des émissions de télé-réalité ? Lesquelles et pourquoi ? ou pourquoi pas ?
3. Pensez-vous que la télé-réalité soit un signe ou un symbole de la culture contemporaine ? Expliquez.

En lisant l'extrait

Pour orienter votre lecture de cet extrait sur la *Star Academy* et son rôle comme signe/symbole culturel, répondez aux questions suivantes.

1. Qu'est-ce que la *Star Academy* ?
2. Que signifient les expressions « le fabriqué prend l'apparence du spontané » et « l'exhibition prend l'apparence de l'intime » ?
3. Comment comprenez-vous la phrase « Entre les murs d'un château aux allures de pensionnat, sous la houlette de professeurs supposés compétents, le décor de l'émission entretient un climat infantile » ?

La Star Academy de Benoît Duteurtre[4]

Par la magie du y, la *Star Academy* nous signale qu'elle n'est pas une « académie » poussiéreuse°, mais une « école » d'un genre nouveau, où les vocables° anglo-américains s'utilisent sans traduction. On retrouve cette même lettre dans l'identité des participants qui se nomment Grégory plutôt que Grégoire, Jérémy plutôt que Jérémie, comme si le prénom choisi par leurs parents portait déjà une aspiration vers la *Star Ac* et son pays merveilleux. Une autre indication figure dans le titre de ce concours télévisuel, où l'on vient moins pour devenir artiste (comme au *Petit Conservatoire* de Mireille[5]) que pour devenir « star », tout simplement. Vers ce mirage conduisent des moyens variés : le chant, la danse, la comédie, son sourire ou sa maladie — peu importe, pourvu qu'on prenne sa place dans le spectacle du petit écran°.

dusty / *words* / *télévision*

À la *Star Academy*, les contraires se rejoignent : le fabriqué prend l'apparence du spontané (l'émission est mise en scène, formatée, préparée par des castings — mais son déroulement semble fondé sur l'élan, le désir, le mérite individuel) ; l'exhibition prend l'apparence de l'intime (chaque geste se déroule sous le regard des caméras, et c'est encore devant l'objectif qu'on fait ses « confidences » aux millions de téléspectateurs). Entre les murs d'un château aux allures de pensionnat°, sous la houlette° de professeurs supposés compétents, le décor de l'émission entretient un climat infantile, comme pour nous dire que le destin de star est une rude et juste école de la vie ; mais chaque candidat doit se plier au même moule de variété internationale, avec ses paroles stéréotypées, ses effets de voix outranciers°. Et, comme pour marier définitivement les contraires, les concurrents engagés dans cette lutte féroce pour la célébrité prennent parfois la main de leurs camarades pour chanter ensemble l'innocence et l'amour… tout en accroissant les parts de marché de leur employeur.

lit. « with the appearance of a boarding school » / guidance

outrageous

Source : « La Star Academy » (Le Nouvel Observateur, 15 mars 2007, by Benoît Duteurtre)

[4] Benoît Duteurtre est romancier et musicologue. Il est l'auteur de *Chemins de fer* (publié aux Editions Fayard).

[5] Le *Petit Conservatoire de Mireille* était une école dirigée et animée par Mireille Hartauch, une chanteuse, compositrice et actrice française. Cette école a fait l'objet d'émissions de radio hebdomadaires où les élèves se produisaient.

Après avoir lu l'extrait

Questions de discussion. La télé-réalité n'est pas un phénomène propre à la culture française mais elle s'est largement insérée dans le système culturel français. Pour vous aider à réfléchir sur le rôle de la télé-réalité comme signe culturel, discutez avec vos collègues les questions suivantes.

1. Comment l'influence anglo-saxonne est-elle (re)présentée dans le phénomène de la *Star Academy* ? Est-ce un signe de l'influence culturelle des Etats-Unis sur le reste du monde ou pensez-vous que les cultures se nourrissent naturellement de sources diverses ?
2. Quelle est l'opinion générale de Benoît Duteurtre sur la *Star Academy* ? Qu'en pensez-vous ?
3. Dans quelle mesure pensez-vous qu'une émission comme la *Star Academy* constitue un symbole culturel de la société française ou, plus généralement de la culture occidentale ? Que représenterait ce symbole ?

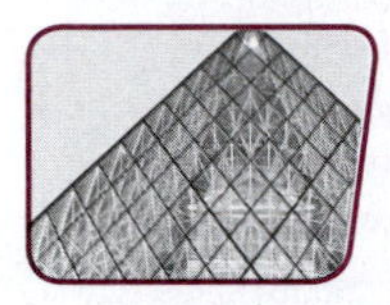

IMAGES A ANALYSER

Les symboles de la France en images

Avant d'analyser les images

Quels sont les signes et symboles que vous associez avec les Etats-Unis et la France ? Dressez une liste de symboles des Etats-Unis, de votre région, état et ville. Quelles idées ou valeurs chacun représente-il ? Ensuite, dressez une liste de signes et symboles que vous associez avec la France. Pourquoi les associez-vous avec la France ?

En analysant les images

Pour chaque image, faites une analyse visuelle du symbole, puis expliquez sa signification en montrant notamment ce que ce symbole représente ou suggère quant à la culture française, les Français ou la France. Pour vous aider, référez-vous aux *Expressions de base* de l'*Introduction* et de ce chapitre, et également à ce que vous avez appris de l'histoire de France.

	Nom du symbole	Officiel ou non officiel?	Ce qu'il représente ou suggère
 © Abigail Fine			
 © Suzanne Meyer			
 © Abigail Fine			
 © Sebastian Dubreil			
 © Claude Dubreil			

Après avoir analysé les images

Partagez vos idées à propos de chaque image avec un groupe de vos collègues. Ensuite, discutez ces questions : Quelles impressions ces symboles ont-ils sur vous ? Quelles hypothèses pouvez-vous formuler sur la culture française à propos de chaque symbole ?

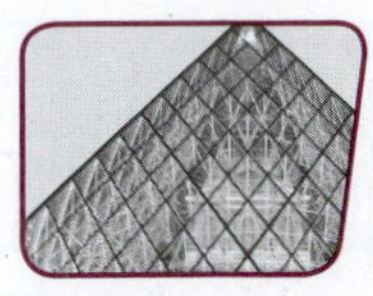

PREMIERE PERSONNE

Vidéo

Interview avec Franck Mercier à propos de quelques symboles de la culture française ou de francité

A propos de Franck Mercier

Franck Mercier est originaire de la côte Atlantique, au sud de l'estuaire de la Loire. Il est professeur d'histoire-géographie à Poitiers où il enseigne en collège et lycée. Auparavant, il était professeur dans des sections européennes (c'est-à-dire qu'il enseignait l'histoire-géographie comme discipline à des lycéens français, mais en allemand).

Avant de regarder l'interview

Répondez aux questions suivantes pour faire des hypothèses concernant les symboles dont M. Mercier va parler.

1. A votre avis, quels symboles de la France, de la culture française ou de l'identité française M. Mercier va-t-il mentionner ?
2. A votre avis, ces symboles vont-ils se référer à des phénomènes culturels présents ou passés ? Expliquez.
3. Selon vous, les symboles mentionnés vont-ils être des objets concrets (la Tour Eiffel, l'arc de Triomphe) ou des éléments de la culture plus imprécis (« Liberté, Egalité, Fraternité ») ? Expliquez.

En regardant l'interview

Les symboles et éléments culturels. Faites une liste des symboles et éléments culturels mentionnés dans cette interview. Ensuite, suivez les étapes ci-dessous.

1. Placez les symboles sur une ligne chronologique du plus ancien au plus récent.
2. Classez-les en objets concrets ou objets abstraits.
3. Dites si les symboles ont une valeur ou une connotation positive ou négative.

Après avoir regardé l'interview

Répondez aux questions suivantes à propos des idées évoquées par M. Mercier. Ensuite, discutez vos idées avec vos collègues et votre professeur.

1. A l'exception de deux symboles identifiés qui semblent être exclusivement positifs, les autres semblent laisser un peu d'espace au débat et à la discussion. Comment expliquez-vous ce phénomène ?

2. Comment les symboles évoqués par M. Mercier contribuent-ils à structurer l'espace culturel français ?
3. Identifiez trois symboles des Etats-Unis ou de la culture américaine. En quoi sont-ils importants dans la culture américaine (contemporaine) ? Ces symboles sont-ils appréciés par l'ensemble des Américains ou sont-ils parfois contestés ? Expliquez.
4. Une culture doit-elle rester attachée à des symboles du passé ou doit-on renouveler les références et les symboles culturels à mesure que la culture évolue dans le temps ? Justifiez votre réponse.

ACTIVITE DE SYNTHESE

Analyse de signes et de symboles

Identifiez deux signes et deux symboles propres à votre culture ou groupe culturel (les musiciens, athlètes, etc. ont parfois des signes qui leur sont propres). Décrivez-les et analysez leur rôle dans cette culture, c'est-à-dire les contextes dans lesquels ils fonctionnent. Comment ces signes et symboles sont-ils porteurs de sens ? Complétez un tableau comme celui ci-dessous avec vos idées.

Signe/Symbole	Description	Analyse	Signification

Pensez-vous que ces signes et symboles aient un équivalent dans la culture française ? Pourquoi ou pourquoi pas ? Si oui, quel serait le signe ou symbole culturel équivalent dans la culture française à votre avis ?

Si vous trouvez des signes et symboles équivalents dans la culture française, choisissez deux d'entre eux. Décrivez-les et expliquez brièvement leur rôle et leur signification (vous devrez peut-être faire quelques recherches sur ce dernier point). En vous basant sur vos expériences personnelles ou sur vos recherches, expliquez brièvement comment chaque signe ou symbole fonctionne dans le système culturel français.

Vous pouvez présenter votre travail à l'oral (enregistrement), par écrit ou en construisant une présentation multi-média.

CHAPITRE

3

Stéréotypes

OBJECTIFS

- Définir le concept de **stéréotype**
- Identifier quelques stéréotypes associés à la France et aux Français
- Analyser différents stéréotypes à propos de la France et des Français présents dans plusieurs textes
- Rappeler comment transformer le discours direct en discours indirect
- Enrichir son vocabulaire à propos des stéréotypes

En regardant cette image, quels stéréotypes de la France y voyez-vous ? Expliquez vos impressions.

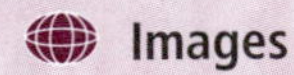

Images

Expressions de base pour parler des stéréotypes

Noms
une attente
une caractérisation
un cliché
un comportement
une croyance
le mode par défaut
une nuance
un stéréotype
une valeur

Adjectifs
anxieux(-euse)
assuré(e)
choqué(e)
ciblé(e)
discret(-ète)
égoïste
élégant(e)
fier(-ère)
formel(le)
fort(e)
généreux(-euse)
gros(se)
informel(le)
impoli(e)
intelligent(e)
malin(e)
méchant(e)
optimiste
pessimiste
poli(e)
radin(e)
sincère
sportif(-ive)
superficiel(le)
tendu(e)

Verbes
apprécier
attribuer
comparer
se comporter
croire
estimer
gêner
impliquer
juger
se moquer de
négliger
percevoir
privilégier

Expressions utiles
avoir tendance à
en dire long (sur quelqu'un ou quelque chose)
être mal élevé(e)
tantôt

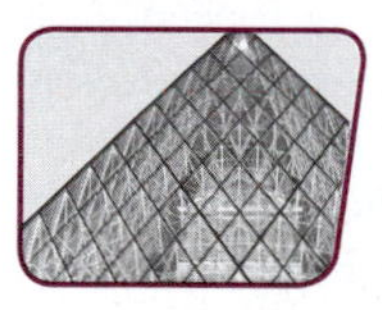

ENTREE EN MATIERE

Qu'est-ce qu'un stéréotype ?

Tout le monde connaît bon nombre de stéréotypes — sur les hommes, les femmes, les blondes, les athlètes, les personnes âgées — mais la plupart du temps nous n'avons pas la moindre idée d'où viennent ces stéréotypes, et nous ne nous posons même pas la question de savoir l'effet qu'ils ont sur la personne ou le groupe de personnes ciblées. *Quelles sont les origines des stéréotypes ? A quoi servent-ils ? Quels sont selon vous certains stéréotypes de la France ? des Etats-Unis ?*

D'après le dictionnaire Larousse, un **stéréotype** peut être défini comme une « expression ou opinion toute faite, sans aucune originalité, un cliché » ou bien une « caractérisation symbolique et schématique d'un groupe qui s'appuie sur des attentes et des jugements de routine[1] ». De manière générale, dans la première acception, un stéréotype est une construction qui s'appliquerait facilement à une culture étrangère dont nous ne connaissons pas nécessairement grand-chose. Dans la deuxième

[1] *Source: http://www.larousse.com/en/dictionaries/french/stereotype*

acception, le stéréotype s'appliquerait à un ou plusieurs groupe(s) culturel(s) dont nous connaissons quelque peu les paramètres constitutifs de l'identité ou leur fonctionnement. Ainsi, cela nous conduit à formuler, à tort ou à raison, des attentes sur les croyances ou les comportements des individus dont nous savons qu'ils appartiennent à ce groupe. Ou encore, de façon plus pernicieuse, nous formulons parfois des attentes sur des individus dont nous *percevons* qu'ils appartiennent à un groupe (en nous basant sur les caractéristiques que nous attribuons *a priori* à ce groupe).

C'est plutôt cette deuxième définition qui va s'appliquer ici à notre analyse de la culture française. En se focalisant sur le concept de **stéréotype**, nous allons essayer d'identifier les stéréotypes attribués aux Français et à la vie en France, en tentant de comprendre leur origine mais aussi en essayant d'y apporter les nuances qui s'imposent. Car nous devons ne pas oublier qu'aucun stéréotype n'est neutre: en d'autres termes, toute description d'une culture implique une comparaison ou un contraste, et les stéréotypes qu'on attribue à une culture étrangère en disent long sur sa propre culture[2].

Par exemple, des phrases telles que « Les Français sont toujours ... » ou « Les Français ont tendance à ... » sont en effet des jugements qui révèlent quelque chose sur le **mode par défaut** de notre culture et ce que notre culture juge implicitement comme « normal » ou « correct ». En d'autres termes, comme vous avez lu dans l'*Introduction*, notre **mode par défaut** est constitué par l'ensemble de nos valeurs culturelles. Ce sont ces valeurs qui servent de principe organisateur à la façon dont nous vivons mais aussi de norme par rapport à laquelle nous jugeons la façon de vivre des autres. C'est-à-dire que si un Américain dit, « Les Français dînent tard », c'est parce que lui-même est habitué à dîner plus tôt, ce qui serait par comparaison trop tôt pour un Français. De la même façon, si un Français dit, « Les restaurants américains sont bruyants », c'est parce qu'il est habitué à un volume sonore plus bas en France, alors que les convives américains dans le même restaurant ne seraient pas perturbés par ce même volume.

Il est également intéressant de noter que si ce mode par défaut existe entre cultures, il existe aussi au sein d'une même culture. C'est ce qui explique les stéréotypes associés à telle ou telle région ou la présence dans la langue de certaines expressions comme « *Southern hospitality* » ou encore « têtu comme un Breton ». Par conséquent, quand on veut apprendre une culture autre que la sienne, il est important et même nécessaire de se poser la question de nos valeurs culturelles, de notre mode par défaut, et de se les rendre explicites à soi-même avant de s'ouvrir à l'Autre.

Questions de compréhension. Qu'est-ce qu'un stéréotype ? Que révèlent les stéréotypes qu'on attribue à une culture étrangère sur sa propre culture ?

Questions de réflexion

Répondez aux questions suivantes à l'écrit. Ensuite, discutez vos idées avec un groupe de collègues.

1. A votre avis, est-ce qu'il y a une différence entre un stéréotype et une généralisation? Qu'ont-ils en commun ?
2. A votre avis, y a-t-il une différence entre un stéréotype et un préjugé ? Pensez à un exemple pour chacun de ces concepts pour expliquer votre point de vue.

[2] *Source: Gilles Asselin et Ruth Mastron,* Français-Américains : Ces différences qui nous rapprochent, *Paris : Alban Editions, 2004.*

3. Selon vous, quels sont les trois stéréotypes les plus courants attribués aux Français par les membres de votre culture ?
4. En réfléchissant à ces trois stéréotypes, à votre avis, que suggère chacun à propos de votre propre mode par défaut ?

Avez-vous compris ?
Allez plus loin

TEXTE I A ANALYSER

Quelques perspectives à propos des Français

Vous allez lire « Ils sont bizarres, ces Français », un article du magazine *Tous*, qui décrit les opinions de sept étrangers vivant en France à propos des Français. Dans l'article, chaque personne partage sa perspective sur une habitude qu'elle trouve « bizarre » chez les Français.

Avant de lire l'article

Imaginez qu'un Français ou une Française visite votre pays pour la première fois et passe une journée avec vous. A votre avis, y aurait-il des choses qu'il ou elle trouverait « bizarres » dans votre culture ? Lesquelles ? Pourquoi ?

En lisant l'article

Chaque phrase qui suit résume l'opinion d'une personne dans l'article. Choisissez la personne à qui chaque phrase correspond.

Walyd	Patricia	Fataneh	Criss
Susan	Ana	Yen	

1. Les Français sont moins sportifs que les Américains et moins à l'aise dans leur corps.
2. Les Français n'ont pas souvent le sourire aux lèvres, surtout les commerçants et les caissiers.
3. La langue française est très compliquée.
4. Les Français sont très individualistes et n'apprécient pas les contraintes.
5. En France, les différentes générations d'une famille n'habitent jamais ensemble.
6. En France, les repas sont programmés, donc on ne peut pas s'attendre à ce que les Français vous invitent à manger à l'improviste.
7. Les Français ont une relation assez rigide avec l'argent.

Paroles d'étrangers

Ils sont bizarres, ces Français !

De toutes nationalités, ils vivent et travaillent à nos côtés. Quel que soit le temps passé en France, ces étrangers continuent à être surpris par l'une de nos habitudes. De celles auxquelles nous ne prêtons pas attention, tellement elles nous sont naturelles. Un regard sur nous, tantôt amusé, tantôt choqué, mais toujours instructif.

« On dit 'ver' mais on écrit : vert, vers ou verre ... »

Walyd, 48 ans, arabe-israélien

« Ce qui m'embête en France, c'est l'écriture. J'ai appris la langue tout seul. Mais ce qui me gêne, c'est qu'on écrit des lettres que l'on ne dit pas. Le son 'ver,' par exemple, ça peut être plein de choses, un verre, un ver, vers, vert ... Je ne sais jamais lequel est le bon. Et puis toutes ces lettres qui ne servent à rien, comme le 's' de Paris, on ne dis pas 'Parisse.' Je ne comprends pas. Ça m'éloigne de la possibilité d'être complètement intégré. Le français, c'est vraiment quelque chose qu'il faudrait simplifier. »

Peintre, marié à une Française, en France depuis onze ans

« Chez nous, toutes les générations vivent ensemble »

Yen, 33 ans, vietnamienne

« En 1996, je suis venue en France pour la première fois, avec mon mari. Nous avons rendu visite à sa grand-mère maternelle, à la maison de retraite. J'ai été vraiment choquée. Matériellement, les pensionnaires vivent bien, mais ils sont tellement seuls. Au Vietnam, nous vivons toutes les générations ensemble : ma grand-mère paternelle à vécu jusqu'à ses derniers jours, à 92 ans, avec ses enfants, dans leur maison. Nous respectons les personnes âgées pour leur expérience. Elles interviennent pour donner des conseils sur tout : sur les enfants, les problèmes sentimentaux ... Ce qui peut devenir infernal. Ce n'est pas le cas en France : aucun Français n'accepterait de vivre avec ses parents ou ses beaux-parents ! Vous respectez l'individu, au point que la sphère intime peut rester inconnue pour les proches, même pour la famille. Il faudrait trouver un équilibre entre nos traditions et votre modernité. »

Étudiante en DESS° d'économie, mariée à un Français, en France depuis trois ans

° diplôme d'études supérieures spécialisées

« Les Français confondent leur pied gauche et leur pied droit ! »

Susan, 49 ans, américaine

« A Los Angeles, j'enseignais déjà la danse. Ce que j'ai remarqué tout de suite à Paris, c'est que les Français n'ont pas du tout l'habitude 'd'avoir un corps' ! Aux Etats-Unis, nous pratiquons des activités sportives depuis notre plus jeune âge, à la maison comme à l'école. Ici, ce n'est pas du tout pareil. Les adultes que je reçois dans mon cours de salsa n'ont jamais eu de leçons d'éducation physique dans leur enfance. Comme on dit aux Etats-Unis : certains ne reconnaissent même pas leur pied gauche de leur pied droit ! C'est comme si leur tête et leur corps n'étaient pas connectés, ils ont du mal à se libérer physiquement, ils ne sont pas à l'aise dans leur corps. Je pense qu'ici, à l'école, on accorde beaucoup plus d'attention aux études, à l'esprit. Or, nous sommes tous capables d'être bien dans nos corps. Alors j'essaye d'apprendre aux Français à bouger leurs fesses° ! »

Professeur de danse, mariée à un Français, en France depuis dix-huit ans

faire de l'exercice (coll.)

« Les Français acceptent mal les contraintes »

Anna, 68 ans, anglaise

« En Angleterre, il y a encore la mentalité 'Empire britannique' qui veut dire qu'on fasse des sacrifices pour le pays. Les Français, le groupe, la solidarité, ils ne connaissent pas. Ils sont assez inciviques et individualistes. Et les gens âgés sont très ronchons°, toujours en train de se plaindre ou de critiquer les jeunes par principe, ils ne supportent rien. Mais je critique aussi les Anglais : leur mode de vie reste trop 'régimenté. Au contraire des Français, ils acceptent trop facilement les contraintes. »

Retraitée et aquarelliste, veuve d'un Français, en France depuis quarante ans

grumpy

« Les Français sont bougons° »

grumpy

Patricia, 30 ans, chinoise

« Je suis née en Chine et je suis arrivée à Paris tout bébé. Je me sentais plus française que chinoise, mais j'ai épousé un vrai Chinois, arrivé en France à l'âge de 25 ans. En fait, ici, je me considère comme une banane : jaune à l'extérieur et blanche à l'intérieur. Une chose à laquelle je ne m'habitue pas en France : tu entres dans un magasin ou tu vas à un guichet, la personne en face de toi n'a pas un sourire. C'est à peine bonjour, à peine au revoir … Le Français est bougon, il fait la gueule°. L'autre jour, je suis entrée dans une boulangerie, je commande du pain et une barre de chocolat, puis je demande à la dame si je peux avoir une serviette en papier, puis une autre boisson et un sac. Elle me regarde et me dit d'un air grognon° : 'Et ce sera tout° ?' Et là tu râles° à ton tour … »

Styliste et propriétaire d'une boutique de vêtements, en France depuis vingt-huit ans

is in a bad mood

grumpy / Will that be all ? / moan and groan

© Juriah Mosin / Shutterstock

« Ici, au restaurant, on partage l'addition »

Fataneh, 45 ans, iranienne

« Ce qui me frappe toujours, c'est le rapport très strict des Français avec l'argent. Exemple, au restaurant : ils ne partagent jamais l'addition. En Iran, même si on est dix ou vingt, une seule personne paye pour tout le monde. C'est même à celui qui se précipitera pour arriver le premier à la caisse … »
Propriétaire d'un magasin d'objets iraniens, en France depuis quatorze ans

© Shutterstock.com

« Si tu arrives sans prévenir, on ne te donne pas à manger ! »

Criss, 28 ans, congolais

« En France, où il y a à manger pour tout le monde, j'ai l'impression que la bouffe° ne se partage pas. Si tu arrives sans prévenir dans un foyer de Blancs à l'heure du repas, tu ne manges pas. Le nombre d'assiettes est compté. C'est tout le contraire en Afrique. Je me suis senti un peu obligé de faire comprendre à ma copine qui est française, qui a une autre culture, que la bouffe, c'est rien du tout. Et quand je vois chez des gens des produits qui ont pourri° dans le frigo — j'appelle ça le virus des pays développés — je comprends encore moins pourquoi ils n'ont pas eu envie de partager cette nourriture. »
Comédien, vit avec une Française, en France depuis deux ans

food (coll.)

spoiled

Source : Roxanne Frias, Stéphanie Maurice, Valérie Mitteaux, « Ils sont bizarres ces Français », *Tous*, 12/2003-1/2004

Après avoir lu l'article

Citations à discuter. Analysez de plus près les citations suivantes de l'article et donnez une interprétation pour chacune. Focalisez-vous sur ce que chaque opinion suggère sur la perspective culturelle de la personne et les différences entre sa culture d'origine et celle de son pays d'adoption (la France). Discutez vos idées avec vos collègues et votre professeur.

1. « Il faudrait trouver un équilibre entre nos traditions et votre modernité. »
2. « Les Français, le groupe, la solidarité, ils ne connaissent pas. »
3. « Je pense qu'ici [en France] à l'école, on accorde beaucoup plus d'attention aux études, à l'esprit. »
4. « Je me considère comme une banane : jaune à l'extérieur et blanche à l'intérieur. »

Questions de discussion. Qu'est-ce que cet article nous révèle à propos des stéréotypes ? Discutez les questions qui suivent avec un groupe de collègues.

1. Relisez la liste de sept opinions d'*En lisant l'article*. A votre avis, ces propos constituent-ils des stéréotypes, des généralisations ou des préjugés ? Expliquez et justifiez votre point de vue.
2. Relisez encore une fois la liste de sept opinions d'*En lisant l'article*. Parmi ces phrases, y a-t-il des opinions exprimées dans l'article qui correspondent à vos propres stéréotypes de la France ou de la culture française ? Si oui, lesquelles ? Pourquoi (ou comment) avez-vous formé ces stéréotypes à propos des Français ou de la culture française ?
3. Dans l'article, toutes les personnes interviewées résident en France depuis longtemps (2 à 40 ans). Tout de même, il semble que quelques-uns aient gardé des stéréotypes à propos des Français. A votre avis, est-il jamais possible de surmonter ou d'éliminer totalement ses stéréotypes sur une culture étrangère ? Si oui, comment ?

RAPPEL !

Comment transformer le discours direct en discours indirect

Très souvent dans notre analyse de la culture française, nous étudierons des textes où il y aura une perspective spécifique sur la France ou les Français. Souvent, ces perspectives seront présentées à la « première personne » — c'est-à-dire, que vous lirez les paroles énoncées verbatim par la personne qui parle. Dans l'article que vous venez de lire, Fataneh a dit: « Ce qui me frappe toujours, c'est le rapport très strict avec l'argent ». Voici un exemple de **discours direct**. La ponctuation (deux points, guillemets, les retours à la ligne) isolant les parties dialoguées du texte signale qu'il s'agit du discours direct. Par contre, pour rapporter ou résumer de votre point de vue les idées énoncées par quelqu'un d'autre, on utilise le **discours indirect**. Il est donc nécessaire de savoir comment passer du discours direct au discours indirect pour rapporter les paroles d'autres personnes et faciliter vos conversations en classe. Voici un résumé de trois transformations grammaticales et lexicales importantes qu'il faut faire.

Modifications de temps

Transformation	Discours direct	Discours indirect
présent → imparfait	Patricia a dit: « Je *me considère* comme une banane ».	Patricia a dit qu'elle *se considérait* comme une banane.
passé composé → plus-que-parfait	Yen a dit: « En 1996, je *suis venue* en France pour la première fois, avec mon mari ».	Yen a dit qu'en 1996, elle *était venue* en France pour la première fois avec son mari.
futur → conditionnel simple	Fataneh a dit: « En Iran, c'est à celui qui *se précipitera* pour arriver le premier à la caisse ».	Fataneh a dit qu'en Iran c'était à celui qui *se précipiterait* pour arriver le premier à la caisse.

Modification des pronoms

Dans les exemples précédents, vous avez peut-être remarqué les transformations des pronoms personnels et possessifs, qui constituent des changements nécessaires quand on passe du discours direct au discours indirect. Voici un tableau qui résume ces transformations.

Transformation	Discours direct	Discours indirect
je → il / elle	Patricia a dit: « *Je me** considère comme une banane ».	Patricia a dit qu'*elle se** considérait comme une banane.
tu → je	Le professeur a dit: « *Tu* as besoin de réfléchir avant d'écrire ».	Le professeur a dit que *j'*avais besoin de réfléchir avant d'écrire.
vous → nous (et votre → notre)	Le professeur a dit: « *Vous* avez tous des stéréotypes sur les cultures étrangères, guidés par *votre* mode par défaut culturel ».	Le professeur a dit que *nous* avions tous des stéréotypes sur les cultures étrangères, guidés par *notre* mode par défaut culturel.
nous → ils (et mon → son)	Yen a dit: « *Nous* avons rendu visite à la grand-mère de *mon* mari ».	Yen a dit qu'*ils* avaient rendu visite à la grand-mère maternelle de *son* mari.

*Note : Dans cet exemple, il s'agit d'un verbe pronominal accompagné d'un pronom reprenant le sujet. Donc, en passant du discours direct au discours indirect, il faut transformer le verbe et le pronom qui l'accompagne.

Modification des indicateurs temporels

Transformation	Discours direct	Discours indirect
aujourd'hui → ce jour-là	Elle a dit: « J'irai en cours *aujourd'hui* ».	Elle a dit qu'elle irait en cours *ce jour-là*.
(jour) prochain → (jour) suivant	Il a dit: « Le cours commence *lundi prochain* ».	Il a dit que le cours commençait le *lundi suivant*.
hier → la veille	L'étudiant a dit: « J'ai acheté mes livres *hier* ».	L'étudiant a dit qu'il avait acheté ses livres *la veille*.
demain → le lendemain	Le professeur nous a dit: « Il y aura un examen *demain* ».	Le professeur nous a dit qu'il y aurait un examen *le lendemain*.
dans (nombre) jours → (nombre) jours plus tard	L'étudiante a dit: « Les vacances arrivent *dans trois jours* ».	L'étudiante a dit que les vacances arrivaient *trois jours plus tard*.

Pratiquons !

A. Révisez l'article « Ils sont bizarres, ces Français ! », et choisissez deux témoignages parmi les quatre possibilités ci-dessous. Pour chaque exemple de discours direct dans les deux témoignages que vous avez choisis, transformez les passages ligne par ligne en discours indirect. Utilisez les trois tableaux ci-dessus pour vous aider à faire les transformations nécessaires et suivez les phrases modèles fournies pour vous aider à modifier le temps, les pronoms et les indicateurs temporels.

1. Walyd – sur la langue française
2. Anna – sur l'individualisme des Français
3. Fataneh – sur le concept d'argent en France
4. Criss – sur le partage de la nourriture en France

B. Maintenant, échangez ce que vous avez écrit avec un(e) collègue et vérifiez ce qu'il/elle a écrit. Si jamais vous trouvez une erreur, faites des suggestions en basant vos commentaires sur les trois tableaux de référence.

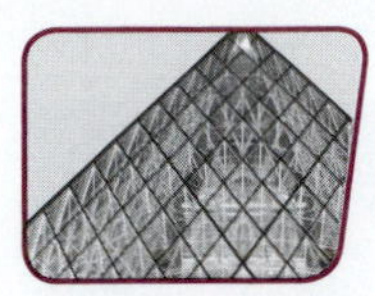

IMAGES A ANALYSER

Analyse des stéréotypes à propos de la France : Le pays vu de l'intérieur et de l'extérieur

Après avoir examiné ce que sont les stéréotypes et comment ils fonctionnent, étudiez la série suivante de cartes de France qui contiennent des stéréotypes. Ces cartes se présentent sous forme de caricatures et nous montrent aussi que le fait d'attribuer des stéréotypes à des groupes de personnes n'est pas un phénomène qui se produit uniquement entre les pays (par exemple, les stéréotypes attribués aux Français par les Américains) mais aussi à l'intérieur même d'un pays entre personnes qui appartiennent à des réseaux sociaux ou géographiques différents (par exemple, les stéréotypes attribués aux personnes qui habitent à la campagne par les personnes qui habitent en ville).

Avant d'analyser les images

Répondez aux questions suivantes avant d'analyser les cartes ci-dessous.

1. Existent-il des stéréotypes à propos de votre ville ou de la région de votre pays où vous habitez ? Qui croit à ces stéréotypes ? Pourquoi ?
2. Avez-vous des stéréotypes à propos d'autres régions de votre pays ou des habitants de certaines régions ou de certaines villes ? D'où viennent ces stéréotypes à votre avis ?

En analysant les images

Etudiez bien chaque carte et prenez des notes sur votre interprétation de chacune. Notez aussi vos réponses aux questions suivantes en étudiant chaque carte.

1. Quel stéréotype y voit-on ?
2. Que suggère ce stéréotype sur la culture ou les cultures représentée(s) et ce qu'elle(s) valorise(nt) ?
3. Ces stéréotypes correspondent-ils à vos propres idées ou à des idées reçues dans votre culture à propos de ces groupes ?

Carte 1

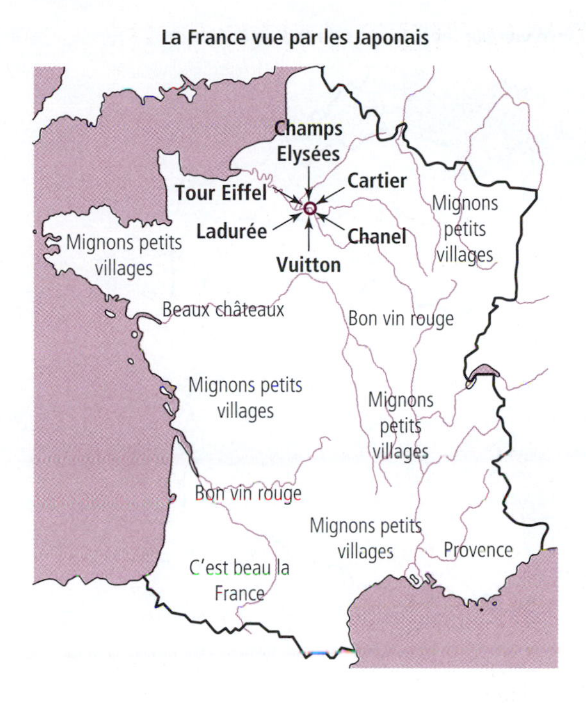

Carte 2

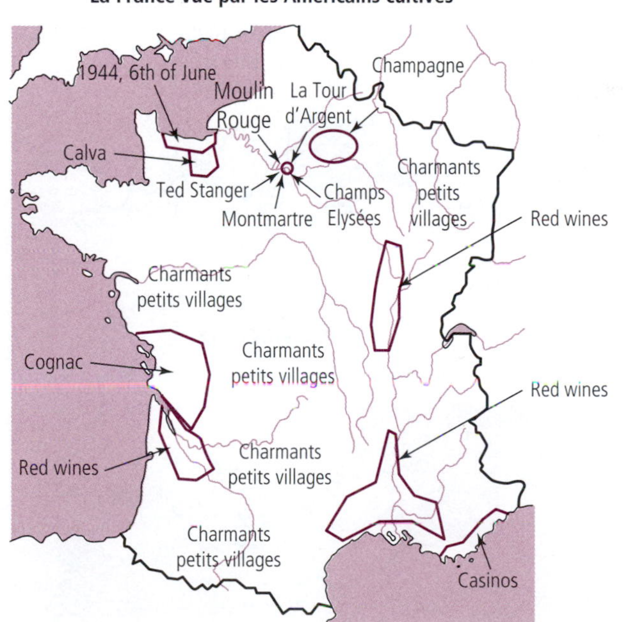

Carte 3

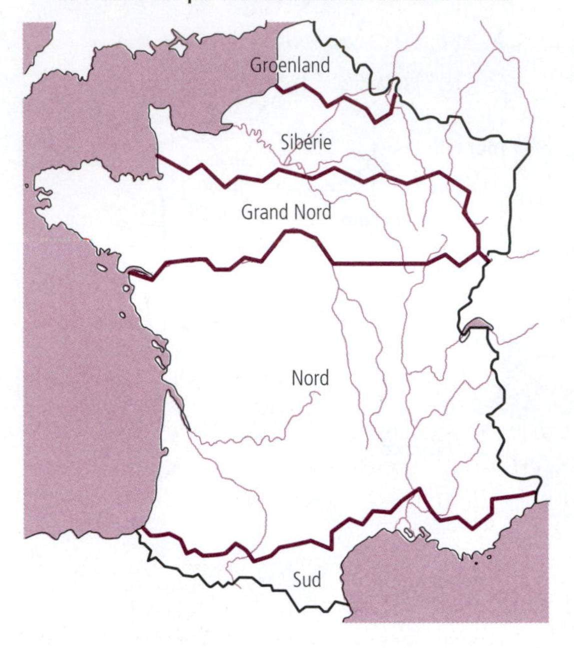

Carte 4

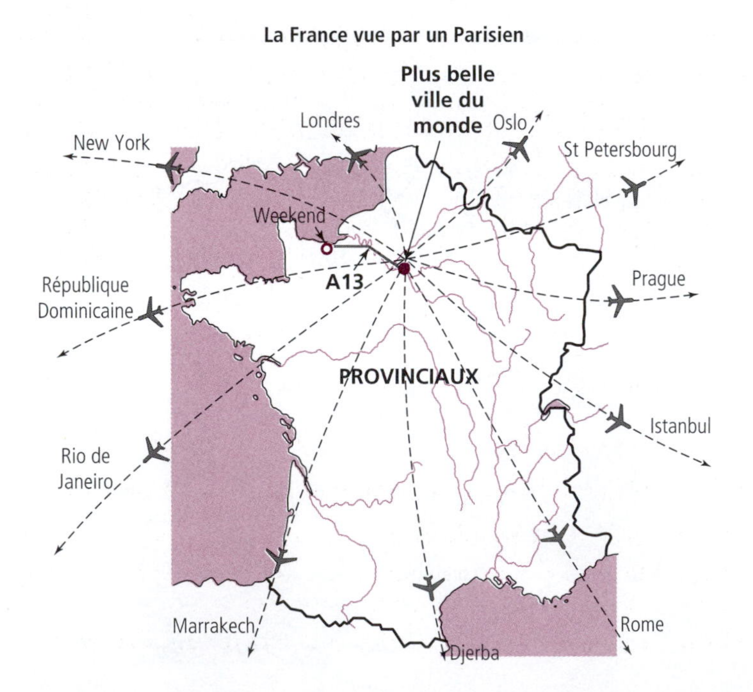

Après avoir analysé les images

Partagez vos idées et comparez vos interprétations à propos de chaque carte avec un petit groupe de collègues. Utilisez les notes que vous avez prises pour vous aider à participer à cette discussion. Après avoir comparé les différentes interprétations dans votre groupe, composez ensemble 1–2 phrase(s) pour chaque carte qui résume(nt) le stéréotype représenté. Finalement, avec l'aide de votre professeur, comparez les interprétations de différents groupes dans la classe.

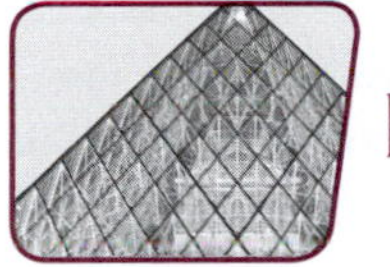

PREMIERE PERSONNE

Vidéo Perspectives de quelques Français sur les stéréotypes

Vous allez visionner un court montage de trois personnes qui parlent de la perception et des stéréotypes qu'elles ont de la culture américaine. Comme on l'a vu au début du chapitre les stéréotypes en disent autant sur la personne qui les formule que sur le groupe désigné par ces stéréotypes.

A propos des interviewés

- **Nathalie Grasset** est géologue, née à Nantes, dans l'ouest de la France. Elle vit dans cette même région. Elle occupe un poste de chef de projet dans un bureau d'études pour une entreprise multinationale de géotechnique — « l'interaction entre l'homme et le sol ».
- **Aurélien Djadjo Mbpappé**, né à Bafoussam au Cameroun, est arrivé en France en 1998. Ancien joueur professionnel de basket-ball international et camerounais, il est éducateur sportif pour la mairie de Tourcoing dans le Nord de la France. Il parle français, anglais et bafang, entre autres.
- **Estelle Zadra**, d'origine franco-vietnamienne, est Chef de Publications et de Communication de L'Institut international de planification de l'éducation à l'UNESCO où elle travaille depuis 2005.

Avant de regarder les interviews

A votre avis, quel genre de stéréotypes concernant les Américains et les Français ces personnes vont-elles mentionner ?

En regardant les interviews

Qui dit quoi ? Ecrivez le nom de la personne qui prononce chaque phrase.

1. « Ça reste pour nous le pays du *melting pot*, du pluralisme linguistique, culturel. »
2. « Ils [Les Américains] sont très centrés sur eux-mêmes ... Ils ont très très peu de recul. Ils voient pas beaucoup ce qui se passe autour. »
3. « Un point qui a fait ma culture américaine, c'est *La petite maison dans la prairie.* »

4. « C'est un pays qui s'est bâti sur l'exigence de tout de suite prendre en compte toutes les diversités en question. »
5. « On a quand même aussi, bien justement au travers des films, cette vision de l'Amérique des inégalités. Je pense que les plus riches côtoient les plus pauvres. »

Quatre stéréotypes. Faites une liste de quatre stéréotypes attribués aux Américains par les Français en vous basant sur ce que disent les personnes interviewées.

Après avoir regardé les interviews

Répondez aux questions suivantes à propos des idées des différentes personnes interviewées. Ensuite, discutez vos idées avec vos collègues et votre professeur.

1. Identifiez deux stéréotypes souvent attribués aux Américains par les Français. Dans quelle mesure vous semblent-ils justifiés ?
2. Si vous aviez à nuancer ces stéréotypes pour les expliquer aux personnes interviewées, que leur diriez-vous ?
3. Deux des trois personnes interviewées mentionnent le fait qu'elles perçoivent les Etats-Unis et la culture américaine à travers les médias. Dans quelle mesure est-ce que ce mode de perception vous semble légitime et/ou approprié ? Expliquez votre position.
4. A votre avis, est-il plus ou moins difficile de s'intégrer à une culture étrangère si vous ne correspondez pas à la personne « type » de votre culture ? Justifiez votre réponse.

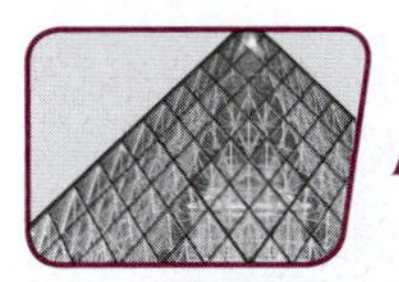

ACTIVITE DE SYNTHESE

Réflexion orale

Après avoir vu et analysé les interviews, c'est à vous de partager vos points de vue. Imaginez que vous participez à une interview pour une chaîne de radio francophone et faites un enregistrement d'une réflexion orale de trois à quatre minutes. Dans votre enregistrement, incorporez vos réponses aux questions suivantes.

1. Comment votre définition d'un stéréotype a-t-elle évolué à travers votre participation aux activités de ce chapitre ?
2. Comment vos idées sur les stéréotypes à propos de la France et des Français ont-elles changé à travers votre participation aux activités de ce chapitre ?
3. Formulez une question ou une observation que vous avez à propos des stéréotypes de la France et des Français que vous n'avez pas encore discutée pendant ce chapitre. Pourquoi cette question ou cette observation vous intéresse-t-elle ?
4. Formulez une question ou une observation sur les stéréotypes que les Français ont sur les Américains. Choisissez un stéréotype dont vous n'avez pas encore parlé au cours de ce chapitre. Pourquoi cette question ou cette observation vous intéresse-t-elle?

CHAPITRE

4

Géographie physique — L'Hexagone

OBJECTIFS

- Réfléchissez sur le rapport entre la géographie et le mode de vie dans votre propre culture et expérience
- Identifier l'espace géographique français et les éléments majeurs de la géographie française
- Comprendre l'impact de l'espace géographique français sur le mode de vie des Français
- Enrichir son vocabulaire à propos de la géographie et le mode de vie dans la France d'aujourd'hui

A votre avis, où est-on? Comment la vie est-elle dans ce contexte?

Images

Expressions de base pour parler de la géographie

Noms
une agglomération
une aire urbaine
une banlieue
la campagne
la capitale
un(e) citadin(e)
le climat
une collectivité locale
une commune
la croissance
un département
l'espace urbain
un fleuve
une frontière
la géographie
les habitants
l'Hexagone *m.*
le littoral
une métropole
une montagne
un(e) néorural(e)
la périphérie
un pôle (urbain)
la population
une région
le relief
un(e) résident(e)
une rivière
la superficie
le territoire
un village
une ville
une zone

Adjectifs
climatique
construit(e)
géographique
géométrique
imprégné(e)
propice
rural(e)
traditionnel(le)

Verbes
constituer
déménager
distinguer
se déplacer
habiter
regrouper
retrouver
situer

Expressions
se changer les idées
se mettre au vert
métro, boulot, dodo
la qualité de vie

ENTREE EN MATIERE

La géographie et l'identité personnelle

« Jamais on ne pourra oublier le lieu d'un bel amour, le décor d'une joie profonde ou le contexte d'une tendresse. C'est à travers de telles histoires que la géographie devient humaine. » — Serge Bouchard, *Quinze lieux communs* (1993).

A travers cette citation, Serge Bouchard met sur le devant de la scène l'idée que la géographie fait le lien entre les membres d'une communauté et l'espace dans lequel cette communauté s'est installée : en imposant un certain paysage, une certaine topographie, mais aussi en structurant les modes de vie que les membres de cette communauté peuvent mettre en place. La géographie aurait donc ainsi une influence sur la culture. *Quels rapports existent donc entre la géographie et l'identité personnelle ? Comment l'environnement naturel influence-t-il le mode de vie, la mentalité des gens et leurs valeurs ?*

Une déclaration telle que « Je suis une vraie citadine et je ne peux pas tolérer la campagne ! », ou bien « Habiter dans une grande ville ? Non, merci, c'est plutôt un petit village en province pour moi ! » vous donne sans doute une idée de la personne qui dirait cela et de sa personnalité. Le mode de vie urbain avec les contraintes qui lui sont propres (et encore dans ce contexte est-il nécessaire et impératif de différencier entre vivre en *centre-ville* et en *banlieue*) est donc différent du mode de vie rural. C'est ce qui fait parfois dire que culturellement, un Parisien et un New-Yorkais sont moins différents qu'un Parisien et un habitant de la Corrèze dans le centre de la France (une affirmation qui mériterait d'ailleurs d'être débattue).

Par ailleurs, comment ne pas imaginer que l'environnement naturel et les éléments n'aient pas une influence importante sur le style de vie, la mentalité des gens, leurs valeurs, et par conséquent leur identité ? Si on prend le cas des Etats-Unis — et sans vouloir généraliser de façon abusive — on se rend compte que beaucoup de joueurs de hockey sont originaires d'états comme le Michigan, le Minnesota, l'état de New York, alors que les surfeurs abondent en Californie et à Hawaii. Ou encore que les bâtiments sont construits en Californie pour résister aux tremblements de terre, une inquiétude qui touche moins les habitants de l'Oklahoma, plus préoccupés quant à eux par les risques de tornade.

La situation est la même en France. Par exemple, la culture de la Bretagne est imprégnée de sa proximité avec la mer. C'est une influence que l'on retrouve dans l'économie avec la tradition navale, à la fois la construction navale mais aussi le nombre de navigateurs ; l'économie du sel est aussi importante avec un passé historique de la contrebande du sel. On trouve l'influence de la mer dans la nourriture : en Bretagne, on cuisine beaucoup de poissons et de fruits de mer, surtout sur les régions côtières. La proximité de la mer a aussi une influence sur l'architecture : il y a beaucoup de vent en Bretagne. Alors les maisons traditionnelles ne comportent souvent qu'un seul étage et les toits, fait avec de l'ardoise, très présente dans la région, ont une pente à 45 degrés pour permettre de résister au vent et de protéger de la pluie. Ces maisons sont aussi construites en granit également abondant dans le sous-sol.

L'influence de la géographie est présente dans bien d'autres domaines encore. La culture de la sieste qui existe autour du bassin méditerranéen, comme en Provence, n'est-elle pas due en partie aux conditions climatiques ? En effet, le soleil de l'après-midi n'est pas très propice au travail en plein air. Encore une fois, ceci se manifeste dans l'architecture des mas traditionnels, maisons typiques des paysans modestes. Ils sont construits face au sud avec de petites fenêtres pour protéger de la chaleur de l'été (et pour garder la chaleur du feu à l'intérieur pendant l'hiver) et du mistral, un vent sec venant du nord ou du nord-ouest qui descend la vallée du Rhône et de la Durance. Enfin, on peut imaginer que le mode de vie insulaire soit différent du mode de vie continental. Ceci est même vrai dans la façon dont une communauté utilise la langue. On sait bien sûr qu'il existe des « régionalismes », c'est-à-dire des mots ou des tournures de phrases qui sont propres à certaines régions.

On peut aussi observer dans l'emploi de la langue des liens entre l'environnement naturel d'une communauté et son identité. Au débuts des années 1960, le sociolinguiste américain William Labov a fait une étude sur la façon dont les habitants de Martha's Vineyard prononçaient certains mots, en se concentrant principalement sur deux diphtongues /aI/ (comme dans les mots *right, wife, wine,* etc.) et /aw/ (comme dans les mots *house, out, doubt*). A cette époque, il était économiquement difficile de vivre sur l'île, et certains habitants auraient préféré habiter sur le continent. Les observations de Labov ont montré que ces deux sons étaient prononcés différemment selon l'âge des locuteurs et leur attitude par rapport à l'île. Là où certains « Vineyardais » avaient adopté une prononciation « continentale », d'autres gardaient résolument une prononciation « îlienne » pour montrer leur attachement à l'île. On voit donc que la question du rôle de la géographie ou plutôt de l'influence de la géographie sur la culture d'une communauté est beaucoup plus profonde que les simples frontières ou les éléments topographiques. Il s'agit véritablement d'une relation mutuelle entre l'humain et son environnement, relation d'influence réciproque qui touche de nombreux domaines.

Question de compréhension. Comment la géographie peut-elle influencer le mode de vie d'une communauté ? Nommez quelques exemples pour justifier votre réponse.

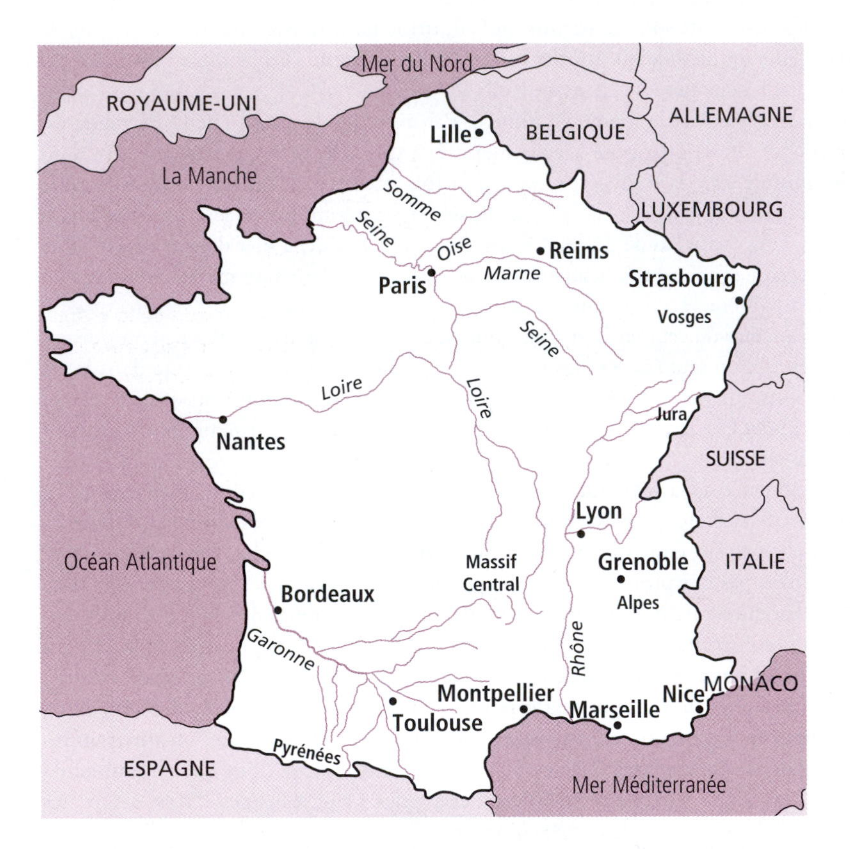

La géographie physique de la France

Frontières et forme

Avec une superficie de 551 500 km^2, la France est le troisième plus grand pays européen et arrive au 41e rang mondial. Sa superficie est comparable à celle de l'état du Texas (625 000 km^2). Quant à ses frontières (voir la carte ci-dessus), la France est bordée :

- au nord-ouest par la mer du Nord et la Manche
- au nord-est par la Belgique, le Luxembourg et l'Allemagne
- à l'est par la Suisse
- au sud-est par l'Italie et Monaco
- au sud par la Méditerranée
- au sud-ouest par l'Espagne et Andorre
- à l'ouest par l'océan Atlantique

On peut remarquer que parmi ces frontières, la plupart sont constituées par des formations naturelles — un « accident » de la géographie française souvent considéré comme un avantage. Par exemple, la France est séparée de l'Espagne par les Pyrénées, de l'Italie par les Alpes, de la Suisse par le lac Léman et le Jura, et de l'Allemagne par le Rhin et les Vosges. Un autre avantage géographique dans l'esprit des Français est la forme hexagonale du pays, et on voit souvent cette forme géométrique dans les documents officiels et les brochures touristiques pour symboliser la France. Selon Asselin et Mastron[1]

« Avoir des frontières aussi claires et précises rassure les Français tout en leur donnant un sentiment affirmé de leur place dans le monde, au sens propre comme au sens figuré … Voir en leur pays une structure géométrique — avec tout ce qu'elle comporte de net, de précis et d'équilibré — conforte les Français dans l'idée qu'ils se font de leurs prouesses et de leur fierté en matière de pensée ».

Par ailleurs, dans les médias, on utilise souvent l'expression « l'Hexagone » pour désigner la France métropolitaine.

Questions de compréhension. Comment les Français conçoivent-ils les frontières de leur pays ? A quelle forme géométrique la France ressemble-t-elle ?

Climat

Située entre 42° et 51° de latitude nord, la France connaît un climat varié, surtout pour un pays de taille relativement modeste. On peut distinguer plusieurs zones climatiques.

- **Le climat continental :** dans les terres éloignées du littoral, se caractérise par une variation importante des températures entre les saisons, passant de froid et enneigé en hiver, à très chaud et pluvieux en été (orages). L'Alsace-Lorraine, la Bourgogne et la Champagne-Ardenne, par exemple, ont un climat continental.
- **Le climat océanique :** localisé sur toute la côte ouest de la France, caractérisé par des hivers doux et très humides et un temps plus sec mais plutôt frais en été.

[1] *Gilles Asselin et Ruth Mastron,* Français-Américains : Ces différences qui nous rapprochent, *p. 40 © 2004, Paris: Alban Editions*

Parmi les zones où l'on trouve ce climat, le Nord-Pas-de-Calais, la Normandie, la Bretagne, le Pays de la Loire, le Poitou-Charentes et l'Aquitaine.

- **Le climat méditerranéen :** trouvé dans les régions bordant le bassin méditerranéen, doux en hiver, chaud en été et marqué par de fortes précipitations en automne et au printemps. On retrouve ce climat dans le Languedoc-Roussillon, les Bouches-du-Rhône, le Var et les Alpes maritimes, entre autres régions.
- **Le climat montagnard :** en montagne, caractérisé par des étés doux et parfois orageux, et des hivers froids et neigeux. Les zones montagneuses concernées sont les Alpes, les Pyrénées, le Jura, les Vosges et le Massif central.

Question de compréhension. En regardant la carte de la France à la page 70, pouvez-vous identifier où se trouvent les différentes zones de climat ?

Relief

La France présente une multitude de reliefs. A l'ouest d'une ligne imaginaire en forme de S, des Ardennes au sud-ouest de la France, se trouve une France basse avec des altitudes de moins de 200 mètres. Dans ces régions on retrouve des plaines, des plateaux et des collines. Grâce à l'absence de montagnes la circulation y est relativement aisée ; les plaines et le relief bas et arrondi offrent des voies de passage. A l'est de cette démarcation naturelle se situe une France plus élevée avec plusieurs massifs montagneux, les plateaux de Bourgogne et de l'est du Bassin aquitain. C'est la France des montagnes. La traversée de certaines chaînes, telles que les Alpes et le Jura, est possible grâce aux larges vallées (du Rhône et du Rhin notamment) et à de nombreuses constructions (tunnels et viaducs). Au sud de cette région on trouve le delta du Rhône et le marais de Camargue.

Les montagnes occupent environ 20% du territoire, mais ne regroupent que 6% de la population. Les Alpes, les Pyrénées et le Jura sont considérées comme des montagnes jeunes alors que les Vosges et le Massif Central sont des massifs plus anciens. Les plateaux et les plaines sont des étendues planes. Dans les plaines, les rivières et les fleuves traversent de larges vallées. Sur les plateaux, ils coulent dans des vallées plus profondes, creusées dans les roches. Les principales plaines de France sont situées près des côtes (dans le nord de la France ou le Languedoc-Roussillon, par exemple). Les principaux plateaux peuvent se trouver à des altitudes élevées (c'est le cas du Vercors et des Causses) et à des altitudes plus basses (les plateaux du Bassin parisien et de Bourgogne).

Question de compréhension. Comment décrire le relief de la France ?

Fleuves

Un fleuve est un cours d'eau qui se jette dans la mer ou dans un océan. Les principaux fleuves français sont :

- **La Garonne** qui prend sa source en Espagne. Après un parcours de 575 kilomètres, elle rejoint un autre cours d'eau, la Dordogne, au niveau de l'estuaire de la Gironde, près de la ville de Bordeaux dans le sud-ouest de la France. C'est là que la Garonne arrive dans l'océan Atlantique. Ce fleuve ne joue pas un rôle très important dans l'économie française, à noter quand même son utilisation dans le transport des éléments d'Airbus en route vers Toulouse.

- **La Loire** qui est le plus long fleuve de France, mais qui n'est, pour la plupart, pas navigable à cause de l'ensablement. Une exception notable est son estuaire, où il existe encore une grande activité de marine marchande, en particulier le gaz, les céréales et le transport de voitures, mais surtout une grande activité de construction navale avec notamment la construction du paquebot transatlantique *Queen Mary II* aux chantiers de Saint-Nazaire. La Loire prend sa source au Mont Gerbier-de-Jonc en Ardèche et parcourt 1 020 kilomètres traversant plus de 11 départements avant de se jeter en aval de Nantes dans l'océan Atlantique.
- **La Seine** qui prend sa source au niveau du Bassin parisien, entre le département de Haute Marne et celui de Côte d'Or. Elle a une longueur de 776 kilomètres et se jette dans la Manche au niveau de la ville du Havre. La Seine, qui traverse Paris, se caractérise par de nombreux détours. Toutefois, la navigation est possible jusqu'à Paris. Voie d'invasion, de commerce et d'échanges qui baigne la capitale du pays, c'est un fleuve qui a joué un grand rôle dans l'histoire de France.
- **Le Rhin** qui a un statut de fleuve d'Europe car il sert de frontière naturelle entre la France et l'Allemagne, mais également entre l'Allemagne et la Suisse ainsi que la Suisse et l'Autriche. Le Rhin prend sa source en Suisse et va rejoindre la mer du Nord. Il traverse et longe six pays : la Suisse, l'Autriche, le Liechtenstein, la France, l'Allemagne et les Pays-Bas. Son parcours fait 1 320 kilomètres. A cause de sa situation géographique, le Rhin a grandement influé sur l'histoire, la culture et l'économie européennes, de l'époque romaine à nos jours.
- **Le Rhône** qui est le plus puissant fleuve français. Comme le Rhin, il prend sa source en Suisse. Après 812 kilomètres dont 522 en France, il forme un delta, la Camargue, et se jette dans la mer Méditerranée près de Marseille. Il est alimenté par les glaciers des Alpes et de nombreux affluents.

Questions de compréhension. Quel fleuve traverse Paris ? Quel fleuve traverse six pays européens y compris la France ? Quel fleuve est le plus long fleuve de France ?

Géographie et démographie

Peut-être plus intéressant que les divers éléments qui contribuent à la géographie de la France sont les liens entre sa géographie et ses habitants. C'est-à-dire, où habitent les Français ? Comment occupent-ils l'espace territorial ? Quelles tendances voit-on émerger en ce qui concerne les changements démographiques en France ?

Selon l'INSEE[2] au 1er janvier 2009, la population de la France métropolitaine comprenait environ 62.5 millions de personnes. Près de 50 millions d'entre elles (près de 80% de la population) habitaient dans des **aires urbaines** (l'ensemble formé par un pôle urbain et sa couronne périurbaine) représentant 18% de la superficie totale de la France. La France métropolitaine est composé de 354 aires urbaines, mais ce sont les plus grandes d'entre elles qui concentrent la population. A présent, les dix plus grandes villes de France sont, dans cet ordre : Paris, Marseille, Lyon, Toulouse, Nice, Nantes, Strasbourg, Montpellier, Bordeaux et Rennes. Parmi

[2] *Institut national de la statistique et des études économiques*

les villes dans cette liste, la capitale, Paris, compte presque 12 millions d'habitants ou un cinquième de la population métropolitaine. L'**agglomération parisienne** est la plus grande d'Europe devant Londres, Madrid, Barcelone et Berlin.

Cette situation est en partie le résultat de l'évolution historique du pays et illustre le lien entre histoire et géographie. En effet, ces grandes villes françaises ont toutes joué un rôle important dans l'histoire de France. Par exemple, Lyon est une grande ville industrielle et Nantes a fait sa richesse par la construction navale et le commerce au temps du commerce triangulaire[3]. Avec l'avènement de Paris comme siège du pouvoir central, la géographie française s'est trouvée polarisée autour de cette métropole et de ces grandes villes qui se sont constituées en ce que l'on appelle des **métropoles d'équilibre**. Pendant longtemps donc, l'espace français a été organisé en axes rayonnant autour de Paris. De façon intéressante, on peut aussi noter que le long de ces axes entre Paris et chacune de ces métropoles d'équilibre se sont établies de nombreuses zones urbaines : on peut citer le Mans et Angers entre Paris et Nantes ; Tours, Poitiers, Angoulême entre Paris et Bordeaux ; et Amiens entre Paris et Lille. A ce sujet, il faut noter que si Lille ne figure pas, à proprement parler, sur la liste des dix plus grandes villes de France, l'agglomération Lille-Roubaix-Tourcoing compte plus d'un million d'habitants, ce qui en fait la deuxième ou troisième agglomération de France.

En ce qui concerne les flux démographiques, pendant la période de 1999 à 2009, la croissance la plus forte a été enregistrée dans l'Ouest et le Sud tandis qu'il y avait une baisse de population dans les régions du Nord et de l'Est. Depuis 1999, la croissance démographique s'étend de plus en plus loin des villes, et on voit aussi un nouveau phénomène apparaître, celui des **néoruraux**, désignant des personnes qui abandonnent les grandes villes et le stress du « métro, boulot, dodo » pour s'installer en province dans les périphéries des petites villes ou dans les zones rurales redynamisées.

En conclusion, la France a une géographie physique très variée, surtout au niveau de ses différentes zones climatiques et sa multitude de reliefs. Cette diversité s'étend aussi aux tendances démographiques qui concernent la population française. Malgré le fait qu'un cinquième de la population de la France métropolitaine se concentre dans l'agglomération parisienne, l'émergence de phénomènes démographiques comme celui des néoruraux suggère la multiplicité de modes de vie dans la France d'aujourd'hui.

Question de compréhension. Quels sont les pôles d'attraction pour la population française ? (Quelles régions ? Quelles villes ou campagnes ?)

Questions de réflexion

Réfléchissez sur les questions suivantes portant sur la géographie physique de la France. Ensuite, discutez vos idées avec un petit groupe de collègues.

1. Quelles idées associez-vous avec la vie en ville ? à la campagne ? Pourquoi ?
2. A votre avis, y a-t-il un rapport entre où on habite (en ville, en banlieue, à la campagne) et ses valeurs et préférences ? Expliquez votre opinion et donnez quelques exemples concrets pour illustrer votre point de vue.

[3] *L'échange de marchandises provenant de la France contre des esclaves en Afrique qui étaient encore échangés en Amérique contre des produits comme le café, le sucre, le coton, le cacao ou le tabac.*

3. La forme (hexagonale) de la France ainsi que quelques-unes de ses frontières sont considérées comme des « avantages » dans l'esprit des Français. Comment comparer ces éléments géographiques avec leurs équivalents dans votre pays ? Y a-t-il des éléments naturels dans votre pays qui pourraient êtres considérés comme des avantages stratégiques ?
4. Près de 50 millions d'habitants de la France métropolitaine, ou plus de 75% de la population, habitent dans des aires urbaines représentant 18% de la superficie totale de la France. Quelle conclusion tirez-vous de ces faits ?
5. Avez-vous des hypothèses à propos de la croissance démographique dans l'ouest et le sud de la France lorsqu'il y a une baisse de population dans les régions du Nord et de l'Est de la France ? Comment expliquer ces phénomènes à votre avis ? Pourquoi les Français sont-ils attirés par certaines régions tandis qu'ils en abandonnent d'autres ?

Avez-vous compris ?
Allez plus loin

TEXTE I A ANALYSER

Les néoruraux en France

Vous allez lire un article de *L'Express* (un magazine hebdomadaire d'information française) au sujet des rapports entre la géographie et les modes de vie. Cet article décrit le phénomène des néoruraux, ou des urbains qui décident de s'installer à la campagne.

Avant de lire l'article

Répondez aux questions suivantes à propos de ce genre de lecture, c'est-à-dire un texte journalistique.

1. Lisez-vous souvent des magazines ? De quel type ? Connaissez-vous des magazines français ? Lesquels ?
2. *L'Express* est un magazine français qui ressemble un peu au magazine *Time* aux Etats-Unis. C'est donc un hebdomadaire avec une variété d'informations y compris des reportages sur des phénomènes d'actualité. Dans un reportage de magazine (par opposition à un journal), quel est le format du texte ? Quels éléments trouve-t-on dans un reportage ? Comment les informations présentées sont-elles organisées ? Quel genre de langage utilise-t-on ?
3. Qu'est-ce qui rend un article de magazine intéressant pour vous ?

Vivre à la campagne : Le dernier chic français

publié le 29/06/2006

Une lumière dorée baigne la campagne limousine. Au retour d'une balade à la rivière, Patrick et Sandrine se reposent sur leur terrasse. Samuel, 3 ans et demi, gambade° vers le potager° pour chiper° une tomate-cerise. Pendant ce temps-là, les deux aînés, Manon et Jason, 10 et 11 ans, pianotent sur l'un des quatre ordinateurs Wi-Fi de la maison. Et font coucou° à leurs grands-parents parisiens, via la webcam. Mieux qu'un clip vantant° le bonheur à la campagne, c'est la vie comme elle va chez les Pinaud, au hameau du Roulle (Haute-Vienne), 20 habitants. Le matin, Patrick, 41 ans, et Sandrine, 32 ans, mettent cinq minutes en voiture pour rejoindre l'agence de communication qu'ils ont créée en 2002 à Oradour-sur-Vayres, une commune rurale à 30 kilomètres de Limoges. Avant, l'aller-retour boulot-dodo leur prenait trois heures. Ils se souviennent parfaitement de l'instant où tout a basculé°. C'était devant la gare RER de Rueil-Malmaison, en banlieue parisienne. Le terminus d'une existence de dingue°. «Trop de stress, l'impression d'étouffer, l'angoisse de laisser les enfants jouer dehors. On ne pensait plus qu'à partir. Vite! » raconte Patrick.

capers / vegetable garden / to swipe

say hi

boasting about

changed

crazy

Comme eux, les citadins sont toujours plus nombreux à vouloir se mettre au vert. Selon un sondage Ipsos de 2005, 34% des urbains envisagent de s'installer durablement à la campagne. 13% d'entre eux, soit 2,7 millions de personnes, espèrent le faire dans les cinq ans à venir. Entre 1999 et 2004, 3,8 millions de Français ont changé de région, d'après l'Insee.

Tandis que certains attendent avec impatience les vacances d'été, d'autres ont pris la tangente pour longtemps. Au hit-parade des destinations les plus courues, le soleil, la mer et les régions rurales proches des grandes agglomérations. La Provence voit 80 000 nouveaux arrivants débarquer chaque année. Le Limousin en dénombre environ 10 000. Dans le même temps, Paris perd 50 000 habitants. Le phénomène n'est pas tout à fait à nouveau, mais il dure, et va même en s'amplifiant. « Grâce au développement et à l'interconnexion des lignes TGV, du réseau autoroutier et des liaisons aériennes low cost, nous sommes toujours plus mobiles, explique le publicitaire et sociologue Jean-Marc Benoît. Sans allonger notre temps de transport, nous nous déplaçons plus loin, plus facilement. » Les distances étant moins aliénantes, on peut travailler en centre-ville et habiter au milieu des champs. Quitte à parcourir parfois près de 100 kilomètres quotidiens en voiture et-ou en TGV, en train express régional (TER), voire en RER, comme le font des centaines de milliers de « navetteurs »°. Autre facteur de désenclavement° : la révolution numérique. L'accès à l'Internet haut débit° dans les zones les plus isolées rend possible l'implantation de nouvelles activités, de nouveaux modes de consommation, de nouveaux habitants. « En février dernier, tout le

commuters / opening up / high speed

village a débouché° le champagne pour l'arrivée de l'ADSL », s'amuse Denis Poughon, 35 ans. Ancien Parisien, cet illustrateur indépendant s'est installé en 2004 avec Sophie, sa compagne, chorégraphe, et leur petit Mathurin, 2 ans, à Sarrant, une adorable cité médiévale de 300 âmes dans le Gers.

opened up

Mais, surtout, le profil des néoruraux se diversifie. Trois grandes tribus s'installent désormais à l'ombre des clochers°. En premier lieu, les familles avec enfants en bas âge : la flambée de l'immobilier et l'arrivée du petit dernier les poussent à quitter la ville et à chercher une maison sympa avec jardin, à un prix encore abordable. Vient ensuite la génération des baby-boomers, qui arrive massivement à l'âge de la retraite. Enfin, les Européens du Nord, toujours plus attirés par la douceur de vivre *made in France*. Les Néerlandais, à l'étroit° chez eux, pour qui le terroir français et ses 54 habitants au kilomètre carré sont une véritable terre promise. Mais surtout les Britanniques, qui, depuis vingt ans, ont sauvé de l'abandon des villages entiers et sont à l'origine de 12% des transactions immobilières en zone rurale. Ce qui peut susciter tout à la fois une nouvelle vitalité et des tensions avec les populations locales.

in the shadow of the steeples (i.e., in the villages)

cramped

Retrouver un goût de paradis perdu

« La campagne est le symbole de la beauté et de la liberté. Dans l'imaginaire néorural, on habite sur son lieu de vacances, analyse Jean Viard, sociologue et directeur de recherches au Centre d'études de la vie politique française (Cevipof). On rêve de faire de son domicile une sorte de maison d'hôte ou de camping privatif. On y accueille les amis et la famille. C'est le triomphe de la civilisation du barbecue. Et du potager. » Aujourd'hui, 25% des fruits et légumes produits en France le sont par des particuliers. Héritiers d'une vieille civilisation paysanne, les Français veulent à nouveau cultiver leur jardin. Et retrouver un goût de paradis perdu.

Car le Graal des nouveaux ruraux, c'est bien la sacro-sainte qualité de vie. Une quête d'équilibre retrouvé entre aspirations professionnelles, bonheur privé et loisirs au grand air. « Disposer d'un environnement agréable facilite le travail, alimente la réflexion», dit Denis Poughon. Les fenêtres de son bureau, dans l'ancien relais de diligence de 160 mètres carrés qu'il habite avec Sophie et Mathurin, donnent sur la porte du village (XIVe siècle) de Sarrant, classé parmi les plus beaux villages de France. De quoi trouver l'inspiration. Quand il veut se changer les idées entre deux dessins et illustrations destinés à une maison d'édition ou à une société d'assurances, Denis va faire un tennis avec un copain, à quelques foulées° de chez lui.

strides

« Nous travaillons toujours douze heures par jour, mais dans une atmosphère incomparable, poursuit Patrick Pinaud, dans son Limousin d'adoption. Nos clients — patrons de PME°, d'agence immobilière ou

petites et moyennes entreprises

responsables d'une collectivité locale — nous les croisons le matin au café du bourg, juste avant d'aller fabriquer leur site Internet ou leur plaquette° de communication. A force, on lie connaissance, on se fait des amis. Et, à l'occasion, on peut continuer à discuter boulot autour d'un apéro ou d'une partie de pêche ».

pamphlet

Mais ce que désirent par-dessus tout les citadins repentis, c'est l'épanouissement° de leurs bambins°. « Mathurin n'a pas besoin d'aller à la crèche. L'un de nous deux est toujours disponible pour être avec lui », dit en souriant Sophie, la chorégraphe de Sarrant.

flourishing / toddlers

Les communes rurales changent de visage

« Nous tenions à° élever Nathan et Raphaëlle à la campagne », souligne Renaud Scapin, graphiste°, la quarantaine, établi depuis quatre ans avec Françoise, sa compagne, styliste, à Mesves-sur-Loire (Nièvre), un village de 600 habitants. Nés à Saint-Cloud (Hauts-de-Seine), leurs deux enfants ont appris à marcher dans l'herbe. Ils grandissent loin du périph°, des klaxons et de la pollution. Ils connaîtront le chant des oiseaux avant le vrombissement des scooters dernier cri°. L'école? Quatre communes des environs se sont regroupées pour assurer chacune l'accueil d'une classe de maternelle ou de primaire. Ici, les effectifs surchargés°, les problèmes d'intégration et la violence scolaire sont des rumeurs lointaines. Françoise, Renaud et leurs enfants ont-ils pour autant signé un CDI° avec la campagne ? « Rien n'est figé. Si, à l'adolescence, Raphaëlle et Nathan s'ennuient, nous ne leur imposerons pas ce mode de vie, poursuit Renaud. D'ailleurs, Paris nous manque parfois. Flâner en ville, c'est formidable, non ? »

we are determined
graphic designer
autoroute autour de Paris
fashionable
overenrollment
contract of undetermined duration

Gare aux clichés, donc: les « néos » ne sont ni des nostalgiques du terroir de grand-papa ni les enfants des babas cool soixante-huitards. « Nous sommes face à une urbanisation du monde rural. Les nouveaux arrivants restent des citadins, qui vivent à la campagne. Ils ne veulent pas renouer avec le mode de vie paysan, explique la géographe Marie-Christine Jaillet, directrice du Centre interdisciplinaire de recherches urbaines et sociologiques de l'université de Toulouse. Ils revendiquent tout à la fois la tranquillité, la maîtrise de leur temps et le même accès aux services qu'en ville. »

En s'installant à Sarrant, Sophie et Denis ont trouvé de quoi satisfaire leur appétit. Le premier supermarché est à dix minutes de voiture, le cinéma à vingt. Pour les expos et les festivals, direction Toulouse. Mais c'est surtout le dynamisme local qui les a surpris. Sarrant et ses 300 habitants recense 12 associations et une ribambelle° d'activités culturelles, depuis les danses gasconnes jusqu'aux rencontres-débats organisées par la librairie alternative. « Nous ne voyons pas les mêmes spectacles qu'à Paris, mais nous sortons plus et avec beaucoup de curiosité », constate Denis.

swarm

Les 30 000 communes rurales de France ne sont pas toutes en ébullition°. Mais elles changent incontestablement de visage. Niché dans les

boiling

Causses du Quercy, aux confins du Lot et du Tarn-et-Garonne, Saint-Projet comptait, il y a un siècle, 1 300 habitants, deux épiceries et trois restaurants. Depuis, la Grande Guerre et l'exode rural sont passés par là. L'école a fermé en 1982. Pourtant, aujourd'hui, la commune compte 34 écoliers et 12 élèves dans le secondaire, mais ils sont scolarisés à Caylus, distant de 10 kilomètres. En fait, avec 260 habitants, le village se repeuple. Différemment. « Sur 140 foyers, nous avons un tiers d'Anglais, pas mal de retraités et une dizaine de couples qui travaillent à Toulouse ou à Montauban », indique Christian Frauciel, maire de Saint-Projet. A 52 ans, cet éleveur de vaches, qui a maintenu l'exploitation familiale, se réjouit de voir de nouvelles têtes.

Les villes à la campagne ?

grind
to climb

Parfois, quelques « natifs » grincent° des dents en voyant les « néos », Britanniques en tête, acheter cash et rénover somptueusement les corps de ferme dans les hameaux. « Mais qui leur a vendu en faisant grimper° les prix ? » interroge malicieusement Christian Frauciel. Une question préoccupe davantage M. le maire : faute de commerces dans le village, les habitants de Saint-Projet n'ont pas de point de passage obligé, de lieu d'échanges. Du coup, certains résidents ne se connaissent pas. Un paradoxe que pointe le sociologue Jean Viard : « On peut cohabiter dans un village sans former une société. »

Ainsi, la verte campagne n'aurait pas que des vertus ? « Disons que, pour réussir son implantation, il faut sortir de l'idéalisation et bâtir un projet personnel solide », souligne Jean-Yves Pineau, directeur du collectif Ville-campagne, association nationale chargée de conseiller les candidats, mais aussi de sensibiliser les pouvoirs publics à la nécessité de mettre en œuvre des politiques d'accueil. « Surtout, face à l'ampleur du phénomène, on ne peut plus laisser s'additionner les aspirations individuelles sans se poser la question des retombées sur la collectivité. Il faut anticiper les conséquences sur la pollution, l'aménagement du territoire », ajoute-t-il.

Watching out for
subdivisions
nibble
car (coll.)

Gare aux° effets pervers: toujours plus nombreux à vouloir s'éloigner des centres-villes, les citadins finissent par entraîner avec eux le tissu urbain. Progressivement, la construction de nouveaux lotissements°, de routes et d'équipements grignote° les espaces naturels. Malgré la hausse du prix du pétrole et l'inflation des embouteillages, l'empire de la bagnole° ne cesse de s'étendre. Dans les années 1990, 10 000 kilomètres carrés, soit l'équivalent de deux départements comme les Bouches-du-Rhône et les Alpes-Maritimes, ont été urbanisés. A ce rythme-là, Alphonse Allais aura bientôt raison : il faudra « construire les villes à la campagne ».
C'est précisément ce que souhaitent éviter les élus du pays des Portes de Gascogne, un territoire rural regroupant 159 communes et 57 000 habitants dans l'est du Gers. Jusqu'en 1999, le département perdait des habitants. Mais l'agglomération toulousaine, distante d'une quarantaine de kilomètres, déborde de ses murs. Les cadres venus travailler autour du

pôle aéronautique de Blagnac veulent vivre à la campagne. Du coup, les Portes de Gascogne pourraient voir s'installer de 2200 à 3000 personnes chaque année jusqu'en 2010. « Nous sommes face à une déferlante°, résume le documentariste Pierre Magné, qui préside le conseil des habitants du territoire. Quand tout le monde veut sa maison avec piscine et vue sur les Pyrénées, on a forcément un problème de place. » Résultat, le prix du mètre carré constructible a été multiplié par huit dans certains secteurs. « Nous ne voulons pas devenir une banlieue de Toulouse, prévient Raymond Vall, président du pays des Portes de Gascogne. Accueillir de nouveaux habitants, très bien, mais comment nos communes rurales vont-elles payer les infrastructures nécessaires ? » 20 kilomètres plus au nord, à Sarrant, Denis et Sophie apprennent, de temps à autre, qu'une nouvelle famille venue de Toulouse s'est établie dans les environs. Mais, vu d'ici, la grande ville, fût-elle rose, est encore loin. Mathurin peut dormir tranquille.

breaking point

Source : © Boris Thiolay, avec Natacha Czerwinski et Elisha Karmitz / LExpress.fr / 2006

En lisant l'article

Répondez à chaque question en vous basant sur le contenu de l'article.

1. Comment résumer l'article ? Dans un petit paragraphe, décrivez le thème majeur de l'article.
2. Combien de Français veulent participer au phénomène des néoruraux ?
3. Quels facteurs favorisent la mobilité des Français et la possibilité de changer de région ?
4. Quels types de personnes sont attirés par la possibilité de quitter les grandes villes pour s'installer à la campagne ?
5. Quels sont les buts des néoruraux ? Autrement dit, que recherchent-ils à la campagne ?
6. Quelles sont les conséquences négatives possibles de ce phénomène?

Après avoir lu l'article

Citations à discuter. Analysez de plus près les citations ci-dessous tirées de l'article et donnez une interprétation pour chacune.

1. « La campagne est le symbole de la beauté et de la liberté. Dans l'imaginaire néo-rural, on habite sur son lieu de vacances. »
2. « Nous sommes face à une urbanisation du monde rural. Les nouveaux arrivants restent des citadins, qui vivent à la campagne. Ils ne veulent pas renouer avec le mode de vie paysan. »
3. « On peut cohabiter dans un village sans former une société. »
4. « Quand tout le monde veut sa maison avec piscine et vue sur les Pyrénées, on a forcément un problème de place. »

Questions de discussion. Discutez les questions suivantes avec vos collègues et votre professeur.

1. Que vous révèle cet article à propos des rapports entre la géographie et le mode de vie en France ?
2. Y avait-il des éléments surprenants pour vous dans l'article ? Lesquels ? Pourquoi les avez-vous trouvé surprenants ?
3. Quelles sont vos opinions personnelles sur le phénomène des néoruraux ? Ce phénomène existe-il dans votre pays ? Si oui, qui participe à ce phénomène ?

PREMIERE PERSONNE

Interview avec Kory Olson, spécialiste en géographie

© Kory Olson

Dr. Kory Olson est professeur de littérature française avec une spécialisation en urbanisme parisien. Dans cette interview, le professeur Olson nous raconte ses intérêts et ses opinions sur les tendances démographiques qui concernent la géographie française aujourd'hui.

Avant de lire l'interview

Répondez aux questions suivantes à l'écrit.

1. Avez-vous jamais regardé une carte géographique lors de vos voyages ou pour le plaisir ? Si oui, à quoi pensez-vous quand vous regardez une carte ? Quelles informations en tirez-vous ?
2. Réfléchissez à la ville ou à la région dont vous êtes originaire. Comment décririez-vous sa population ? Est-ce qu'il y a eu des évolutions dans la démographie de la région ? Quelles sont les conséquences de cette évolution ?

Q : Parlez-nous un peu de votre spécialisation. Comment vous êtes-vous intéressé à la géographie française ?

KO : J'ai toujours aimé les cartes et les voyages. Quand j'ai commencé mes études à la fac, je me suis dirigé, à mon arrivée, vers le département de géographie. Heureusement, mon université avait un programme de français aussi. J'ai pu combiner mes deux intérêts.

Q : Y a-t-il des éléments spécifiques de la géographie française qui vous intéressent ?

KO : Oui, j'aime lire les cartes et plans. Quand je vois un plan de Paris pour la première fois, je cherche d'abord les monuments les plus connus (la Tour Eiffel, etc.) et les quartiers que je connais bien. Mais, j'étudie aussi comment on présente une ville ou un territoire au lecteur de façon cartographique. Est-ce qu'on championne les monuments touristiques ? les casernes ? les routes ? On répond à cette question et on doit toujours se demander pourquoi.

Q : Est-ce qu'il y a une découverte particulièrement fascinante que vous avez faite lors de vos recherches sur la géographie française ?

KO : Quand j'étudiais un livre scolaire du XIXe siècle (*Le Tour de la France par deux enfants*), j'ai découvert comment la Troisième République employait la géographie pour promouvoir le nouveau régime. Les cartes de France se trouvaient dans toutes les salles de classe à l'école primaire. L'élève pouvait identifier leur nation parmi tous les pays d'Europe.

Q : Vous êtes professeur de français dans une université aux Etats-Unis. On dit souvent que les Américains ne sont pas forts en géographie et ne savent pas grand-chose ni sur la géographie de leur propre pays ni sur celle des pays étrangers. Qu'en pensez-vous ? Quelle est l'importance de la géographie dans le monde d'aujourd'hui ?

KO : Je trouve qu'aux Etats-Unis, on préfère des sujets « pratiques » comme le commerce ou l'informatique. Mais comme professeur de français, je trouve que mes étudiants s'intéressent aux cartes et à la géographie quand on les discute. C'est vrai que souvent ils ne savent pas où se trouve Dakar ou même Port-au-Prince, mais ils reconnaissent ces noms et sont contents de les trouver sur une carte. Grace à la technologie, le monde dans lequel on vit devient de plus en plus petit. Pour mieux nous comprendre, on doit privilégier l'étude du monde et de nos voisins.

Q : Que pensez-vous des changements démographiques qu'on voit à présent dans la France métropolitaine concernant la géographie ? Quelles sont les tendances qui seront importantes dans les années à venir ?

KO : Comme tous les pays occidentaux, la France se trouve en [plein] changement démographique. Heureusement, son *baby boom* récent donne à la nation une jeunesse supplémentaire qui manquera aux autres pays (comme la Grèce ou l'Italie). On voit aussi une capitale qui continue son agrandissement aux dépens des provinces. Quand on pense à la France, on pense souvent à Paris. Bien que cette position offre aux citadins des bénéfices (plus de postes, une culture inoubliable, une concentration de pouvoir politique et économique), il reste également des problèmes de circulation (des embouteillages non stop) et de logement.

Q : En tant que spécialiste en géographie française, quels rapports voyez-vous, s'ils existent, entre la géographie et l'identité personnelle ? Comment ces rapports se présentent-ils dans la vie quotidienne ?

KO : Je trouve qu'une des premières questions qu'on pose à un nouvel ami est « d'où viens-tu ? » On est fier de notre région et on cherche à promouvoir une ville natale car elles font partie de notre identité. Aux Etats-Unis, c'est une façon de s'identifier. Ce sont les fanatiques des équipes de sport, peut-être, qui personnifient aujourd'hui l'identification géographique.

Q : Avez-vous l'occasion de voyager souvent en France ? Où sont vos coins préférés en France métropolitaine ? Pourquoi ?

KO : J'ai de la chance, je vais en France au moins une fois par an. J'ai habité à Angers pendant deux ans, mais Paris reste ma ville préférée. Je fais de la recherche sur les plans historiques de la ville et je trouve les archives dans la capitale les meilleurs endroits pour découvrir de nouveaux plans et cartes. Mais, hors ma vie professionnelle, je trouve le charme et la beauté de Paris incroyables. En plus, il y a toujours un nouveau quartier à découvrir, une exposition à voir, un bistro à visiter, une librairie à explorer…

Q : Êtes-vous plutôt citadin ou campagnard ?

KO : Comme expliqué dans la question précédente, je préfère la ville. J'ai grandi dans une région plutôt rurale et peut-être pour cette raison, l'environnent urbain m'attire. J'aime les grands bâtiments, les musées, le métro, les boulevards, et on les trouve tous dans la capitale. Des séjours brefs à la campagne font du bien de temps en temps, mais le retour en ville me rend le plus heureux.

En lisant l'interview

Indiquez si chaque phrase est **vraie** ou **fausse** en basant vos réponses sur le contenu de l'interview.

1. A l'université, le professeur Olson cherchait à marier ses intérêts en géographie et en sociologie.
2. Le professeur Olson ne pense pas que ses étudiants soient indifférents à la géographie.
3. Le professeur Olson croit que l'identification géographique est un élément important de l'identité personnelle.
4. Paris est la ville française préférée du professeur Olson parce qu'il y a habité pendant deux ans.
5. Comme le professeur Olson a grandi dans un environnement rural, il préfère la campagne à l'environnement urbain.

Après avoir lu l'interview

Réfléchissez aux questions suivantes. Ensuite, discutez vos idées avec vos collègues et votre professeur.

1. Etes-vous d'accord avec le professeur Olson que l'on cherche toujours à défendre ou à promouvoir sa région ou sa ville d'origine ? Pourquoi ou pourquoi pas ?
2. Comment définissez-vous le rapport entre votre identité et votre situation géographique ? Autrement dit, est-ce que vos origines géographiques ont une influence sur votre identité, sur vos activités, vos valeurs, etc. ? Et sur vos aspirations et votre cadre de vie (où vous vivez et où vous aimeriez vivre) ?
3. Que pensez-vous du manque d'importance accordé à la géographie dans le système éducatif américain ? Dans quelle mesure est-il important — ou non — de savoir se situer dans l'espace ?
4. Comment la géographie peut-elle contribuer à une meilleure compréhension entre les cultures ?

ACTIVITE DE SYNTHESE

Réflexion à l'écrit

Quelles sont les différences majeures entre la géographie physique de la France et celle de votre pays ? A votre avis, comment ces différences influencent-ils le mode de vie des habitants des deux pays? Dans un récit de deux pages, donnez des exemples concrets pour illustrer vos idées et servez-vous des informations et du vocabulaire que vous avez appris dans ce chapitre.

PARTIE II

Identités nationales

CHAPITRE

5

La langue française

OBJECTIFS

- Analyser l'évolution de la langue française et la mentalité des Français à propos de leur langue
- Identifier le nombre de francophones et francophones occasionnels dans le monde
- Différencier les registres de français — soutenu, standard, familier, populaire
- Enrichir son vocabulaire à propos de la langue française

© Nicole Mills

A votre avis, que signifie la présence des langues multiples sur le mur des Je t'aime à Paris ?

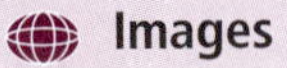

Expressions de base pour parler de la langue

Noms
un accent
le bilinguisme
le colinguisme
une communauté
un dialecte
la diffusion
le discours
la diversité
l'étymologie *f.*
un(e) francophone
la Francophonie
la grammaire
la graphie
une langue
la langue d'oc
la langue d'oïl
une langue officielle
une langue romane
la lenteur
le lexique ou le vocabulaire
un(e) locuteur (-trice)
(non) natif (-ive)
les lois Ferry *f.pl.*
le monolinguisme
la norme
une particularité
le plurilinguisme
la prononciation
un régionalisme
le son
l'uniformisation *f.*
l'usage *m.*

Adjectifs
divers
francophone
irréductible
langagier (-ière)
linguistique
phonétique
phonologique
régional(e)
répandu(e)
romane
unifié(e)

Verbes
s'accorder
agrémenter
communiquer
dépouiller
évoluer
parler couramment
utiliser

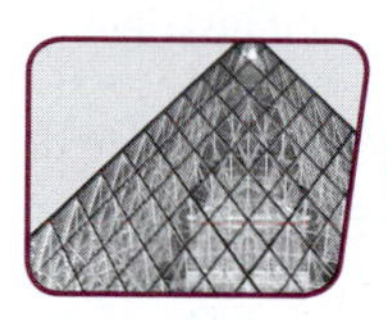

ENTREE EN MATIERE

La langue française, une pièce d'identité

« L'image la plus exacte de l'esprit français est la langue française », écrivait Désiré Nisard dans son *Histoire de la littérature française.* Dans quelle mesure la langue représente-t-elle une culture ? Ou bien même des cultures ? Après tout, on parle de « francophonie », dont l'ancien président François Mitterrand disait : « Que serait la francophonie si personne ne parlait français » ? Il existerait donc une relation entre une langue et ses locuteurs et par conséquent, entre langue et identité culturelle.

Avez-vous déjà réfléchi à la façon dont vous parlez votre langue maternelle ou encore comment expliquer que l'anglais soit devenu une langue mondiale ? Comment une langue évolue-t-elle et pourquoi certaines formes sont-elles plus « correctes » que d'autres ?

L'évolution de la langue française

Si l'on pense en « bon français », il convient de commencer avec un peu d'histoire. Dès le début, l'histoire de France commence dans la diversité linguistique. Les différents peuples gaulois parlaient des langues qui pouvaient varier d'un village à l'autre, tout en restant mutuellement intelligibles. C'est pendant la longue occupation romaine après la guerre des Gaules que le latin s'est imposé sur le territoire français. Il s'agissait d'une forme du latin dite vulgaire (c'est-à-dire, populaire ou commun) puisqu'elle était avant tout une forme vernaculaire parlée, différente du latin classique, plutôt littéraire et plus érudit. Malgré cette domination, il reste de nombreux mots originaires du gaulois dans la langue française contemporaine, par exemple, *béret, charrue, cheval* ou *bruyère*. On voit d'ailleurs dans ces mots les vestiges des traditions rurale et équestre des Gaulois.

Quand les Francs ont conquis la Gaule romaine au Ve siècle, la langue latine est restée dominante. On retrouve néanmoins en français des mots et expressions qui viennent du francique (la langue des Francs). On peut commencer par les mots *France, français* et *française,* mais l'influence du francique va se faire sentir surtout dans le vocabulaire de la tradition militaire avec des mots comme *guerre, hache, maréchal, baron* ou de la tradition équestre comme *trotter* et *galoper,* mais aussi avec quelques verbes comme *gagner, danser* et *guider.* Ainsi va l'histoire car les incursions vikings en Normandie vont aussi laisser quelques traces, surtout dans le vocabulaire maritime (*vague* et *homard*).

C'est principalement de cette triple influence (gauloise, romaine et franque) que va naître le français. Parmi les trois, le vocabulaire d'origine romaine, c'est-à-dire gréco-latine, constitue la base de la vaste majorité du vocabulaire français contemporain. Le français appartient donc à la famille de ce que l'on appelle les langues romanes. Malgré cela, la France, à travers les multiples vagues de migrations et d'invasions de son histoire, a souvent connu des situations de colinguisme, c'est-à-dire de coexistence de plusieurs langues dans un même espace géographique, voire même, pour de nombreuses personnes, de bilinguisme. Ces phénomènes sont surtout répandus en Gaule du Nord, ce qui va expliquer une évolution progressive vers deux formes linguistiques différentes : « la langue d'oïl » — qui va donner ce qui est appelé « ancien français » — dans la moitié nord du territoire et la « langue d'oc » dans la moitié sud. Ces deux langues seront parlées à partir du IXe siècle et jusqu'au début du XIVe siècle. Si c'est la langue d'oïl qui s'imposera finalement en France, surtout parce qu'elle est la langue des rois de France, la langue d'oc connaîtra un grand prestige et aura une influence culturelle importante, car elle est la langue des troubadours — ces poètes, chanteurs et musiciens qui divertissent les plus grandes cours d'Europe.

Aux XIVe et XVe siècle, le français continue d'évoluer alors que le pays est bouleversé par la guerre de Cent Ans et les ravages de la peste. L'une des formes de langue d'oïl parlée autour du domaine royal va se différencier des autres pour devenir peu à peu l'embryon de la langue française. On va l'appeler « moyen français ». Son usage se développe même si le latin reste la langue des élites et des documents administratifs. C'est finalement au XVIe siècle que le roi François Ier impose le français comme langue officielle unique dans le royaume de France. On voit là très tôt une volonté du pouvoir central en France d'exercer son autorité sur les normes et l'usage de la langue française. C'est la naissance du français classique.

A ce sujet, cette volonté normative du pouvoir politique sur la langue se manifeste à travers la fondation de l'Académie française en 1635 par le cardinal de Richelieu, principal ministre de Louis XIII. L'Académie est garante des standards du français ainsi que de bonnes pratiques. En 1660 est publiée la *Grammaire générale de Port-Royal*, véritable texte de référence sur la langue française. C'est à cette période que débute le rayonnement mondial de la France et du français par l'établissement des premières colonies au Québec et à Terre-Neuve, mais aussi à travers l'influence intellectuelle et culturelle des Lumières et de la Révolution. C'est ainsi que naît le français moderne. Cependant, à la fin du XVIIIe siècle, seulement un Français sur quatre parle le français, alors que celui-ci est la langue dominante parmi les élites et l'aristocratie européennes ainsi que sur certains territoires d'Amérique du Nord. Autrement dit, les trois-quarts des Français parlent encore quotidiennement des langues régionales. Malgré la continuation des travaux de codification (dictionnaires de Littré en 1873 et de Larousse en 1876), ces langues régionales vont perdurer jusqu'à aujourd'hui.

Questions de compréhension. Quelles langues sont à l'origine de la langue française ? A partir de quelle période commence-t-on à parler de français moderne ?

Langue nationale, identités régionales et identités linguistiques

La résistance des langues régionales montre l'attachement des Français à leurs racines et la diversité culturelle des régions françaises (voir le *Chapitre 6*). Mais elle montre aussi le faible degré de pénétration de l'alphabétisation, pourtant en progrès tout au long du XIXe siècle, et l'isolement de certaines régions de France à cette époque. L'avènement de la IIIe République apporte une nouvelle volonté de centralisation et de dissémination des valeurs républicaines par l'éducation, qui passe bien entendu par la langue. Les instituteurs remplissent cette mission avec zèle et parfois une certaine violence, physique ou psychologique (interdiction de parler les langues régionales à l'école, par exemple). Les choses commencent à changer mais lentement. Pendant la Première Guerre mondiale, les troupes étaient envoyées au combat par unités de soldats parlant la même langue régionale (comme le breton ou l'occitan) avec des sous-officiers parlant eux aussi cette même langue, par peur que les troupes ne comprennent pas les ordres qui leur étaient donnés. C'est pourtant au cours du XXe siècle que le français contemporain va s'imposer sur l'ensemble du territoire comme véritable langue nationale. D'ailleurs, l'article 2 de la Constitution de la Ve République stipule que « le français est la langue officielle de la République ».

On voit donc bien que la notion du français comme langue nationale (adoptée et parlée par la majorité de la population) est une construction relativement récente issue d'un lent processus de développement. Il y a pourtant dans la langue française un véritable symbole de l'appartenance à la France et à la culture française. C'est que la langue française participe à la construction de cet espace commun, « une communauté de discours », en créant un lien social entre les locuteurs de cette langue. C'est ce lien que l'on retrouve dans des expressions comme « engager la conversation » ou « adresser la parole ». De manière générale, les Français ont aussi tendance à cultiver un goût de l'élégance dans la langue et ce goût se retrouve notamment chez les artistes. Par exemple, dans la grande tradition française des chansons à texte on peut citer quelques noms importants comme Boris Vian, Georges Brassens, Jacques Brel ou Léo Ferré. Or, on remarque que des artistes contemporains issus d'une tradition musicale différente comme MC Solaar (rap), Abd Al Malik (hip hop) ou Grand Corps Malade (slam) se réclament de cet héritage, un signe que la langue transcende les genres, l'espace et le temps.

Aujourd'hui, le français est de loin la langue la plus parlée en France. Cela ne veut pas dire que la diversité linguistique n'existe pas en France, bien au contraire. En ce début de XXIe siècle, les langues régionales restent vivaces et les régions frontalières restent des zones essentiellement plurilingues. Parmi ces langues régionales, on distingue :

- L'alsacien : dialecte de l'allemand parlé en Alsace, à la frontière est de la France. L'Alsace a eu une histoire mouvementée et a été alternativement sous domination française ou allemande. Ceci a laissé des traces dans une culture alsacienne qui revendique sa différence et son biculturalisme, particulièrement dans le domaine artistique. C'est la deuxième langue régionale après l'occitan avec environ 750 000 locuteurs.
- Le basque : l'origine de la langue basque est incertaine. Elle n'a pas de points communs avec les autres langues européennes. Le basque est parlé dans le sud-ouest de la France, à l'ouest des Pyrénées ainsi que dans le nord de l'Espagne. La production culturelle en langue basque est très active pour une langue qui compte moins de 70 000 locuteurs.
- Le breton : langue celtique parlée en Bretagne, principalement au nord (Basse Bretagne) alors que le sud (Haute Bretagne) parle plutôt gallo, une langue influencée par le breton, le gaulois et le normand. Le breton connaît aujourd'hui une résurgence populaire et, avec environ 300 000 locuteurs, est la troisième langue régionale.
- Le catalan : langue romane parlée par environ 125 000 personnes dans la partie orientale des Pyrénées et en Catalogne (région espagnole dont la capitale est Barcelone). Elle est aussi parlée dans la principauté d'Andorre qui est enclavée entre la France et l'Espagne.
- Le corse : le nombre de locuteurs du corse est estimé entre 100 000 et 150 000, ce qui représente la majorité de la population de l'île. C'est également une langue romane qui se rapproche de l'italien.
- Le flamand : dialecte du néerlandais parlé dans le nord de la France, à la frontière avec la Belgique, par environ 40 000 personnes. Le comté de Flandre (région où l'on parle flamand) était autrefois une région commerciale et artistique puissante qui s'étendait du sud des Pays-Bas au nord de la France.
- L'occitan : langue romane influencée par le latin, l'occitan est constitué d'un ensemble de dialectes de la langue d'oc (le gascon, le provençal, le languedocien, entre autres). C'est sans doute l'importance historique et culturelle de la langue d'oc qui ont permis à l'occitan de perdurer de façon aussi robuste, avec près de 2 millions de locuteurs présents dans le tiers sud de la France, de l'Atlantique à l'Italie.

L'attachement aux langues et aux cultures régionales a parfois donné naissance à des mouvements politiques autonomistes ou indépendantistes (les Basques, les Bretons, les Catalans, les Corses). Mais les revendications militantes de ces mouvements ont diminué au profit d'un renouveau des cultures régionales basé sur la revalorisation du patrimoine, un processus facilité par la création des régions françaises en 1972 et la décentralisation des années Mitterrand. A ce titre, les langues régionales sont maintenant enseignées dans les lycées et les universités, même si ce phénomène n'est pas présent partout.

© Sébastien Dubreil

Les écoles Diwan enseignent le Breton, langue régionale de la Bretagne

Le 23 juillet 2008, la constitution de la République française a été amendée pour y stipuler que « les langues régionales appartiennent au patrimoine de la France », une décision à laquelle s'est d'ailleurs opposée l'Académie française. Lors de l'inauguration du salon Expolangues en 2010, Frédéric Mitterrand[1], Ministre de la culture et de la communication, a dit : « (...) les langues sont porteuses de culture, de visions du monde. (...) C'est pourquoi être attaché à la diversité linguistique, c'est défendre la diversité culturelle, c'est-à-dire la richesse et la variété irréductibles de l'expérience humaine ».

Si on voyage à travers les différentes régions françaises, on remarque facilement cette diversité linguistique et culturelle du pays. En effet, les Français parlent leur langue différemment selon les régions. Ces différences se manifestent à plusieurs niveaux : phonétique et phonologique tout d'abord, c'est-à-dire la prononciation des mots ainsi que l'accent et l'intonation des phrases, et lexical ensuite (vocabulaire). En effet, les habitants d'une région utilisent parfois des expressions qui leur sont propres, appelées **régionalismes**. Ces variations proviennent en partie de la situation géographique et historique des différentes régions et notamment la proximité d'autres langues. Les exemples sont nombreux. Pour n'en citer que quelques-uns parmi les plus connus, le morceau de tissu qui sert à laver le sol est généralement appelé *une serpillière,* mais vous feriez mieux de demander *une wassingue*[2] dans le nord, *une since* dans les Charentes et *une gueille* dans la région de Bordeaux. A ce sujet, pour désigner l'action de laver le sol, on dira *laver la place* dans le Pays de Retz (sud de Nantes), *sincer* dans les Charentes et *gringonner la souillarde* dans le Bordelais. Cette dernière expression est de moins en moins utilisée, mais cela illustre cette idée de régionalismes. Ces trois régions contigües couvrent une distance du nord au sud de 300 kilomètres (= 200 *miles*) !

Questions de compréhension. En quoi les langues régionales sont-elles importantes en France ? Comment le français s'est-il imposé comme langue nationale ?

[1] *Frédéric Mitterrand est le neveu de François Mitterrand, ancien président de la République.*

[2] *Du flamand* wassen *: laver*

Le français dans le monde

Si la diversité linguistique du territoire français a des origines lointaines, elle a aussi une réalité présente issue d'un passé beaucoup plus récent : la colonisation. En effet, les Français se sont installés dans de nombreuses régions du monde et y ont apporté leur langue. Ainsi, aujourd'hui, le français est la langue officielle d'un ou plusieurs pays sur tous les continents du globe. On estime à plus de 300 millions le nombre de francophones dans le monde. Par francophone on entend une personne qui sait comprendre, lire et écrire le français. Sur ces 300 millions, environ 250 millions sont des habitants d'un des 75 pays membres de l'Organisation internationale de la francophonie (OIF) qui ont en commun la langue française. Ces 75 pays comprennent une population totale de près de 900 millions de personnes. Dans ces pays, le statut du français varie : il peut être langue maternelle, langue administrative ou comme dans de nombreux pays d'Afrique, la deuxième ou troisième langue apprise par les enfants.

On voit donc que l'espace francophone comprend un territoire géographique étendu et des populations extrêmement diverses. La France entretient des relations privilégiées avec les pays francophones et soutient la promotion et la diffusion de la langue française et des cultures francophones à travers des projets comme TV5Monde.[3] Mais il convient de se rappeler ici que cette influence du français sur le monde francophone n'est pas à sens unique et il est important de reconnaître l'influence d'autres langues sur le français. Si on prend l'exemple de l'arabe, on trouve en français des expressions comme *kifer* (qui signifie « apprécier beaucoup ») ou *salamalec* dont le sens original de salutation de l'arabe « *salam aleikum* » n'est plus utilisé mais que l'on trouve dans l'expression *faire des salamalecs* (faire preuve d'une politesse exagérée).

Enfin, quand on parle de francophonie, il convient de mentionner que le français est en outre devenu la langue officielle d'un certain nombre d'organisations internationales importantes comme L'Organisation des Nations Unies (ONU), l'Union européenne (UE), l'Organisation du traité de l'Atlantique Nord (OTAN), le Comité international olympique (CIO). Le français est aussi une langue de travail privilégiée dans des institutions comme la Banque mondiale, l'Organisation mondiale de la santé et un grand nombre d'organisations non gouvernementales (ONG) comme Médecins sans frontières et la Croix-Rouge.

Questions de compréhension. Comment le français s'est-il implanté à l'extérieur de la France ? Quel rôle le français joue-t-il dans la communauté internationale ?

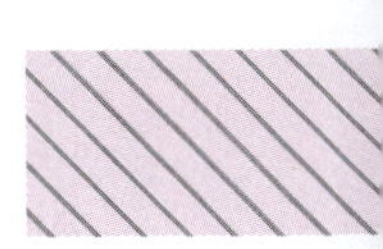

Une langue dynamique : Le français aujourd'hui

Aujourd'hui, le paysage linguistique français est très dynamique, surtout dans les grandes agglomérations urbaines. En effet, certains Français issus de l'immigration plus récente — en particulier des pays d'Afrique — sont parfois multilingues. A cela il convient d'ajouter deux groupes de personnes ne parlant pas nécessairement français : les immigrés récents et les expatriés qui sont en France pour des séjours plus

[3] *TV5Monde est une chaîne de télévision francophone basée à Paris qui diffuse des programmes dans le monde entier.*

ou moins longs, souvent liés à une activité professionnelle. Il faut enfin mentionner l'influence de l'anglais, principalement à travers la culture américaine qui est parfois perçue comme impérialiste mais dont les Français sont grands consommateurs. L'anglais représente en effet une source importante de vocabulaire en français, notamment dans le domaine des sciences et techniques (un *bug*, un *wagon*, le *software*), de l'économie (le *cash flow*) ou encore des médias (une *sitcom*, un *flash info*, le *show biz*).

Face à ces phénomènes plus récents, le gouvernement français a parfois tenté de légiférer sur l'usage des langues étrangères (notamment la loi Toubon de 1994 qui interdisait l'utilisation de l'anglais dans les publicités et les documents officiels) et de protéger la culture française (négociation de l'exception culturelle la même année, un phénomène qui sera abordé au *Chapitre 15*). Cependant, si les Français sont attachés à leur langue, ils sont encore plus attachés à leur liberté de l'utiliser comme bon leur semble. L'application de la loi Toubon est donc moins stricte que le texte original.

Aujourd'hui, le plurilinguisme est une réalité quotidienne pour un grand nombre de Français, c'est-à-dire que, de façon régulière, ils entendent plusieurs langues ou bien ils parlent eux-mêmes plusieurs langues de façon régulière, ou bien encore ils sont en contact avec des informations véhiculées en plusieurs langues comme des signaux routiers, des enseignes de magasin, des affiches publicitaires, etc. Les opinions divergent sur les modalités de ce plurilinguisme. Là où certains voient un phénomène de mode un peu artificiel ou même une menace pour l'identité nationale, d'autres voient une réalité à maîtriser ou une ouverture d'esprit. Après tout, Goethe, le poète allemand, ne disait-il pas, « Celui qui ne connaît pas les langues étrangères ne connaît rien de sa propre langue » ? Quand on parle de plurilinguisme, on parle donc non seulement d'ouverture sur l'Autre, mais aussi de compréhension de soi-même.

Question de compréhension. Comment peut-on décrire le phénomène de plurilinguisme dans la France actuelle ? Donnez deux exemples de populations qui ont tendance à maintenir l'usage d'une langue étrangère.

Questions de réflexion

Répondez aux questions suivantes sur l'évolution du français. Ensuite, partagez vos réponses avec vos collègues et votre professeur.

1. Est-ce qu'il y a des éléments de l'histoire du français et de son évolution qui vous semblent faire de la France un cas unique ? Expliquez.
2. Selon vous, quels sont les facteurs qui ont contribué à l'évolution du français et à celle de l'anglais aux Etats-Unis ? Quels sont les points communs et quelles sont les différences ?
3. Pensez-vous que la présence croissante de l'espagnol aux Etats-Unis soit perçue comme une menace à l'identité nationale par les Américains ? Pourquoi ou pourquoi pas ? Dans quelle mesure voyez-vous un parallèle avec, d'un côté, l'arrivée de l'anglais dans le paysage linguistique français, et de l'autre, l'utilisation en France de langues étrangères au sein de certaines communautés (d'immigrés ou de Français issus de l'immigration, par exemple) ?

4. Dans quelle mesure pensez-vous qu'il est important de défendre la diversité linguistique ?
5. Comme vous l'avez vu, la naissance même de la francophonie est basée sur l'histoire de la colonisation. Pensez-vous que le français puisse jouer un rôle positif dans les cultures, économies et sociétés de cet espace francophone ou pensez-vous au contraire que l'influence de l'héritage colonial soit surtout défavorable pour les pays francophones ? Expliquez votre position.

Avez-vous compris ?
Allez plus loin

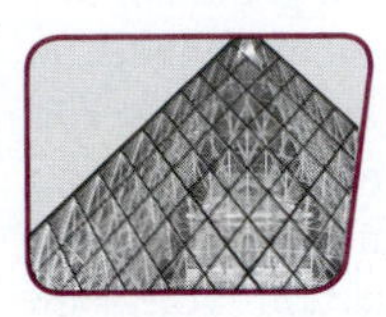

TEXTE I A ANALYSER

Le chemin vers un français neutre ?

Vous allez lire un article de *Rue89*, un site d'information et un projet journalistique indépendant. Dans l'article, il est question de l'évolution de la langue française et plus spécifiquement de la disparition de la particularité de « l'accent de Tours » aujourd'hui.

A propos de *Rue89*

La direction de *Rue89* explique que le nom de leur site internet vient de « la rue, parce qu'elle est synonyme de circulation, de rencontre, de vie, de terrasses de café. « 89 » pour évoquer la révolution, celle de l'Internet et de l'information. Certains d'entre nous pensent que c'est un beau chiffre dans lequel chacun peut mettre ce qu'il veut : la liberté (référence à la Révolution française), les « murs qui tombent » (Berlin) ou l'invention du Web (1989). »
Source : www.rue89.com/faq

Avant de lire l'article

Imaginez que quelqu'un qui parle français comme langue maternelle vous rende visite et s'intéresse aux habitudes linguistiques des habitants de votre région. En quoi les habitudes linguistiques de votre communauté se distinguent-elles de celles des habitants d'autres régions de votre pays ? Y a-t-il des particularités d'accent ou de vocabulaire dans votre région ? Et vous, personnellement, quelles influences (milieu familiale école, séjours dans une autre région ou pays, etc.) constatez-vous sur vos propres habitudes linguistiques ? Prenez des notes à l'écrit à propos de ces questions avant de partager vos idées avec vos collègues et votre professeur.

« L'accent de Tours, le plus pur de France ? Bah ! Plus tant qu'ça »

par Zineb Dryef, *Rue89*, 04/07/2011

De même que l'on s'accorde (très injustement) à dire que le pire accent est celui des Bourguignons, l'on admet communément que le plus beau, le plus pur ou le plus plat — au choix — est celui des Tourangeaux.

Vous avez certainement entendu au moins une fois quelqu'un asséner° que l'accent de Tours est le plus neutre de France et que « ça se vérifie ». Les plus chicaneurs° évoquent parfois ceux de Blois ou d'Angers, mais c'est bien de Tours qu'il s'agit.

asséner : exprimer avec force
chicaneurs : fussy

Un non-accent dépouillé des « euu » et « eing »

Cette réputation du parler beau des Tourangeaux vient de loin. D'au moins 1569, selon les recherches de Claudine Bavoux, auteure d'un savant « Le Français des dictionnaires : l'autre versant de la lexicographie française » qui, dans un texte du docteur Tolet (un inconnu lyonnais), a retrouvé cette ode à Tours :

« La Francoise a son vieux parlé tourangeau, lequel le temps passé se disait la cresme° de la langue française. »

cresme : la crème

Deux siècles plus tard, Alfred de Vigny ne dit pas autre chose des habitants de Tours :

« Leur langage est le plus pur français, sans lenteur, sans vitesse, sans accent ; le berceau de la langue est là, près du berceau de la monarchie. »

Au XIXe siècle, une des premières études menées sur les pratiques du français conclut aussi que la langue parlée à Tours peut être considérée comme le français de référence.

Par français de référence, on entend celui dépouillé de tous les « euu » ou « eing » superflus dont à peu près tout le monde agrémente ses mots. Ce sont aussi les « é » confondus avec les « ai », les « o » pas ronds, les « r » roulés et autres jolies prononciations régionales en moins. En résumé, l'accent de Tours, c'est le non-accent (…).

Une région loin des frontières étrangères

La ville profite toujours de cette renommée pour attirer les étudiants étrangers dans ses écoles de langue où l'on promet d'enseigner « la langue française avec le plus bel et le plus pur accent ». Le directeur de l'Institut de Touraine, l'un des plus anciens centres de langue de la ville, s'amuse — « Après tout, ce n'est pas si différent du Bordelais qui

prides itself

s'enorgueillit° de ses vins » —, mais admet que l'accent de Tours ne veut plus dire grand-chose aujourd'hui :

« Effectivement, il vaut mieux apprendre le français à Tours qu'à Aix-en-Provence pour un étudiant étranger. C'est même plus facile. Mais aujourd'hui, l'accent de Tours n'est pas très loin de celui de Paris. »

Patrick Vannier, du service du dictionnaire à l'Académie française — lui avait surtout entendu parler de l'accent d'Angers —, nous explique les raisons de cette absence de particularités :

mixed

« Tours et Angers sont situées dans des régions centrales. Loin des frontières, ces villes ne connaissent pas l'importation d'un accent étranger, contrairement à l'Alsace ou la Méditerranée dont la langue est mâtinée° d'allemand et d'espagnol. »

Le linguiste rappelle toutefois que c'est à l'histoire de la région que Tours doit la réputation de sa langue. Pendant une petite centaine d'années, la Touraine a été une sorte de grande capitale où Louis XI, François Ier et les autres ont aimé vivre, construire des châteaux et organiser de belles fêtes :

« La vie intellectuelle et politique était riche. Les poètes de la Pléiade[4] venaient de là. Ils se retrouvaient dans les châteaux de la Loire. La cour royale s'y transportait. La langue de la cour a toujours été considérée comme un modèle. A cette époque, une grande partie du langage de Paris est considéré comme très populaire. »

Jules Ferry[5], la radio, la télé et l'uniformisation du parler

Ce sont pour toutes ces raisons qu'au XVIe siècle, avec la diffusion des dictionnaires et le désir d'unifier la langue pour le royaume, on commence à s'écharper sur les accents, raconte Patrick Vannier :

« Il faut alors aussi unifier la prononciation, d'autant que le français est une langue sans concordance entre le son et la graphie. Il faut donc préciser dans le dictionnaire la façon dont on prononce les mots, la phonétique.

Cela a fait l'objet de débats entre grammairiens ; certains réclamaient une prononciation proche de l'étymologie alors que les autres privilégiaient l'usage. C'est à cette époque qu'on fixe les prononciations, la norme et la référence, mais cela a évolué au fil des temps. Les résistances locales sont fortes et elles n'ont pas été contrebalancées par les normes. »

[4] La Pléiade est un groupe de poètes français du XVIe siècle rassemblés autour de Ronsard et du Bellay qui défendent l'imitation des auteurs gréco-latins et la valeur culturelle de la langue française.

[5] Jules Ferry était l'auteur des lois rendant l'instruction obligatoire et l'enseignement laïc en France (1881 et 1882).

Puis ont débarqué Jules Ferry, la radio et la télévision avec pour même conséquence : la plupart des Français essayent désormais de prononcer les mots de la même façon.

Ce qui constituait au départ une véritable exception — parler sans l'accent — a été progressivement gommé et ce que l'on nommait l'accent de Tours est aujourd'hui l'accent français moyen. Qui évolue constamment.

Patrick Vannier parle des articulations « désormais moyennes » de nos voyelles alors qu'avant, elles « étaient beaucoup plus écartées, distinctes ». Un exemple ?

« La terminaison au passé simple et à imparfait des verbes du premier groupe tend à disparaître. Jusqu'à la IIIe République, on les distinguait à l'oreille. On ne les distingue quasiment plus. »

Source: © Zineb Dryef / *Rue89.com*

En lisant l'article

Répondez à chaque question en vous basant sur le contenu de l'article de *Rue89*.

1. Comment résumer l'essentiel de cet article en une ou deux phrase(s) ?
2. De quelle époque la réputation de Tours d'avoir le français « le plus pur » date-t-elle ?
3. Quelles qualités peut-on associer au français des Tourangeaux ?
4. Pourquoi le français de Tours est-il dénué de particularités ?
5. A quels événements historiques Tours doit-elle la réputation de sa langue ?
6. Quels facteurs peut-on citer comme influences sur l'unification de la langue française depuis le XVIe siècle ?

Après avoir lu l'article

Citations à discuter. Analysez de plus près les citations suivantes extraites de l'article et donnez une interprétation pour chacune. Concentrez-vous sur ce que chaque citation suggère sur l'évolution de la langue française aujourd'hui.

1. « Leur langage est le plus pur français, sans lenteur, sans vitesse, sans accent ; le berceau de la langue est là, près du berceau de la monarchie. »

   Pourquoi, à votre avis, cette allusion au « berceau » ? Comment interprétez-vous cette citation ?

2. « Effectivement, il vaut mieux apprendre le français à Tours qu'à Aix-en-Provence pour un étudiant étranger. C'est même plus facile. Mais aujourd'hui, l'accent de Tours n'est pas très loin de celui de Paris. »

   Pourquoi, à votre avis, est-il plus facile d'apprendre le français à Tours qu'à Aix-en-Provence ?

3. « C'est à cette époque [le XVIe siècle] qu'on fixe les prononciations, la norme et la référence, mais cela a évolué au fil des temps. Les résistances locales sont fortes et elles n'ont pas été contrebalancées par les normes. »

   Comment interprétez-vous la dernière phrase de cette citation ? Expliquez ce que vous comprenez par « résistances locales » et « les normes ».

PREMIERE PERSONNE

Vidéo Perspectives des Français à propos de l'identité et la langue française

Vous allez regarder une vidéo dans laquelle trois Français s'expriment sur l'importance et le rôle de la langue française dans la culture française. A l'aide de cette vidéo, vous allez réfléchir sur les problématiques liées au rôle de la langue dans les processus de construction identitaire en France.

A propos des interviewés

- **Norbert Merjagnan** est né dans le sud de la France. Il est auteur de science fiction. *Les tours de Samarante* et *Treis, altitude zéro,* les deux premiers volumes d'une trilogie, ont fait des entrées remarquées sur le marché du livre contemporain, le premier ayant gagné le Nouveau Grand Prix de la science-fiction en 2008.
- **Gaby LeGoff** est originaire de Bretagne. Il a été éducateur spécialisé dans un établissement scolaire pour enfants sourds et malentendants. Il a également formé de futurs enseignants dans ce domaine.
- **Sandrine Doulin** est restauratrice à La Rochelle sur la côte Atlantique. Originaire de Nantes, elle a fréquemment déménagé pour apprendre son métier, notamment avec un séjour prolongé sur la Côte d'Azur. Elle a travaillé pendant trois ans dans un restaurant français à Miami en Floride.

Avant de regarder les interviews

Avant de regarder les interviews, discutez avec un(e) collègue afin de formuler des hypothèses sur la relation entre les Français et leur langue. Selon vous, quels éléments les personnes interviewées vont-elles mentionner ? Quand vous avez formulé votre liste, comparez-la avec celle de deux autres collègues et mettez-vous d'accord sur une liste finale.

En regardant les interviews

Lisez les phrases ci-dessous. Pendant le visionnement de la vidéo, indiquez si ces affirmations sont **vraies** ou **fausses**. Indiquez aussi le nom de la personne ou des personnes qui parle(nt) de ces éléments.

1. Le développement du français a exercé une certaine violence sur les langues régionales.
2. L'influence de l'anglais sur la langue et la culture est négative.
3. La littérature a une grande importance pour la langue et la culture française.
4. Il existe une relation marginale entre la langue et l'identité culturelle des Français.
5. Il est important de continuer à faire évoluer la langue française.
6. La dimension esthétique de la langue française est importante pour les Français.

Après avoir regardé les interviews

Vos hypothèses : vraies ou fausses ? Avec votre groupe, relisez votre liste d'hypothèses à la lumière de la vidéo que vous avez vue. Lesquelles semblent justes ? Lesquelles semblent fausses ? En quoi vos hypothèses et les avis des personnes interviewées diffèrent-ils ? Si vous aviez posé ces mêmes questions à des Américains, pensez-vous que vous auriez obtenu les mêmes réponses ? Expliquez.

Questions de discussion. Réfléchissez maintenant à ces questions à propos des idées exprimées par les différentes personnes interviewées. Ensuite, discutez vos idées avec vos collègues et votre professeur.

1. Selon les personnes interviewées, quels éléments contribuent à faire de la langue un élément central de l'identité culturelle française ? Pensez-vous que l'anglais joue un rôle équivalent dans le processus de construction de l'identité culturelle aux Etats-Unis ?
2. Malgré le caractère violent de l'établissement du français comme langue nationale aux dépens des langues régionales, les Français sont très attachés à leur langue. Comment expliquez-vous ce phénomène ?
3. Sandrine Doulin ne semble pas inquiète quant à l'apparition de plus en plus fréquente de l'anglais en France. Quels sont ses arguments en faveur du laisser-faire ? Quels sont ses arguments en faveur de la défense du français ? Dans quelle mesure êtes-vous d'accord avec elle ? Les emprunts linguistiques sont-ils une menace ou un catalyseur de la construction d'une identité nationale ? Expliquez votre point de vue.

RAPPEL !

Les différents registres de français et leurs usages

Qu'est-ce qui influence le langage que l'on utilise ? Pourquoi modifie-t-on son langage — souvent sans y penser — selon le contexte et son but communicatif ? Plusieurs facteurs jouent un rôle dans les choix langagiers ; par exemple, le genre d'une personne, son âge, son origine et son statut social ou professionnel. Le moyen de communication (écrit ou oral) influence son expression et impose des contraintes. Le niveau (ou **registre**) de langue que l'on utilise pour communiquer diffère en fonction des situations et des interlocuteurs. Par exemple, le style de communication et le langage que vous employez avec les membres de votre propre famille (« Salut ! Ça va ? ») diffèrent de ceux que vous utilisez avec quelqu'un que vous rencontrez pour la première fois (« Bonjour, madame, comment allez-vous ? »). Les différents registres de langue se caractérisent par certaines marques particulières : (1) le choix de vocabulaire (mots, expressions, expressions idiomatiques), (2) la syntaxe (construction des phrases) et (3) le respect ou non-respect des règles de grammaire.

Voici un résumé des particularités de chaque registre qui existe en Français.

	Registre soutenu	Registre standard	Registre familier	Registre populaire/ argotique
Utilisation	employé dans la littérature et la rhétorique	employé dans les textes officiels, les journaux	employé dans la communication entre personnes appartenant à la même communauté sociale	employé entre personnes appartenant à un certain groupe social ou les milieux socialement dévalués
Vocabulaire	rare ; contenant parfois des figures de style recherchées	recherche du mot juste, la clarté avant tout	basé sur les mots et les expressions les plus communs	relâché et non conforme au bon usage ; expressions argotiques fréquentes
Syntaxe	phrases longues, complexes, métaphoriques, rythmées	phrases bien construites	phrases simples mais correctes	phrases moins bien construites

	Registre soutenu	Registre standard	Registre familier	Registre populaire/ argotique
Exemple 1	s'absenter	partir	se casser	se barrer
Exemple 2	dame	femme	nana	gonzesse
Exemple 3	Elle perçoit de fort bons émoluments.	Elle gagne un bon salaire.	Elle gagne bien son pain.	Elle fait un max de blé.
Exemple 4	Auriez-vous l'extrême obligeance de me faire savoir où je pourrais trouver un bureau de poste, s'il vous plaît ?	Pourriez-vous m'indiquer où se trouve la poste, s'il vous plaît ?	Où est la poste, s'il vous plaît ?	Hé, s'te plaît, c'est où la poste ?

Si on est capable d'identifier le registre de français employé dans un texte écrit ou oral, on peut mieux comprendre la perspective de la personne qui communique ainsi que son contexte culturel. En conclusion, faites un effort de réflexion sur les différents registres de français que vous rencontrerez dans les textes de ce livre et d'ailleurs.

Vidéo / Audio

Pratiquons !

A. Analyse. Pouvez-vous distinguer entre les différents registres de français ? Regardez ou écoutez bien les extraits de textes sur le site Internet d'*Alliages,* et prenez des notes sur le choix de vocabulaire, la syntaxe et le respect ou non-respect des règles de grammaire dans chaque texte dans un tableau comme celui ci-dessous. Ensuite, décidez quel registre de langue caractérise chaque texte.

	Texte 1	Texte 2	Texte 3	Texte 4
Choix de vocabulaire				
Syntaxe				
Respect / non-respect des règles de grammaire				
Registre de langue dominant				

B. Mise en commun. Discutez ces deux questions avec vos collègues et votre professeur en utilisant votre analyse de chaque texte pour vous aider à participer à la discussion.

1. Quel est le rapport entre le message ou le sens de chaque texte et le registre de langue employé?
2. Pouvez-vous faire des hypothèses sur l'audience ciblée dans chaque texte ? Basez vos réponses sur le registre de langue dominant et le message communiqué dans chaque texte.

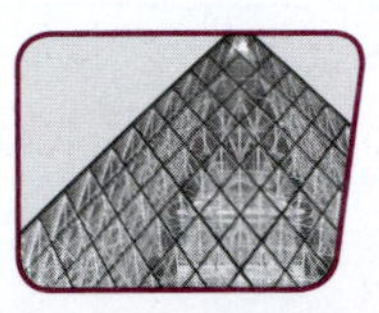

ACTIVITE DE SYNTHESE

Réflexion à l'oral

Imaginez que vous soyez citoyen(ne) français(e) et qu'il y ait dans votre région un vote pour ou contre la continuation d'enseignement de la langue régionale à côté du français dans les écoles primaires. L'administration régionale ne souhaite plus financer cet enseignement étant donné l'importance au XXIe siècle de parler non pas sa langue régionale mais plusieurs langues étrangères comme l'anglais ou le chinois. Prenez position soit *pour* soit *contre* la continuation d'enseignement de la langue régionale dans les écoles de votre région et, en collaboration avec un(e) ou deux collègues, expliquez votre point de vue. Pour cela, avec les autres membres de votre groupe, choisissez des identités (des noms, des professions et une région) et une langue régionale. Soyez spécifiques dans vos arguments. Utilisez les textes que vous avez lus dans ce chapitre, la liste des *Expressions de base* et le registre de langue approprié pour construire vos arguments. Vous devrez présenter votre point de vue dans un enregistrement de deux à trois minutes. Plus tard, vous aurez l'occasion d'écouter les présentations des autres groupes de votre classe, puis de discuter les différentes opinions qui y sont représentées.

CHAPITRE

6

Identités régionales et spatiales

OBJECTIFS

- Identifier les 22 régions de France sur une carte et les DROM
- Analyser les traits, stéréotypes et produits associés aux différentes régions
- Décrire l'organisation spatiale de la ville de Paris
- Comprendre comment l'espace peut être approprié par ses usagers
- Enrichir son vocabulaire à propos de l'organisation de l'espace et de l'identité régionale

© Joe Wilkins

D'après vous, que représentent ces cadenas accrochés aux barrières du Pont des Arts à Paris ?

Expressions de base pour parler de l'identité régionale

Noms

une agglomération
l'appartenance *f.*
une appellation
un arrondissement
un attachement
l'autonomie *f.*
la banlieue
le bourg
la bourgeoisie
le cadre de vie
la campagne
un centre urbain
le centre-ville
une collectivité (locale, territoriale)
une commune
un conseil régional
la décentralisation
le découpage administratif
le département
l'espace *m.*
un espace urbain
l'européanisation *f.*
un faubourg
la gastronomie
l'identité *f.*
l'infrastructure *f.*
la mairie
une métropole
l'origine *f.*
le patrimoine
les pouvoirs publics
un préfet
le quartier
la région
la revitalisation
le terroir
la tradition

Adjectifs

artistique
artisanal(e)
campagnard(e)
citadin(e)
constitutif (-ive)
d'outre-mer
festif (-ive)
gastronomique
géographique
identitaire
linguistique
métropolitain(e)
musical(e)
régional(e)
symbolique
ultramarin(e)

Verbes

administrer
constituer
se construire
fonctionner
habiter
occuper
organiser
préserver
vivre

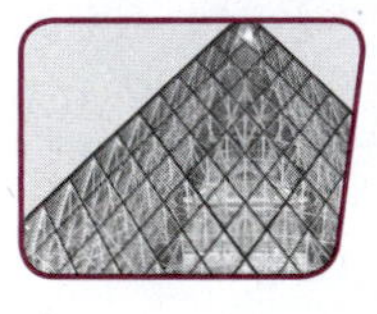

ENTREE EN MATIERE

Dis-moi où tu vis et je te dirai qui tu es

Associez-vous votre identité avec la région d'où vous venez, avec celle où vous habitez ? Vous identifiez-vous plutôt avec l'état ou la province dans lequel vous résidez ? Sinon considérez-vous alors que votre identité n'est pas ancrée dans la géographie de votre pays ? Pensez-vous qu'il existe une identité régionale autour de vous ? Si oui, vous y reconnaissez-vous ?

Identités régionales, identités culturelles

Les identités régionales en France sont très marquées. On en retrouve la trace dans un grand nombre d'éléments culturels. Quels sont ces éléments culturels qui sont constitutifs d'une identité régionale ? Qu'est-ce qui fait un Breton ? un Alsacien ? un

Normand ? un Parisien ? Certaines de ces composantes ont déjà été évoquées dans le *Chapitre 3* lors de la discussion sur les stéréotypes, comme la relation entre Paris et Province ou encore les attributs et comportements associés avec certaines catégories de la population (par exemple, l'opposition entre campagnards et citadins). On retrouve également d'autres stéréotypes dans la langue. On dit : « têtu comme un Breton », « teigneux comme un Corse », « exagérer comme un Marseillais (ou un Bordelais) », etc. Ces expressions — pas toujours flatteuses d'ailleurs — émanent souvent de l'extérieur de la région. Mais les identités régionales sont aussi marquées de façon positive dans les comportements des individus de cette région. On retrouve cela dans leur fierté à revendiquer des origines et dans un attachement fort à des traditions, qu'elles soient festives, artistiques, artisanales, gastronomiques, musicales ou encore linguistiques (comme nous l'avons vu au *Chapitre 5*).

Prenez la gastronomie, par exemple. Si vous parcourez les marchés français, vous vous apercevrez rapidement à quel point la région et le terroir influencent l'alimentation des gens et comment les aliments mêmes revendiquent leur origine géographique. Vous trouverez ainsi les andouilles de Vire, le brie de Meaux, la choucroute alsacienne, les huîtres d'Arcachon, les nougats de Montélimar, pour n'en nommer que quelques-uns. Les aliments sont également parfois liés à d'autres traditions régionales comme les « treize desserts » servis dans la tradition provençale au moment de la veillée de Noël. Ce lien entre nourriture et vie sociale a aussi une valeur symbolique pour la culture de la région et, en cela, établit un lien avec d'autres cultures du bassin méditerranéen, puisque l'on retrouve des éléments similaires en Catalogne, en Grèce et même en Egypte. On voit ainsi que les identités régionales font simultanément partie de l'identité nationale et en dépassent parfois les frontières.

La relation entre gastronomie, région et identité est donc complexe et encore n'a-t-il pas été question jusqu'à présent de vin ou de fromage dont les appellations évoquent directement des régions ou des villages : Côte de Beaune, Saint-Emilion ou Champagne; crottin de Chavignol (fromage de chèvre) ou tomme de Savoie. Cette diversité régionale aurait d'ailleurs fait dire au général de Gaulle : « Comment voulez-vous gouverner un pays où il existe 246 variétés de fromages ? ». Il existerait aujourd'hui en France entre 350 et 400 types de fromage et, selon certaines estimations, près de 1000 variétés. Fromages et vins sont protégés par un label de qualité, appelé Appellation d'origine contrôlée (AOC), qui garantit l'origine régionale de tous les aliments traditionnels. Cependant, parmi toutes ces appellations, il y en a une — non-officielle — à laquelle les Français, surtout en milieu rural, restent particulièrement attachés : « du pays ». Quand on dit un *vin de pays*, un *jambon de pays*, une *coutume du pays*, ou un *gars du pays*, on ne veut pas dire « de France ». Quand quelqu'un utilise l'expression « du pays », cela signifie que la chose ou la personne dont il est question vient de la région, voire même du village. Avec cette expression vient donc la connotation de tradition, de qualité, de quelque chose de local et connu en qui ou en quoi on peut avoir confiance. Et pour cela, il existe semble-t-il dans la culture française une place privilégiée.

Cet attachement à la région dans la culture française est aussi alimenté par des phénomènes autres que la tradition culinaire. On pourrait en effet citer l'architecture, un thème abordé dans le *Chapitre 4* sur la géographie, qui influence le paysage et les modes de vie. Mais on trouve aussi dans chaque région des corps de métiers typiques, souvent d'ailleurs dans le domaine de l'artisanat, mais pas uniquement.

On peut citer par exemple les bergers des Cévennes, les manadiers[1] et gardians de Camargue, les paludiers[2] de Guérande ou les parfumeurs de Grasse. La vie des régions est en outre parfois rythmée par des festivals, qu'ils soient culturels ou même religieux (comme les pardons en Bretagne[3] ou le pèlerinage des gitans aux Saintes-Maries-de-la-Mer[4]). Ces manifestations peuvent d'ailleurs être liées à des traditions artistiques ou musicales, chaque région de France ayant des instruments, des danses, des mélodies et des chansons qui lui sont propres. La Bretagne est bien entendu connue pour ses *fest-noz* et *fest-dei*[5] et son répertoire musical extensif, mais elle n'est pas la seule région à cultiver une riche tradition musicale. L'ensemble des régions de l'Occitanie, par exemple, ont des identités culturelles fortement marquées elles aussi sur le plan musical (héritées particulièrement des troubadours). Tous ces éléments liés à des traditions cultivées au cours du temps constituent ce qu'on appelle **le patrimoine** d'une région, une notion qui a été remise à l'ordre du jour ces dernières années, et que les habitants — et les pouvoirs publics — mettent tout en œuvre pour préserver.

Question de compréhension. Quels éléments culturels contribuent à la formation des identités régionales en France ?

Les régions de France : Division administrative

La France est actuellement divisée en 27 régions, dont 22 sont en France métropolitaine (y compris la Corse) et 5 font partie de ce que l'on appelle les DROM-COM (départements et régions d'outre-mer et collectivités d'outre-mer)[6]. Les régions actuelles regroupent entre deux et huit départements[7]. La plus grande région est le Midi-Pyrénées avec 45 348 km^2 (17 500 *square miles*, soit 1,5 fois la surface du Maryland). La plus petite est l'Alsace avec seulement 8 280 km^2 (3 200 *square miles*, soit un peu plus grande que le Delaware).

[1] *propriétaires des troupeaux de vaches, taureaux ou chevaux appelés* manades. *Les manades vivent en liberté dans le marais de la Camargue.*

[2] *personnes qui cultivent et récoltent le sel des marais salants, notamment dans la région de Guérande en Haute-Bretagne*

[3] *une forme de pèlerinage à valeur de pénitence sur la tombe d'un saint ou d'une sainte ou sur un lieu qui leur est dédié*

[4] *une procession à la mer qui a lieu les 24 mai afin de commémorer le recueillement des trois saintes par Sara, la patronne des gitans, après la crucifixion du Christ*

[5] *littéralement* fête de la nuit *et* fête du jour, *des bals où les musiciens jouent des airs traditionnels sur lesquels les gens dansent*

[6] *le nom officiel de ce qui était anciennement connu sous l'appellation de DOM-TOM (Départements et Territoires d'Outre-Mer)*

[7] *Les départements sont maintenant au nombre de 96 en métropole (la Corse est divisée en deux) plus 5 DROM, soit un total de 101.*

[8] *On parle encore des régions comme l'Artois, le Berry, etc., qui sont d'anciennes provinces. D'ailleurs, certaines régions portent encore le nom des puissants duchés qui les contrôlaient dans le passé : l'Aquitaine, la Bourgogne ou encore la Bretagne.*

Les régions de France

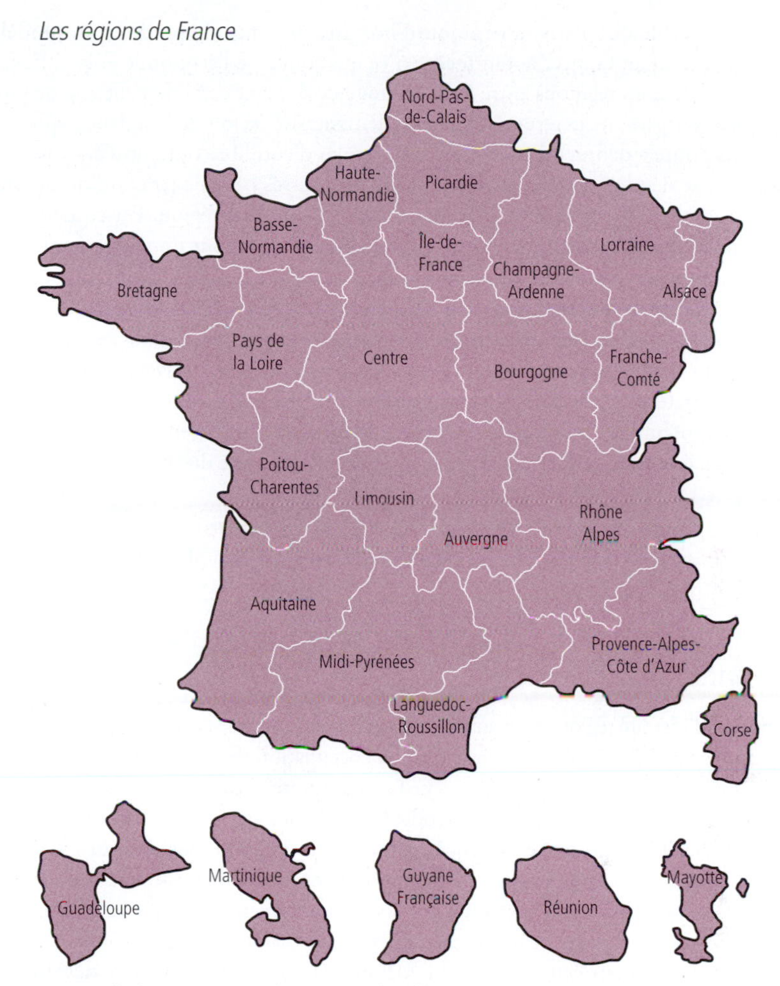

Bien que l'identité régionale soit parfois liée à une entité géographique héritée de l'Ancien Régime[8], ce n'est qu'avec la loi de décentralisation de 1982 que l'on voit naître véritablement les régions actuelles en tant que collectivités territoriales avec une autonomie relativement importante dans plusieurs domaines. Cette volonté de décentralisation régionale dans une République qui se veut « une et indivisible » renforce l'idée d'identités multiples et de la distinction entre Paris et Province.

L'opposition entre Paris et Province, qu'il conviendrait plutôt de qualifier de tension, n'est pas nouvelle. Dès la révolution, Paris s'est imposé comme un lieu de prises de décisions. Mais Paris ouvre également de nombreuses possibilités et constitue donc un pôle d'attraction pour la population[9] : un Français sur cinq vit aujourd'hui en région parisienne. Il est intéressant de noter que la « supériorité » parisienne et la tension avec la Province se retrouvent dans le langage. En effet, on « monte » à Paris alors que l'on « descend » en Province. Vous avez vu dans le *Chapitre 3* les stéréotypes que les Parisiens ont de la Province, et les Provinciaux le leur rendent bien, considérant les Parisiens comme égocentriques et trop arrogants, tout en étant victimes d'une routine « métro-boulot-dodo » qu'ils ne leur envient pas.

[9] *Dans les années 1960, la population augmentait au rythme moyen de 500 personnes par jour.*

Il est indéniable que Paris reste aujourd'hui une présence de poids et un modèle culturel moteur en France, notamment en ce qui concerne l'économie et la culture.

En revanche, les relations entre Paris et Province devront certainement être de plus en plus envisagées sur le terrain de la complémentarité (selon des modalités qui restent sans doute à définir). En effet, les métropoles d'équilibre ont fait d'énormes efforts pour se développer. Ces efforts sont souvent passés par une redéfinition ou une réappropriation dynamique de leur identité et celle de leur région. Par conséquent, ces villes offrent désormais un cadre de vie de qualité et se sont imposées comme de véritables capitales régionales ou même européennes. Avec le double mouvement d'européanisation et de décentralisation, il n'est donc pas surprenant de constater une revitalisation des identités régionales urbaines et rurales avec des populations revendiquant et célébrant leur appartenance à leur région[10]. C'est pourtant à travers ces revendications d'appartenances locales et à travers cette diversité que l'unité de la République française se manifeste aussi, peut-être par le sentiment d'appartenir à un patrimoine historique, linguistique et culturel qui s'est construit dans une destinée commune.

Questions de compréhension. Comment la tension Paris-Province se manifeste-t-elle ? Dans quelle mesure est-elle en train d'évoluer ?

La vie de quartier : Organisation et utilisation de l'espace de vie

La notion d'identité régionale est aussi manifestée dans l'organisation de l'espace. En effet, si l'appartenance à une région est importante, l'occupation de l'espace dans cette région — ou même à l'intérieur d'une ville — ne l'est pas moins. Sans surprise, il est nécessaire de se tourner vers l'histoire pour comprendre l'organisation des villes de France et de Paris en particulier. Cette histoire est marquée par une série d'oppositions. Au Moyen Age, la vie était centrée sur le château et/ou l'église qui attiraient artisans, artistes et commerçants. Dans les zones rurales, ceci s'est traduit par une opposition entre le bourg et la campagne qui a duré jusqu'au milieu du XXe siècle mais qui tend maintenant à disparaître.

Le développement économique du XIIe et XIIIe siècle a entraîné le développement de grands centres urbains. Avec l'arrivée des populations nouvelles, il ne suffit pas de loger ; il faut aussi organiser la vie et équiper les villes en infrastructure. Il faut en outre protéger : on construit alors des murs autour des villes (les remparts). Au cours du temps les villes et villages se sont organisés en communes, puis, sous la République, les bourgs se sont petit à petit organisés autour de l'église et de la mairie qui bordent la place principale et qui sont entourés de l'école, de commerces et d'artisans. Dans les grands centres urbains, l'organisation se fait assez rapidement en quartiers (au départ également autour d'églises ou de monastères et de places) et les gens se regroupent aussi par corps de métiers[11]. Ce développement des villes et de

[10] *Cette appartenance « régionale » s'étend parfois sur des territoires géographiques qui dépassent les frontières administratives et/ou nationales. Depuis le développement de l'Union européenne par exemple, les régions de culture celtique se sont rapprochées : l'Ecosse, l'Irlande, le pays de Galles, la Cornouaille, l'Ile de Man, la Bretagne, ainsi que la Galice et les Asturies (en Espagne). On trouve maintenant des manifestations organisées autour de cet espace interculturel commun.*

[11] *C'est pourquoi on a aujourd'hui dans de nombreuses villes de France une rue de la boucherie ou une rue des tisserands, ou une rue des tanneurs, etc.*

l'industrialisation a donné naissance à une bourgeoisie au pouvoir grandissant qui fait construire des hôtels particuliers dans les quartiers agréables de la ville, près du centre ou près des parcs et des espaces verts, alors que les ouvriers habitent plus près des usines dans des quartiers plus bruyants et moins salubres. D'ailleurs, au fur et à mesure que de nouvelles vagues de population arrivent, on construit des logements à l'extérieur de la ville, les *faubourgs*[12]. Aujourd'hui, les faubourgs font désormais partie, dans la plupart des cas, de la ville, comme on le voit à Paris (rue du Faubourg Saint-Honoré, rue du Faubourg Saint-Antoine), et on parle aujourd'hui de *banlieue* pour désigner les zones urbaines situées à la périphérie des villes.

Parmi ces villes, Paris est devenue une mégapole internationale classé au 22e rang mondial en termes de population. L'agglomération parisienne ou « aire urbaine » s'étend sur la quasi-totalité de l'Ile-de-France et sur une partie des régions avoisinantes (Centre, Champagne-Ardenne, Haute- Normandie et Picardie), regroupant aujourd'hui, selon l'INSEE, environ 1600 communes sur 14 départements. On distingue la commune de Paris elle-même (*intra muros*) avec autour une zone appelée la *petite couronne*, elle même entourée d'une *grande couronne*. Paris *intra muros*, le centre-ville, présente une des plus fortes densités de population au monde avec plus de 25 000 habitants au km^2. L'espace parisien est organisé de façon très particulière puisque la ville est découpée en 20 arrondissements dont la numérotation commence au cœur de Paris (le 1er arrondissement est situé sur la rive droite de la Seine où se trouve le quartier des Halles) et progresse en spirale dans le sens des aiguilles d'une montre. Chaque arrondissement a une personnalité qui lui est propre et donc une certaine forme de vie de quartier.

Les arrondissements de Paris

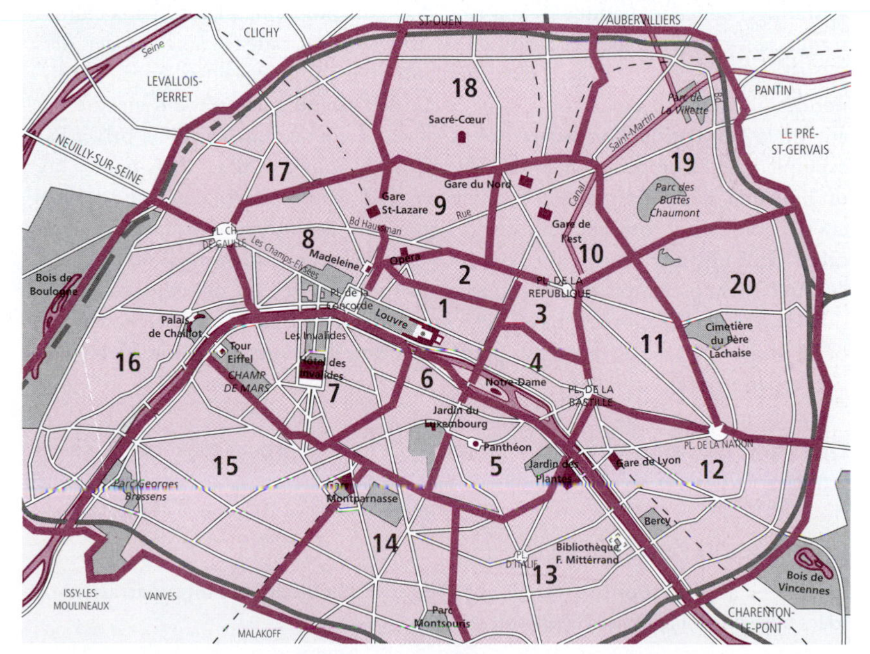

[12] *L'étymologie de faubourg signifie à l'extérieur de la ville; cela a été déformé en* faux bourg *par opposition au* vrai bourg, *c'est-à-dire la ville* intra muros, *à l'intérieur des remparts.*

On se réfère d'ailleurs souvent à ces quartiers par des noms hérités de l'histoire comme le Quartier latin, le Marais, la Goutte d'Or, etc. La division en quartiers n'est d'ailleurs pas la seule source d'identification pour les Parisiens. La Seine sépare la ville en deux parties : la rive droite (au nord de la Seine) et la rive gauche (au sud de la Seine). Avec la création de la Sorbonne et d'un certain nombre d'institutions académiques, la rive gauche est devenue le quartier « intellectuel » alors que la rive droite a traditionnellement été occupée par des commerçants et des artisans. Cette distinction existe encore quelque peu aujourd'hui : la rive droite étant le centre chic et sophistiqué, celui de la haute couture et des grands hôtels luxueux, la rive gauche conservant un côté plus artistique et romantique, bohême dirait-on. C'est le quartier de Jean-Paul Sartre et Simone de Beauvoir, d'Ernest Hemingway et F. Scott Fitzgerald, d'Henri Matisse et Pablo Picasso. C'est aussi le quartier de mai 1968. Ce découpage et cette organisation de l'espace géographique contribuent donc eux aussi à la création de l'identité individuelle et culturelle dans l'espace urbain.

Cependant, cette construction identitaire liée à la structure de l'espace ne prend sa pleine dimension que dans la mesure où des gens habitent cet espace. Par conséquent, il s'agit de s'interroger sur la façon dont les gens choisissent d'habiter l'espace, de se (re)présenter et de fonctionner dans cet espace. Ainsi, l'identité régionale et spatiale est-elle une construction dynamique dans le temps et de nature fluide en fonction du contexte dans lequel elle est « performée » ? Vous pourriez à ce sujet examiner les pratiques de « parkour » et « tecktonik », qui sont deux exemples intéressants d'une identité culturelle exprimée au moyen d'une occupation particulière de l'espace urbain. Mais on peut aussi évoquer les artistes qui font des graffiti ou la façon dont la langue est utilisée dans l'espace, verbalement ou non. On peut encore s'interroger sur cette pratique — qui n'est d'ailleurs propre ni à Paris ni à la culture française — de témoigner son amour en attachant un cadenas au Pont des Arts à Paris, symbole spatial de son identité d'amoureux. On peut aussi, enfin, examiner des phénomènes culturels, comme le fait de s'asseoir à la terrasse d'un café, ou encore le fait d'utiliser un espace public pour y faire quelque chose de privé. Par exemple, quelqu'un peut choisir de s'asseoir sur le Pont des Arts à Paris pour y lire un livre ou y passer un moment romantique. Pour comprendre la culture à travers ces phénomènes, il convient donc de s'interroger sur des questions du type : Qui fait cela ? Où ? Quand ? Pourquoi ? Pourquoi faire ? Quelle(s) identité(s) ou quelle(s) culture(s) sont présentées et mises en jeu ? Il semble en effet que l'intense concentration de population dans les grands espaces urbains pousse les gens de façon exacerbée à utiliser l'espace de façon très personnelle afin de se construire une identité et une appartenance culturelles.

Question de compréhension. Comment l'espace urbain est-il organisé en France ?

Questions de réflexion

Répondez aux questions suivantes sur l'identité régionale. Ensuite, partagez vos idées avec vos collègues et votre professeur.

1. Comment se sont constituées les différentes identités régionales françaises ? Comment comprenez-vous ou envisagez-vous l'interface entre identités régionales et identités nationales ?

2. Dans quelle mesure pensez-vous que le concept même d'identité régionale soit pertinent pour les Etats-Unis?
3. Comparez votre relation à des éléments comme la gastronomie, la langue et les événements culturels dans votre culture avec ce que vous avez appris sur la culture française. Existe-t-il des parallèles ? Expliquez.
4. L'organisation de l'espace géographique, et en particulier des villes, est différente en France qu'aux Etats-Unis. Quel impact, d'après vous, cela a-t-il sur la culture et les modes de vie des communautés qui habitent ces espaces ?

Avez-vous compris ?
Allez plus loin

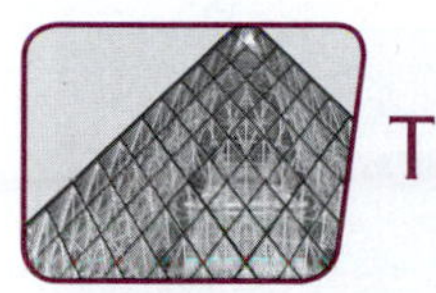

TEXTE I A ANALYSER

Les opinions des Français : Paris ou Province ?

Que pensent les Français des différentes villes et régions en France ? Lesquelles attirent la population française et pour quelles raisons ? Pour mieux répondre à ces questions, vous allez lire un résumé de trois sondages réalisés par IPSOS et MediaEtudiant.fr.

Avant de lire les résultats des sondages

Savez-vous dans quelles régions se trouvent les différentes grandes villes de France ? Afin de mieux comprendre le territoire français, utilisez la carte de la France que vous avez étudiée dans le *Chapitre 4* (p. 70) ainsi que la carte des 22 régions françaises à la page 107 pour associer chaque ville qui suit avec sa région. Deux de ces régions sont utilisées plus d'une fois.

1. Bordeaux	a. Alsace
2. Grenoble	b. Aquitaine
3. Lille	c. Champagne-Ardenne
4. Lyon	d. Ile-de-France
5. Marseille	e. Languedoc-Roussillon
6. Montpellier	f. Midi Pyrénées
7. Nantes	g. Nord-Pas-de-Calais
8. Nice	h. pays de la Loire
9. Paris	i. Provence-Alpes-Côte d'Azur (PACA)
10. Reims	j. Rhône-Alpes
11. Strasbourg	
12. Toulouse	

winners

Le palmarès° des villes et des régions en France

Voici un résumé de trois sondages qui classent les villes et les régions françaises. La plupart de ces informations (excepté « Meilleure ville étudiante », un classement fait par l'équipe de MediaEtudiant.fr) proviennent de deux sondages téléphoniques faits par IPSOS, une société qui réalise des études de marketing et d'opinion, y compris des études sur les coins de France préférés des Français.

Les villes

	Ville où vous préféreriez vivre	Offre culturelle et loisirs	Qualité de l'environnement	Climat	Dynamisme économique	Meilleure ville étudiante
1	Montpellier	Paris	Nantes	Nice	Paris	Toulouse
2	Toulouse	Lyon	Montpellier	Montpellier	Lyon	Paris
3	Bordeaux	Toulouse	Bordeaux	Marseille	Toulouse	Lille
4	Nice	Marseille	Nice	Toulouse	Bordeaux	Grenoble
5	Nantes	Bordeaux	Toulouse	Bordeaux	Montpellier	Montpellier

Sources : Sondage IPSOS 2010, Sondage MediaEtudiant.fr 2010

Les régions

	La plus agréable à habiter	La plus dynamique	On est le plus fier d'être de la région	La mieux placée dans le développement de l'Europe
1	Aquitaine	Alsace	Bretagne	Alsace
2	Bretagne	Rhône-Alpes	Corse	Ile-de-France
3	Corse	Ile-de-France	Alsace	Rhône-Alpes

Source: Sondage IPSOS 1999

En lisant les résultats des sondages

Imaginez que vous deviez donner des conseils à des personnes qui ont besoin de vos recommandations sur les différentes destinations en France. Faites des recommandations géographiques pour chaque situation ci-dessous en basant vos réponses sur les résultats des sondages. Offrez à chaque fois au moins deux choix de ville ou de région. Utilisez les cartes des grandes villes en France (p. 70) et des régions en France (p. 107) pour vous aider à compléter cette activité.

1. Une personne qui cherche une ville où il y a une bonne quantité d'événements culturels, mais qui ne souhaite pas habiter à Paris
2. Une personne qui souhaite vivre dans une région pour laquelle on ressent beaucoup de fierté et qui préfère habiter dans le sud de la France
3. Un jeune qui cherche une ville vivante pour les étudiants et qui s'intéresse au développement de l'Europe
4. Un Marseillais qui veut changer de ville mais apprécie beaucoup le climat méditerranéen
5. Une famille qui quitte Paris et cherche une ville et une région très agréables dans l'ouest de la France

Après avoir lu les résultats des sondages

Maintenant analysez de plus près les tendances des Français telles qu'on les perçoit dans les sondages ci-dessus. Répondez à chaque question et partagez vos opinions à l'oral avec vos collègues et votre professeur.

1. Que pensez-vous du classement de Paris dans ces sondages ? Pourquoi à votre avis Paris n'est-il pas à la tête des classements dans certaines catégories ?
2. Y a-t-il une tendance géographique générale quant aux préférences des Français pour certaines villes ou régions ? Par exemple, préfèrent-ils plutôt le nord de la France ? le sud ? l'ouest ? l'est ? Quelles sont vos hypothèses pour expliquer ces préférences ?
3. Y a-t-il des classements obtenus par certaines villes ou régions qui vous ont surpris dans les résultats des sondages ? Expliquez votre réponse ainsi que les réponses que vous aurez anticipées vous-même.
4. Imaginez qu'on réalise un sondage à propos des régions des Etats-Unis. Lesquelles seraient classées « les plus agréables à habiter », « les plus dynamiques » ou bien « où on est le plus fier d'être de la région » ? Expliquez chacune de vos idées.

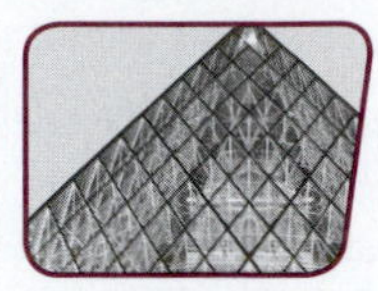

TEXTE II A ANALYSER

Paris est un... village ?

Vous allez lire un extrait de l'ethno-guide *Une vie de pintade à Paris*, écrit par deux journalistes, Laure Watrin et Layla Demay, qui s'appele « Paris ? Un village ! ». Qu'est-ce qu'une *pintade* ? Les auteurs nous expliquent leur définition : « La pintade est une femme active, urbaine, engagée, parfois branchée mais pas toujours, qui ne renonce pas à son plaisir ... Etre pintade, c'est être sérieuse sans trop se prendre au sérieux[13] ».

Avant de lire l'extrait

Questions d'opinion. Avant de lire l'extrait d'*Une vie de pintade à Paris*, réfléchissez à la question suivante : Peut-on habiter dans une grande ville et, en même temps, avoir le sentiment d'habiter dans un petit village ? Si oui, comment ? Donnez des exemples basés sur vos propres expériences et votre culture/pays.

Préparation à la lecture. Dans l'extrait d'*Une vie de pintade à Paris*, vous allez rencontrer les noms de plusieurs quartiers et arrondissements parisiens. Afin de mieux situer ces lieux, localisez les arrondissements de la liste suivante sur le plan de Paris qui se trouve à la page 109 ou sur un plan que vous trouvez sur Internet.

1. le Marais (3e et 4e arrondissements)
2. Montmartre (18e arrondissement)
3. la Butte-aux-Cailles et la Cité florale (13e arrondissement)
4. la Porte de Bagnolet (20e arrondissement)
5. la place des Fêtes (19e arrondissement)
6. l'anti-quartier par excellence (15e arrondissement)
7. rue de la Pompe et les villas du 16e arrondissement
8. Belleville (19e et 20e arrondissements)
9. rue de Grenelle (7e arrondissement)

En lisant l'extrait

Lisez l'extrait et notez les idées principales. Ensuite, écrivez deux ou trois phrases complètes pour résumer l'extrait. Relisez l'extrait et concentrez-vous sur les détails. Indiquez si chacune des phrases suivantes est **vraie** ou **fausse**.

1. Petit à petit, Paris gagne des habitants.
2. Ce n'est pas difficile d'adorer la vie à Paris, malgré le quartier où on habite.
3. Le maire de la commune libre de Montmartre était content de quitter Paris comme adolescent pour faire un séjour en Bretagne.
4. Le sentiment d'appartenance à son quartier parisien dépend plus du contact avec les marchands qu'on fréquente souvent que de l'apparence de son quartier.

[13] *http://www.uneviedepintade.fr/*

5. Les auteurs recommandent le 15e arrondissement pour sa modernité et son esprit bohême.
6. Le site internet *Peuplade* est une initiative de la part des Parisiens pour faciliter les liens et le contact entre les personnes qui habitent le même quartier.
7. Les conversations des mamans du 16e arrondissement témoignent de leur préoccupation avec l'engagement politique.

Paris ? Un Village !

Beaucoup de Parisiennes projettent régulièrement de faire le grand saut. Tout plaquer°. Fuir la grisaille°. Se mettre au vert. Elles rêvent en lisant les magazines qui font leur une sur « ces villes où il fait bon vivre ». La Rochelle, Nantes, Toulouse, Marseille, Nancy ... et bavent° en écoutant leurs copines raconter leur vie loin du stress et des loyers délirants de Paris.

to ditch it all / flee the grayness

drool

Cela dit, depuis quelques années, la capitale se repeuple, paraît-il. Oh, très légèrement, mais cela fait quand même un peu plus de plumes au mètre carré. Quelques dizaines de milliers de pintades supplémentaires, prêtes à supporter les recommandations d'Airparif[14], les temps de transports, les appartements riquiqui° et les ronchons° pour ne pas abandonner les cafés, le Vélib[15], l'offre culturelle, le brassage° de populations, bref, le bouillonnement° de la cité.

miniscules / personnes de mauvaise humeurs, grognons / melting pot / bubbling

Il y en a même un certain nombre qui, après avoir tenté l'expatriation, finissent par rentrer au bercail°, pardon, à la basse-cour°. Même les plus branchées°, qui ont l'impression d'avoir enfin trouvé la sérénité au fond de leur jardin en Normandie ou dans le Perche, ont la plume qui se dresse, le frisson de fierté, quand elles entendent Francis Lemarque et Charles Trenet chanter *A Paris* et *Ménilmontant*.

foyer / farmyard

trendy

Evidemment, il est sans doute plus facile d'aimer vivre à Paris quand on habite le Marais, d'où l'on peut tout faire à pied et à vélo, que lorsque l'on est dans un arrondissement périphérique et qu'on se tape une heure de métro ou de bus pour aller bosser°.

travailler

Mais, malgré un environnement parfois hostile, pas mal de nos copines parisiennes sont amoureuses de leur ville — en fait, souvent les mêmes qu'on entend râler°, il faut bien le dire, contre « cette vie de con° ».

se plaindre / idiot (fam.)

Mariollo-Frédérique Turpaud, maire de la Commune libre de Montmartre, dont l'accent parigot° et l'argot trahissent sans mal les origines, est viscéralement attachée à sa ville natale. « Paris, c'est ma terre, mon village, mes sentiers. J'aime son style anarchique qu'on n'a pas réussi à juguler°, malgré tout. Il suffit de se balader, de pousser des portes, d'aller

parisien

étrangler ; stopper

[14] Airparif : Association de surveillance de la qualité de l'air

[15] Le Vélib : système de vélos en libre-service à Paris

plaques, coat of arms

dans les cours intérieures, de lire les écussons° historiques. Quand je fais visiter Montmartre — mon Montmartre, pas le touristique —, les gens me disent tout le temps : « C'est extraordinaire, on ne se croirait pas à Paris ! » Mais si, justement, ça, c'est Paris ! Paris, ce n'est pas seulement les Grands Boulevards. » A 17 ans, Marielle a dû partir vivre deux ans en Bretagne, éloignée par sa mère de ses fréquentations révolutionnaires sur les barricades de Mai 68. « Je l'ai vécu comme un exil, pas pire que celui de Louise Michel[16] en Nouvelle-Calédonie ! Je connaissais les horaires de train pour Paris par cœur. J'avais une enveloppe avec assez d'argent pour payer mon billet de retour, à laquelle je ne touchais jamais, même quand j'étais dans la dèche°. »

je n'avais pas d'argent

patriotisme régional ou local

Pour tenir le coup, les Parisiennes adoptent des réflexes villageois. Et font preuve d'un esprit de clocher° qui ferait pâlir d'envie une Bretonne. Elles sont souvent très attachées à leur quartier. Même quand il est quelconque, avec des immeubles moches et des rues sans âme coincées entre le périph et les Maréchaux, il y en a toujours une pour défendre sa « vie de quartier », où la boulangère, le serveur du bistrot d'en bas qui a toujours une blague pour Junior quand on vient manger une saucisse-frites le mercredi, le marchand de journaux, la pharmacienne qui dépanne°, le balayeur° sont des figures locales, rassurantes et conviviales.

helps out

roadsweeper

Paris, c'est une agrégation de « villages », une succession d'ambiances très différentes.

Les plus chanceuses habitent des vrais villages, au cœur de Paris. Des microquartiers anachroniques, souvent bâtis sur des carrières, qui ont échappé au baron Haussmann° et aux promoteurs, avec leur rues pavées, bordées d'arbres, leurs maisonnettes de deux étages, dotées de jardins ou de cours — des anciens ateliers d'artisans et maisons d'ouvriers — et même, parfois, un terrain de pétanque. La Butte-aux-Cailles, coincée entre la dalle de Chinatown et les tours modernes du XIIIe ; la Cité florale, Hénocque, également dans le XIIIe ; la butte Bergeyre, surplombant le parc des Buttes-Chaumont et le siège du PCF°, place du Colonel-Fabien ; la Campagne à Paris et Saint-Blaise, porte de Bagnolet dans le XXe ; ou encore la Mouzaïa, à quelques pas du périph et des IGH (les immeubles de grande hauteur) de la place des Fêtes dans le XIXe.

préfet de Paris dont les projets de rénovation ont transformé la ville de Paris

Parti Communiste Français

Même les habitantes du XVe revendiquent leur appartenance à leur quartier. Pourtant, le XVe est l'anti-quartier par excellence. À l'exception de quelques coins autour de la rue Cambronne, de la rue du Commerce, de Convention et en bordure du VIIe, le quartier est un peu sans âme. Les mauvaises langues disent d'ailleurs que ce n'est pas Paris. Il est vrai que le plus grand arrondissement de la capitale n'est ni bo(urgeois) ni bo(hême). C'est un quartier où des tapissiers poussiéreux ont des pas-de-porte avec vitrine déglinguée° et chat qui roupille° dedans, où les instituts

dépressive / sleep

[16] Louise Michel était une militante anarchiste, personnage important dans la Commune de Paris (une insurrection contre le gouvernement français en 1871). Elle a été déportée pour ses activités.

de beauté ont l'air de sortir d'un mauvais film des années 80 avec Josiane Balasko. Un quartier sur lequel le temps semble n'avoir pas passé.

Quand elles ont cinq minutes pour flâner, insouciantes, dans les rues (ce qui, on vous le concède, n'arrive pas souvent), les Parisiennes redécouvrent les charmes de leur ville : les arrière-cours de la Bastille, les allées privées, les fameuses villas du XVIe, la vue panoramique depuis le haut de la rue des Envierges à Belleville ou depuis la passerelle Simone-de-Beauvoir, en face de la bibliothèque François-Mitterrand.

Paris est aussi une ville où l'on invite de nouvelles formes de fraternité urbaine. Beaucoup d'initiatives citoyennes naissent ici. La Fête des voisins a démarré dans le XVIIe arrondissement, avant d'essaimer° dans la capitale et partout en France. Le site de quartier Peuplade est également né dans le XVIIe, dans le quartier des Epinettes, en 2003, avec pour but de favoriser les rencontres, les échanges de bonnes adresses, de services, de coups de main entre habitants. Grâce à Peuplade, Françoise, divorcée et mère d'une petite fille de 7 ans, s'est fait une nouvelle bande de potes°, avec laquelle elle part en vacances ou en week-end ; Myriam, célibataire de 40 ans qui vit dans le XXe, a commencé à participer à des apéros organisés par des Peupladiens. « Il y a cent ans, tu connaissais ton voisin de palier°, eh bien Peuplade récrée ça, c'est sain. Ça n'est pas un espace de drague en ligne, c'est du lien social de proximité » ...

se disperser

copains

(stair) landing

Et puis il y a des rituels qui rappellent la place du village, aussi bien dans les quartiers chics que dans les coins plus multiethniques, comme aller boire un café le matin après avoir déposé les gamins à l'école et avant d'aller bosser (ou d'aller à la gym et de préparer le déjeuner pour les mères au foyer). Rue de la Pompe, les mamans de Louis, Henri, Charles ou Edouard (ici, on a des prénoms de roi ou d'ancien Premier ministre UMP[17]), dont les enfants fréquentent l'école privée La Providence, se retrouvent chez Paul. On y parle de la nounou° qui claque dans les doigts°, du coût de la vie (et oui, même ici), du mari qui fait chier°, des prochaines vacances, des notes des enfants. Pendant ce temps, à Belleville, les parents de Jules, Émile, Félix, Jeanne, Alfred, Suzanne (là, les prénoms fleurent plus la IIIe République) discutent de la prochaine occupation de l'école publique de la rue Fessart pour protester contre la réforme Darcos[18], et de leur prochaine action avec RESF[19] pour sauver le petit Jiang et sa famille de l'expulsion. A la même heure, rive gauche, les mamans de Sainte-Clotilde, école privée catholique de la rue de Grenelle, débriefent sur l'une des leurs, Pénélope Fillon, la femme de François, qu'elles jugent « beaucoup plus distinguée et discrète que les femmes de Sarkozy ». La messe est dite !

femme qui garde les enfants / disparaît (arrête le travail) brusquement / contrarier fortement (fam.)

Source: Une vie de Pintade à Paris de Layla Demay et Laure Watrin © CALMANN-LEVY, 2008

[17] UMP : Union pour un mouvement populaire, parti politique en France

[18] La réforme Darcos : réforme scolaire pour les lycées

[19] RESF : Réseau éducation sans frontières : réseau de solidarité avec les enfants de familles sans-papiers et jeunes sans-papiers scolarisés

Après avoir lu l'extrait

Réfléchissez aux questions suivantes, dans un premier temps à l'écrit, puis discutez chacune d'elles avec vos collègues en petit groupe.

1. Quels stéréotypes à propos de la vie citadine sont renforcés ou contestés par ce texte ? Choisissez au moins 3 citations du texte et expliquez le stéréotype renforcé ou contesté par chaque citation.
2. Etes-vous convaincu(e) par le point de vue présenté dans ce texte que « Paris, c'est une agrégation de villages » ? Pourquoi ou pourquoi pas ? Citez des parties spécifiques du texte pour justifier votre point de vue.
3. Comment vos notions de la vie dans les différents quartiers parisiens ont-elles évolué après votre lecture de ce texte ?

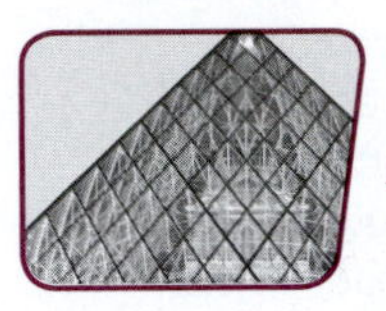

ACTIVITE DE SYNTHESE

Mini-projet de recherche et présentation Powerpoint™

Faites le portrait d'une région de la France métropolitaine (consultez la carte des régions à la page 107 de ce chapitre) en utilisant Powerpoint™ pour la présenter. Dans la première partie de cette présentation, faites une introduction à la région en intégrant les éléments suivants:

- la localisation de cette région
- des généralités sur l'organisation géographique de cette région (par exemple, ses frontières, son relief, ses fleuves, ses villes principales)
- des informations sur le climat de la région
- des statistiques sur la population de la région et où cette population est concentrée
- des traditions (artisanales, gastronomiques, linguistiques) associées à cette région

Dans la deuxième partie de votre présentation, faites une analyse de l'identité de cette région et les facteurs constitutifs de cette identité qui vous semblent les plus importants.

Pour accomplir cette tâche, vous aurez besoin de consulter des ressources écrites et virtuelles, donc n'oubliez pas de fournir une bibliographie, c'est à dire une liste de toutes les ressources que vous avez consultées.

CHAPITRE 7

Identités sociales et ethniques

OBJECTIFS

- Analyser les différentes caractéristiques composant une identité sociale et ethnique
- Comprendre le processus de formation d'une identité sociale et ethnique et les facteurs internes et externes qui forgent ces identités
- Comprendre la notion de **double identité** et les challenges de vivre une double identité
- Enrichir son vocabulaire à propos des identités sociales et ethniques

Ces personnes représentent quatre identités socio-professionnelles: instituteur, nounou, chirurgien et agriculteur. Qui est qui? Comment le savez-vous?

Expressions de base pour parler de l'identité sociale et ethnique

Noms
une affiliation
l'appartenance *m.*
une classe sociale ou économique
le communautarisme
une composante
une controverse
une croyance
un défi
un enjeu
l'hybridité *f.*
l'identité *f.*
un individu
la laïcité
le métissage
le multiculturalisme
un processus
un regroupement
le repli communautaire
un réseau

Adjectifs
collectif (-ive)
constitutif (-ive)
externe
identitaire
individuel(le)
interne
issu(e) de l'immigration
métissé(e)

Verbes
abriter
afficher
s'affirmer
appartenir
(se) comporter
se considérer
se différencier
émaner
s'épanouir
s'identifier
prendre conscience

ENTREE EN MATIERE

Qui êtes-vous ?

Prenez un instant pour réfléchir à cette question. Quels sont les premiers mots qui vous viennent à l'esprit ? Sont-ils plus en lien avec une identité personnelle (je suis un homme / une femme, je suis unique) ou sont-ils plutôt en lien avec un groupe (je suis surfer, je suis étudiant(e) en français) ? Ces réponses sont influencées par la conception que vous vous faites de ce qu'est l'identité.

Définition de l'identité sociale

Quand on parle d'identité, on parle souvent de l'identité d'un groupe — les sportifs, les ouvriers — que l'on pourrait qualifier d'identité collective, ou alors de l'identité individuelle qui serait une identité subjective que chaque personne construirait par elle-même au moyen d'éléments hérités de ses expériences personnelles, comme le milieu familial d'origine. L'identité sociale se présenterait alors comme un processus de construction dynamique dans le temps : un lieu d'interaction et de négociation perpétuelles entre l'identité individuelle (personnelle) et l'identité collective.

Si on prend l'exemple d'un jeune médecin interne, syndicaliste, père de trois enfants et photographe amateur. Ce jeune homme est à la fois membre du genre masculin, d'une classe d'âge, d'une certaine classe sociale et économique. Il est identifié comme père de famille par opposition à d'autres collègues qui peut-être ne le sont pas. Il possède une identité politique marquée (comme le montre son appartenance à un syndicat). Il est aussi peut-être membre d'un club de photographie. Ces différentes composantes de son identité seront engagées différemment selon l'endroit où il se trouve et pour quelles raisons. Par conséquent, il réagira différemment en fonction du contexte.

On peut donc dire que l'identité sociale est une construction dialogique et émergente qui est le produit de deux processus simultanés et réciproques. D'un côté, il y a l'influence du groupe sur l'individu ; par exemple, on attend d'un médecin un certain type de comportement (ce qu'on appelle la catégorisation sociale) mais l'ordre des médecins attend également que ses membres se comportement d'une certaine manière. Cet aspect est en outre influencé par l'expérience collective du groupe qui peut aller de l'expérience du travail à une culture, un certain système de valeurs, un certain statut social, ou encore un cadre de vie particulier. Il faut aussi inclure dans cette définition de l'identité sociale du groupe la différenciation par rapport aux autres groupes, qui peut être ou non une relation de tension ou de conflit (par exemple, les ouvriers et le patronat).

De l'autre côté, il y a l'influence de l'individu sur le groupe. Chaque médecin a une façon différente de s'identifier au groupe des médecins qui résulte de la façon dont ce médecin prend conscience de son appartenance à cette profession et de son besoin de se différencier et de s'affirmer comme individu unique. L'importance de cette seconde dimension semble même augmenter ces dernières années. Ceci est peut-être dû au fait que l'individualisme se développe, en particulier dans les sociétés occidentales, ce qui entraîne une fragmentation des identités individuelles et collectives mais aussi une multiplicité des identités sociales. En outre, ces sociétés occidentales présentent un visage de plus en plus métissé, marqué par une diversité démographique grandissante, un multiculturalisme en expansion et des opportunités de plus en plus variées de s'identifier à un ou des groupe(s). Par conséquent, chaque individu assume volontiers plusieurs identités de façon successive ou simultanée, toutes étant constitutives de son identité sociale.

Un bon nombre de ces identités sont récentes ou ont une durée de vie courte, comme la notion de « yuppie » (de *young urban professional*), née dans les années 1980. C'est un terme qui a maintenant une connotation négative qu'il n'avait pas à l'origine. Aujourd'hui, en effet, l'identité liée au travail est fluctuante et incertaine, en partie à cause d'une situation économique parfois difficile, en partie grâce à une mobilité sociale accrue. D'autre part, avec l'évolution rapide du milieu professionnel, de nouveaux phénomènes apparaissent, par exemple le fait que les écoles forment les jeunes pour des professions qui n'existent peut-être pas encore. On voit donc que les délimitations entre les différentes identités peuvent être difficiles à comprendre.

Question de compréhension. Quels sont les deux processus qui contribuent simultanément à la constitution de l'identité sociale ?

Facteurs constitutifs de l'identité sociale et implications pour les personnes

Constituées en réseau, les différentes composantes de l'identité vont façonner une image complexe de chaque individu et de chaque groupe. Parmi ces composantes, on peut distinguer entre les éléments internes et les éléments externes à l'individu. Les premiers comprennent le sexe, la classe d'âge, l'appartenance ethnique ou raciale, la nationalité ou les origines nationales et les croyances religieuses. Les seconds comprennent la profession ou catégorie socio-professionnelle, les pratiques de loisirs, les pratiques culturelles et les affiliations politiques.

Les composantes internes

Pour commencer, la dichotomie homme-femme se présente plus que jamais comme un élément identitaire. Les cultures occidentales ont une forte dimension patriarcale. Le développement des pensées féministes qui s'est intensifié depuis la Seconde Guerre mondiale montre bien qu'il existe dans cette distinction homme-femme des enjeux sociétaux importants dans tous les domaines (professionnel, économique, social).

La classe d'âge est une autre composante qui a aussi évolué au cours du temps. Il n'y a pas si longtemps, l'idée de famille multi-générationnelle était encore une réalité, en tout cas, dans les régions rurales de la France jusqu'au milieu du XXe siècle. Dans ce contexte existaient des relations plus fortes entre les générations, ce qui diminuait la tendance actuelle à la fragmentation entre les classes d'âge qui peut avoir comme conséquence une rupture de filiation (culturelle, intellectuelle) entre les générations, phénomène risquant aussi de fracturer le tissu social. En outre, les individus conçoivent leur âge différemment.

L'appartenance ethnique ou raciale constitue un troisième élément important de l'identité sociale, au niveau individuel et collectif. Bien qu'elle soit un élément identitaire interne à l'individu, l'appartenance ethnique constitue un élément souvent visible de cette identité. Si on est né « blanc », on ne peut pas choisir de s'identifier comme « noir » et vice versa. Il est intéressant de noter qu'en France, il est illégal de solliciter des données sur l'appartenance ethnique, alors que c'est un phénomène courant aux Etats-Unis. Cependant, le fait que l'on désigne un groupe d'individus comme étant des « immigrés » ou « des Français issus de l'immigration », quand bien même ces personnes sont françaises depuis deux ou trois générations, montre à quel point ces appartenances ethniques peuvent influencer le processus de construction de l'identité sociale.

L'appartenance ethnique est souvent liée à un autre facteur constitutif de l'identité sociale : la nationalité ou les origines nationales. Beaucoup d'étrangers vivent en France et influencent de par là même la culture française. En outre, celle-ci a également été influencée — et continue de l'être — par les Français d'origine étrangère qui se sont établis en France, certains de longue date, d'autres de façon plus récente. On peut d'ailleurs parfois remarquer des tendances au regroupement selon l'appartenance ethnique, surtout dans les grandes zones urbaines. Par exemple, le Triangle de Choisy dans le 13e arrondissement de Paris est connu comme le quartier asiatique car il abrite depuis près d'un siècle une population d'origine extrême-orientale. La question autour de l'origine nationale en tant qu'elle peut être un vecteur d'identité sociale pose naturellement la question du communautarisme[1] qui va à l'encontre de l'idéal républicain français de la République « une et indivisible » (voir ci-dessous).

De la même façon, les croyances religieuses, que vous allez examiner plus en détail dans le *Chapitre 9*, posent la même question du repli communautariste. Même si le catholicisme est la religion la plus répandue en France, le pays connaît aussi une grande diversité religieuse puisque les grandes religions y sont fortement représentées (islam, judaïsme, bouddhisme). S'ajoute en outre à cela un nombre significatif de Français qui se disent sans religion ou ne pratiquent pas de manière régulière. On pourrait contester l'inclusion de la religion comme facteur interne à l'individu, mais on pourrait considérer que c'est le cas ici car le principe de laïcité confine résolument la religion à la sphère privée dans la culture française.

Les composantes externes

La profession ou la catégorie socio-professionnelle est sans doute l'élément externe le plus important de la constitution de l'identité sociale, même si les Français sont réticents à se définir par leur profession. Le travail donne accès à un certain réseau social et contribue au progrès et à l'épanouissement professionnel et personnel. Il ne faut pas oublier, enfin, que le monde professionnel est une structure plus ou moins stratifiée dans l'esprit de la population. Certaines professions sont identifiées comme plus désirables ou du moins ont-elles plus de prestige que d'autres aux yeux du public.

A ce sujet, l'identité professionnelle est souvent accompagnée d'autres éléments constitutifs de l'identité sociale. On peut citer des stéréotypes (imposés de l'extérieur) mais aussi des pratiques culturelles (de loisirs) qui participent d'une certaine notion de l'identité collective. Ces pratiques peuvent dériver d'un choix personnel de l'individu, par exemple choisir de jouer au tennis pour la seule raison qu'on aime cette activité. Cependant, certaines activités peuvent aussi parfois s'imposer à l'individu parce que le fait d'y participer constitue peut-être une attente des membres de la profession. La pratique du golf est souvent associée à des professions au revenu moyen plus élevé que celle du football, un sport plus populaire quant à lui, dans toutes les classes. Au-delà même de cela, la pratique du golf s'est notamment imposée dans le monde des affaires au point de devenir une quasi-obligation (perçue) dans certains milieux[2].

Un phénomène semblable existe avec les pratiques culturelles, parmi lesquels il faut aussi inclure la consommation de produits culturels — les musées, la musique, le cinéma, etc. Elles peuvent d'un côté être liées à des traditions ou des coutumes (fêtes traditionnelles dans un village), et de l'autre aux technologies modernes d'information et de communication (le *gaming* ou le fait d'entretenir un blog). Ces pratiques culturelles jouent un rôle important dans la manière dont les gens s'identifient individuellement et collectivement et dont ils entrent en interaction avec la société. La question se pose donc en ces termes : Qui a accès à la culture et à quelles

[1] *Une tendance à privilégier un aspect particulier de son identité et à constituer un groupe ou une communauté autour de cet élément. Ceci peut avoir un effet d'isolement sur la communauté en question si elle est exclue de la culture dominante ou si elle choisit elle-même de se définir comme telle et de privilégier la communauté au lieu de s'intégrer plus largement dans le pays. Le terme de* ***repli communautaire*** *décrit cette tendance et pourrait s'opposer, dans ce cas, au terme* ***multiculturalisme****.*

[2] *Une étude sociologique réalisée par Hogarth et Kolev aux Etats-Unis a montré que la pratique du golf était liée au niveau de rémunération et à l'avancement de la carrière.*

pratiques culturelles ces personnes choisissent-elles de participer ? Les possibilités sont nombreuses et par conséquent, la construction de l'identité par les pratiques culturelles peut prendre des formes multiples, cosmopolites et interculturelles. La notion d'identité sociale, pour les Français, semble donc être en mutation.

Pour finir, il convient de mentionner les affiliations politiques dans la constitution de l'identité sociale des Français. Malgré une baisse récente du taux de participation aux élections, en particulier législatives et européennes, les Français continuent d'être engagés dans la vie politique. Les conversations familiales ou entre amis peuvent souvent tourner autour de la politique. Les affiliations politiques se transmettent souvent assez facilement à l'intérieur d'une même famille ou d'un cercle d'amis. Ceci contribue à expliquer pourquoi l'engagement politique des Français s'exprime si fortement au niveau local (commune, ville). Au niveau national, en revanche, la fragmentation des identités sociales en général et en particulier, des grands groupes sociaux (comme les ouvriers, les catholiques) qui avaient tendance à voter de façon relativement uniformes, peut en partie expliquer une certaine baisse de la participation aux élections. On peut également ajouter à cela un certain scepticisme envers la classe politique qui n'incite pas à aller voter. Malgré cela, les Français continuent à afficher et à défendre leurs affiliations politiques et celles-ci sont, en ce sens, constitutives de leur identité sociale.

Questions de compréhension. Quels sont les facteurs constitutifs (internes et externes) de l'identité sociale ? Comment sont-ils en interaction ?

La France, une société de la diversité

A partir des points développés ci-dessus et dans les chapitres précédents, l'image qui se dessine assez clairement est donc celle d'une France diverse. Cette diversité a bien entendu des origines historiques : les vagues successives de populations et de cultures qui se sont installées en France se sont superposées et ont laissé des empreintes sur la culture contemporaine (voir *Chapitre 1*). Cette diversité provient aussi de la diversité géographique, linguistique, ethnique.

On peut donc dire que traditionnellement la France est une société de **l'hybridité** et du **métissage**, deux notions dont l'importance semble grandir dans le contexte actuel et affecter, à la fois par leur magnitude et par leur profondeur, le processus de construction d'identités sociales à tous les niveaux. En effet, les Français n'hésitent pas à revendiquer et à afficher une identité sociale multiple et à embrasser cette identité comme étant positive, surtout parmi les membres des jeunes générations. Cette tendance au métissage se manifeste à plusieurs niveaux. On peut prendre comme exemple le cas des mariages entre deux personnes d'origine ethnique différente. Les mariages mixtes constituent aujourd'hui au moins 10% des mariages en France (contre environ 7% aux Etats-Unis). Peut-être cette tendance est-elle un reflet du processus de construction identitaire dont on a vu qu'il était un phénomène de recherche d'équilibre constant entre des constructions aux contours flous et en évolution perpétuelle. Il en est en effet de même pour les mariages mixtes où il faut négocier cette diversité précisément dans la relation à l'autre. Il est d'ailleurs important de noter que si cette diversité peut être raciale, elle peut également s'exprimer à travers des dimensions portant sur la religion (marriage interconfessionnels) ou l'origine nationale.

Les défis de la double identité

Par **double identité**, on entend un individu qui se représente à lui-même et au monde à travers deux identités, par exemple franco-camerounais, et qui les met en jeu tour à tour ou souvent simultanément selon les contextes. Pour les Français qui portent en eux une double identité, le processus de construction d'une identité sociale est parfois un processus difficile, car la culture française se veut universelle (« la République une et indivisible »). C'est peut-être ce qui explique la difficulté que les Français ont parfois à s'envisager sous des identités multiples, un phénomène courant aux Etats-Unis où l'on se revendique volontiers *Irish-American* ou *African-American*. Le fait de s'afficher comme « franco-tunisien » par exemple, peut encore aujourd'hui être parfois mal perçu, c'est-à-dire plutôt comme un refus de s'intégrer complètement que comme une contribution à la richesse de la diversité culturelle française.

Pour les Français membres de la culture historiquement « dominante » (homme, blanc, hétérosexuel, catholique, etc.), le fait d'embrasser une identité sociale multiple peut se faire plus sereinement que pour un Français dont l'une des identités individuelles renvoie à une identité collective qui n'appartient pas à la culture dominante (une Française d'origine africaine, juive ou musulmane, etc.). Dans certains cas, vivre cette double identité à visage découvert présente certains défis, dont notamment celui de l'intégration. Même si ces personnes se sentent intégrées à la culture française, une culture dans laquelle elles sont nées ou dans laquelle leur famille a vécu pendant plusieurs générations, l'intégration est un processus d'ajustement mutuel qui nécessite donc que les autres membres de la culture française les considèrent comme intégrées. Ce processus est difficile quand il existe aux yeux de beaucoup un décalage entre les composantes perçues de cette double identité. Par exemple, quand le journaliste antillais Harry Roselmack est devenu en 2006 le premier journaliste noir à présenter le journal de 20h (la principale émission d'information à la télévision française), les discussions se sont parfois focalisées sur le « coup médiatique » réalisé par la chaîne de télévision TF1 au lieu de se focaliser sur les compétences du journaliste. On le renvoyait donc d'abord à son appartenance à une identité collective démographique (« homme noir ») avant de le renvoyer à son appartenance à une identité collective professionnelle (« journaliste » compétent) quand c'est vraisemblablement la seconde qui était pertinente dans le contexte du journal de 20h. Pour ces personnes vivant une double identité, la construction d'une identité sociale ne consiste donc pas à choisir entre deux cultures, mais à faire l'expérience quotidienne de cette identité métissée, sans savoir *a priori* le regard que les autres vont porter sur elles. L'écrivaine sénégalaise Fatou Diome, qui vit en France, résume cette expérience de la façon suivante[3] : « Enracinée partout, exilée tout le temps, je suis chez moi là où l'Afrique et l'Europe perdent leur orgueil et se contentent de s'additionner : sur une page, pleine de l'alliage qu'elles m'ont légué ».

Questions de compréhension. Comment la tendance au métissage se manifeste-t-elle? Qu'est-ce que le terme **double identité** signifie et quels sont les défis de vivre une double identité ?

[3] Le ventre de l'Atlantique *de Fatou Diome, publié en 2005 dans la collection Livre de Poche aux Editions Hachette.*

Questions de réflexion

Répondez aux questions suivantes sur les identités sociale et ethnique. Ensuite, partagez vos idées avec vos collègues et votre professeur.

1. Si vous prenez en considération les composantes internes et externes, pensez-vous que la notion d'identité sociale telle qu'elle est définie ici soit différente dans la culture française et dans la culture américaine ? Expliquez.
2. La profession constitue-t-elle également un élément central dans la définition de l'identité sociale aux Etats-Unis? Expliquez.
3. Dans quelle mesure pensez-vous que l'on contrôle sa propre identité sociale ?
4. Considérez-vous les appartenances multiples — le fait de vivre une double identité, par exemple — comme une richesse à cultiver ou un obstacle à surmonter dans le processus de construction d'une identité ? Expliquez.

Avez-vous compris ?
Allez plus loin

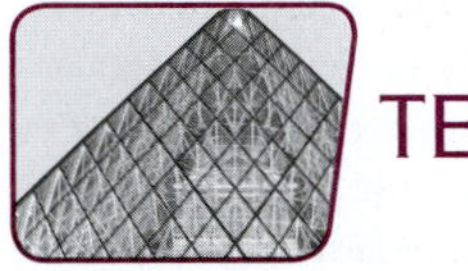

TEXTE A ANALYSER

Vivre une double identité en France : Le cas d'Azouz Begag

Vous allez lire des extraits d'un discours donné par Azouz Begag, homme politique, chercheur en économie et sociologie et écrivain, lors du congrès de 2006 de l'Association américaine des professeurs de français (*American Association of Teachers of French*). Au moment de donner ce discours, Azouz Begag était le ministre délégué à la Promotion de l'égalité des chances dans le gouvernement français.

Avant de lire les extraits du discours

Comme vous avez déjà lu, vivre une double identité peut être un véritable défi. Pensez à un exemple de quelqu'un qui vit une double identité dans votre propre culture ou communauté. Quels sont les défis rencontrés par cette personne ? Comment les négocie-t-elle dans sa vie professionnelle et personnelle ?

En lisant les extraits du discours

En lisant les extraits du discours d'Azouz Begag, définissez ou expliquez ces concepts clés de son texte.

1. L'idée de « planter des graines »
2. Le principe de « l'inoculation »
3. La France de la *diversity*
4. C'est moi, le « *driver of my identity* »

Qu'est-ce que nous voulons pour nos enfants ?

Qu'est-ce que nous voulons, tous, au juste ? C'est rendre service à nos enfants. Essayer pendant cinquante ans, soixante-dix ans, quatre-vingts ans sur cette terre pour laisser un cadeau à nos enfants: le fruit de notre travail, le fruit de notre expérience, le fruit de nos joies et de nos peines aussi, à nos enfants. Nous voulons tous cela. Et donc nous essayons chacun à notre place, chacun avec nos sensibilités, avec notre différence, nous essayons de transformer cette société que nous jugeons insatisfaisante pour la laisser en meilleur état à nos enfants. Vous avez raison de signaler que l'ardeur que nous avons pour tenter de transformer cette société fait que nous avons envie d'utiliser la littérature, le cinéma, la politique… bref, tout ce qui se présente autour de nous comme possible pour essayer d'agir, d'être les acteurs de notre société, les acteurs de notre temps. Alors j'ai essayé tout ce qui était possible d'utiliser. Et maintenant j'essaie depuis 397 jours (*rires*) grâce à l'intuition, grâce à la lecture anticipée du monde de demain de Dominique de Villepin[4], j'essaie là, où je suis en tant qu'homme politique de planter des graines fécondes° pour notre société française qui sont les graines de la lutte° contre les discriminations que le Président de la République qualifie lui-même de poison dans une démocratie. Planter les graines fécondes de la diversité, parce que cette diversité française est en attente° aujourd'hui et il faut que nous en fassions le plus rapidement possible une richesse. Richesse sociale mais aussi richesse économique.

fertile
struggle
waiting

L'inoculation

Pour faire la diversité dont la France a besoin aujourd'hui vous allez faire du *Ethnic Monitoring ?* C'est un débat aujourd'hui encore dans notre pays. La réponse est non. Nous ne pouvons pas. Mon principe est qu'on ne peut pas remplacer le mythe de l'égalité des chances depuis 1789, qui est une rigidité dont il aurait fallu se débarrasser° et pour laquelle il a fallu travailler des années et des années, on ne peut pas remplacer un mythe rigide par une autre rigidité qui serait celle des quotas ou de l'instauration de choses irréversibles comme la désignation de l'origine raciale ou religieuse d'un individu dans notre pays. Je ne suis même pas sûr que les Français, même les victimes de discrimination, souhaitent voir sur leurs papiers d'identité une justification de leur origine ou de leur religion. Ça ne peut pas marcher. Alors le principe que j'ai inventé c'est le principe de l'inoculation. Et ça c'est parce que j'ai connu le Pasteur et son vaccin contre la rage° dans notre pays, dans l'esprit de la mentalité de notre pays, l'origine est vécue comme un virus dans le corps social. Ça n'a pas de sens, *it makes no sense*, de parler de l'origine des individus. On sait que vous êtes discriminés à cause de votre origine mais on ne peut parler comme ça sur le terrain politique de cette origine.

to do away with
rabies

[4] Dominique de Villepin était Premier ministre de la France au moment de ce discours.

Et pourtant, je crois que pour se débarrasser définitivement de cette question de l'origine il faut inoculer dans le corps social français de l'origine. Oui, je suis Azouz Begag, enfant d'immigré algérien, de culture musulmane et ministre du gouvernement français et je fais l'hypothèse, mesdames et messieurs, devant vous que parce que M. Begag est là aujourd'hui dans un gouvernement français, dans tous les prochains gouvernements français il y aura des ministres issus de l'immigration. Je suis le ministre inoculé (*rires*) mais je ne suis pas inoculé parce que je suis enfant d'algérien. Je suis inoculé dans le gouvernement parce que j'ai une certaine compétence sur ces questions de banlieue, d'inégalité des chances et qu'avec mes talents acquis par mon travail, je peux contribuer à faire progresser mon pays sur ces questions. Il y a un journaliste noir qui va faire son apparition sur une grande chaîne de télévision, la numéro un : Harry Roselmack. Il va remplacer l'équivalent de votre Dan Rather dans quelques jours. Voilà, il est beau, il est grand, il est caribéen mais il est compétent. Il est noir et compétent. Dans les années à venir, les noirs et compétents, les minorités et compétents, je veux qu'il y en ait partout, partout. De manière à ce qu'on n'ait plus à compter, qu'il n'y ait plus besoin de mesurer cette *diversity*. Nous l'aurons banalisée°. C'est le principe de l'inoculation : banaliser ou, dit d'une autre façon, il faut aujourd'hui montrer la *diversity* pour ne plus avoir à la voir. Dans cinq ans, il y aura tellement de gens différents à la télévision qu'on ne va pas demander de quelle origine est ce journaliste et cette femme. Tout cela est évident. C'est la France on dira. « *This is France.* »

made commonplace

Voilà le principe de l'inoculation que je suis en train d'installer et qui va contourner toutes les difficultés psycho-sociologiques que nous avons. Et puis vous allez voir dans quelques heures (*rires*), nous allons sans doute parler de la diversité gagnante (*rires*). Quelques mots encore pour dire que je compte beaucoup sur la sociologie de l'œil, la sociologie du regard. Et la Psychology School of Chicago a beaucoup travaillé, je crois, au début du siècle sur les travaux de ce sociologue allemand Georg Simme qui a beaucoup travaillé sur la sociologie du regard. Voilà ce que je veux montrer dans mon ministère : une carte de France avec ce que j'appelle des gueules°, des gueules différentes avec ici toujours les territoires d'outre-mer parce que quand je parle de la France de la *diversity* je ne parle pas seulement des Français issus de l'émigration africaine par exemple, et il y a beaucoup de Français de la Réunion, de l'île de la Réunion, des Caraïbes, de la Nouvelle-Calédonie, de Guyane qui en France subissent° des discriminations, aussi qui sont de même nature que les autres *because of the visibility,* à cause de cela. Le même phénomène. Donc montrer pour ne pas avoir à commenter.

(sl.) mouths

suffer

L'identité

Où va mon identité ? C'est moi qui dois décider, ce n'est pas ma communauté d'origine, ce n'est pas ma famille, ce n'est pas mon grand frère, ce n'est pas mon Dieu. C'est une construction personnelle, c'est là le sens d'une vie. Bien sûr cela n'est pas toujours en contradiction avec ma langue d'origine et ma culture d'origine, mais je dois toujours penser que c'est moi le « *driver of my identity, I'm the driver* », c'est moi qui pilote. C'est ce que je dis aujourd'hui aux femmes dans les quartiers pauvres, les femmes issues de l'immigration maghrébine par exemple, qui sont de culture musulmane, qui sont aussi freinées souvent dans leur autonomie par les hommes, par Dieu, par les concepts inventés par les hommes. Je leur dis : « Il faut que tu sois le *driver* de ta vie, c'est toi qui conduis ta vie. » C'est une construction personnelle, l'identité, c'est une histoire personnelle. Alors moi j'ai parlé arabe toute mon enfance avec mes parents. Mais maintenant avec mes enfants, *we usually speak English, sometimes español,* and inchala *tomorrow we'll speak Chinese* (*rires*). Quand je vais à New York *or* San Francisco, j'aime bien aller à Chinatown. Et la semaine prochaine, j'aime bien aller à *Little Italy. It's another country.* Et j'aime bien traverser des pays différents *within the same city*. C'est intéressant. Alors qu'il n'y a pas de contradiction avec les quartiers ethniques, les quartiers aux saveurs différentes dans une ville et, la liberté, l'égalité quand je dis à mes enfants: « Vous êtes des pauvres ? ». Je ne sais pas lire, je ne sais pas écrire. (C'était le cas de nos parents. 100% *illiterate*). D'accord. Alors mon père et ma mère nous disaient : « Vous allez réussir à l'école ! Vous n'avez pas d'autres choix ». Et mon ami, comédien Jamel Debbouze, dit aujourd'hui aux jeunes des banlieues, devant des milliers, « vous n'avez aucune chance, saisissez-la ! » (*rires*). *It's too late !* C'est le sens de la vie. Oui, vous n'avez aucune chance, saisissez-la ! Parce que les jeunes entendent, « vous n'avez qu'une chance », lui leur dit « aucune ! » J'aime cette façon de voir. C'est ce que je vous disais tout à l'heure lorsque j'ai dit, il faut que dans chaque enfant de ce pays, dans chaque enfant d'un système démocratique, il y ait cette exigence d'égalité des chances. C'est pour moi, *it's for me, and I'll do it.*

Voilà le sens de mon action de promotion de l'égalité des chances. Je ne veux plus dans notre pays rencontrer un enfant qui me dise, « ce n'est pas pour moi ». Alors nous aurons gagné. La loi, Madame, la loi accompagne ce mouvement d'exigence. La loi ne peut pas tout mais avec la charte de la diversité — toutes les grandes écoles de France l'ont signée — on ouvre la porte à toute cette diversité parce que c'est une source d'enrichissement pour l'école aussi, pas seulement pour les enfants, pour l'école aussi. C'est un symbole de modernité.

Source: Azouz Begag. "Keynote Address, 2006 AATF Convention—Milwaukee." French Review 80.3 (Feb. 2007): 557–64.

Après avoir lu les extraits du discours

Répondez aux questions suivantes en faisant des commentaires à l'écrit à propos du rapport de chacune avec la notion d'identité sociale et ethnique et l'idée de vivre une double identité.

1. Dans quelle mesure pensez-vous que la littérature, le cinéma et la politique pourraient servir comme instruments de transformation de la société ?
2. Etes-vous d'accord avec le principe de l'inoculation expliqué par Begag ? Effacer la notion d'origine ou de religion dans la sphère légale constituera-t-il un avantage pour la société ? Quels en seraient les bénéfices?
3. Que pensez-vous à propos de la notion que l'identité est une construction personnelle gérée par chaque individu ? Quelles composantes de l'identité peut-on manipuler? Quelles composantes sont fixes et donc pas ouvertes à la transformation ?
4. Dans votre opinion, quels thèmes communiqués dans ce discours sont les plus importants quant aux questions identitaires?

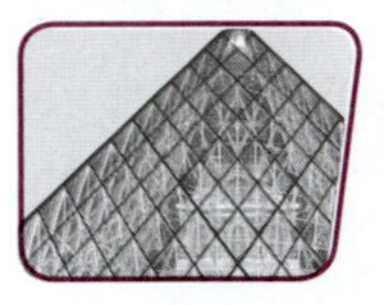

PREMIERE PERSONNE

Video Perspectives des Français à propos de l'identité sociale et ethnique

Vous allez regarder une vidéo dans laquelle deux Français parlent des problématiques liées à leur identité sociale ou ethnique. Aurélien Djadjo décrit son expérience en tant que Français d'origine camerounaise, vivant donc une double identité culturelle. Denis Mercier décrit son expérience comme fonctionnaire, une composante externe de son identité sociale.

A propos des interviewés

- Aurélien Djadjo Mbappé (que vous avez déjà rencontré au *Chapitre 3*) est né à Bafoussam au Cameroun et est arrivé en France en 1998. Ancien joueur professionnel de basket-ball, il est aujourd'hui éducateur sportif dans le nord de la France.
- Denis Mercier est originaire de Saint-Brévin sur la côte Atlantique. Professeur à l'Université de Nantes, il dirige le laboratoire de recherches Géolittomer, affilié au CNRS (Centre national de recherche scientifique). Il est le frère aîné de Franck Mercier que vous avez rencontré au *Chapitre 2*.

Avant de regarder les interviews

Avant de regarder les interviews, travaillez avec un(e) partenaire pour écrire une liste des facteurs (la volonté de se présenter d'une certaine façon et le regard des autres sur soi, par exemple) qui sont liés, selon vous, à la construction d'une identité sociale ou ethnique. A votre avis, lesquels vont être mentionnés dans les interviews ?

En regardant les interviews

Choisissez la réponse juste pour compléter chaque phrase.

Interview avec Aurélien Djadjo Mbappé

1. Depuis son arrivée en France, M. Aurélien Djadjo Mbappé ...
   a. estime qu'il a eu de la chance parce qu'il n'a jamais été confronté au racisme.
   b. a trouvé la société française très fermée et rigide dans son fonctionnement.
   c. a trouvé la société française accueillante quand il y a un respect mutuel.
2. La clef de l'adaptation d'après M. Djadjo Mbappé ...
   a. vient de la capacité à faire tout ce qu'on vous demande sans poser de questions.
   b. réside dans la volonté de s'adapter et le respect des règles de la vie sociale.
   c. n'existe pas car on ne peut jamais vraiment s'intégrer.
3. Dans son interview, M. Djadjo Mbappé déclare...
   a. vivre de façon harmonieuse sa double identité et être satisfait de la place qu'il occupe dans la société française.
   b. n'avoir jamais vraiment trouvé sa place dans la société française.
   c. devoir garder sous silence son identité africaine parce qu'il ne peut pas l'exprimer.
4. Après avoir passé plus de dix ans en France, M. Djadjo Mbappé...
   a. a été obligé de prendre la nationalité française.
   b. n'a jamais pu acquérir la nationalité française.
   c. a acquis la nationalité française et en est très fier.

Interview avec Denis Mercier

1. Selon M. Mercier, les Français...
   a. admirent les fonctionnaires.
   b. ont une vision négative des fonctionnaires.
   c. sont indifférents vis-à-vis des fonctionnaires.
2. M. Mercier explique qu'il...
   a. est fier d'être fonctionnaire.
   b. est gêné d'être fonctionnaire.
   c. préfère ne pas parler de son statut de fonctionnaire.
3. D'après M. Mercier, la discussion sur le statut de fonctionnaire...
   a. est une perte de temps car le service public est indispensable.
   b. préoccupe les Français car ils veulent plus de transparence.
   c. est un grand débat de société pour le XXIe siècle.

Après avoir regardé les interviews

Répondez aux questions suivantes à l'écrit pour chaque personne interviewée. Ensuite, comparez vos réponses et discutez vos idées avec un(e) partenaire.

1. Comment M. Djadjo Mbappé / M. Mercier présente-t-il son identité sociale/ ethnique ?
2. Quels groupes sont identifiés dans sa description de l'identité sociale/ethnique? Quel(s) rôle(s) jouent-ils ?
3. Quels facteurs ont contribué ou ont fait obstacle à la construction de son identité sociale et/ou ethnique ?
4. Quels facteurs ont contribué ou ont fait obstacle à l'intégration à la société et à la culture française ?
5. D'après vous, dans quelle mesure les facteurs que vous avez identifiés dans les questions précédentes seraient-ils applicables au contexte américain ? Expliquez.

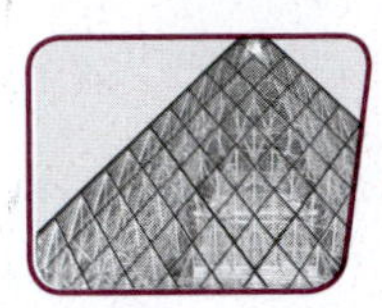

ACTIVITE DE SYNTHESE

Portrait d'un(e) Français(e)

Choisissez un Français ou une Française connu(e) aujourd'hui dans le monde politique, littéraire ou médiatique (journalisme, télévision, cinéma) et faites un portrait écrit de deux à trois pages en vous concentrant sur les composantes de l'identité de cette personne. Intégrez dans ce portrait des facteurs individuels et collectifs, internes et externes et l'influence de ces éléments sur l'identité professionnelle actuelle de cette personne. Utilisez les *Expressions de base* de ce chapitre et le *Rappel !* (Comment parler au passé) du *Chapitre 1* pour vous aider a rédiger votre portrait. N'oubliez pas de fournir aussi une liste des ressources que vous avez consultées.

Eléments que vous pouvez incorporer, parmi d'autres :

- vos recherches sur la biographie de cette personnalité
- l'influence du milieu social d'origine de cette personne sur ses choix professionnels
- l'influence de la biographie de cette personne sur sa conception de son identité
- la manière dont cette personne envisage son identité dans sa multiplicité
- le rôle joué par l'identité de cette personne dans les opportunités qu'elle a eues, ses succès ou ses échecs (Considérez l'aspect personnel et l'aspect professionnel.)

Si vous cherchez des idées de personnalités, vous pouvez vous inspirer des suivantes :

Martine Aubry
Azouz Begag
François Bégaudeau
Calixthe Beyala
Hélène Cixous
Marion Cotillard
Jamel Debbouze
Fatou Diome
Gad Elmaleh
Laurence Ferrari
François Hollande
Fabrice Luchini
Yannick Noah
Harry Roselmack

PARTIE III

La vie en société

CHAPITRE

8

Immigration

OBJECTIFS

- Décrire les principaux groupes d'immigrés en France
- Comprendre l'histoire de l'immigration en France
- Comprendre les notions de **communautarisme, intégration / assimilation, France arc-en-ciel**
- Comparer les notions d'assimilation en France avec le « melting pot » aux Etats-Unis
- Comprendre les mécanismes qui président aux phénomènes d'immigration en France

Aurélien Djadjo

Que suggère ce couple sur l'origine des immigrés et l'évolution de l'immigration en France ?

- Rappeler comment donner son opinion, exprimer son accord ou son désaccord et nuancer l'argument
- Enrichir son vocabulaire pour parler de l'immigration

Expressions de base pour parler de l'immigration

Noms
l'acculturation
l'adaptation
l'arrivée
l'assimilation
un(e) autochtone
un(e) citoyen(ne)
une communauté
la croissance
la décolonisation
un étranger, une étrangère
un flot
un flux
un(e) Français(e) de souche
une génération
l'identité
l'immigration
un(e) immigré(e)
l'intégration
l'isolement
un(e) Maghrébin(e)
la main-d'œuvre
un(e) migrant(e)
la mobilité
la nationalité
l'origine
un ouvrier, une ouvrière
un phénomène
la population
un(e) primo-arrivant(e)
la provenance
un séjour
la stigmatisation
une tendance
une tenue (vestimentaire)
une vague
une valeur
le voile

Adjectifs
autochtone
clandestin(e)
colonial(e)
colonisé(e)
étranger (-ère)
familial(e)
géographique
issu(e) d'immigration
légal(e)
limitrophe
maghrébin(e)
médiatique
migratoire
occidental(e)
xénophobe

Verbes
accueillir
adopter
conserver
établir
fuir
immigrer
s'installer
s'intégrer
quitter
rejoindre
subvenir

Expressions utiles
en plein essor
en vue de
il convient de
il s'agit de

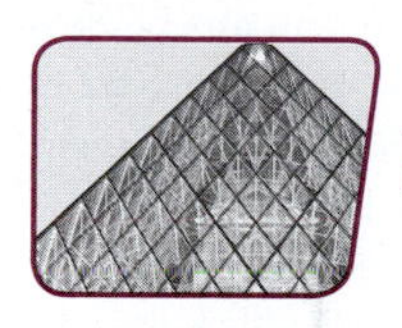

ENTREE EN MATIERE

Etre ou ne pas être français : Telle est la question

La question de l'immigration fait souvent partie du paysage médiatique, principalement quand il s'agit de l'immigration clandestine. Mais il convient de se souvenir qu'il s'agit en réalité d'un phénomène plus large qui façonne une société et une culture. *Qui sont les personnes qui ont immigré dans votre pays ? D'où venaient-elles ? Quand sont-elles arrivées ? Où se sont-elles installées ? De quelle façon cette population a-t-elle influencé la culture américaine ?*

Avant d'aborder l'évolution historique de l'immigration, il convient de définir ce qu'est un immigré. L'INSEE définit un **immigré** comme une personne étrangère née à l'étranger qui entre sur le sol français en vue de s'installer pour une durée supérieure à un an. On estime aujourd'hui que la France compte un peu plus de 7 millions d'immigrés, soit une personne sur neuf vivant en France, et qu'un Français sur quatre a un arrière-grand-parent immigré. Le terme « immigré » est assez vaste car il regroupe sous une même dénomination des personnes d'origine très diverse (Maghrébins, Portugais, Ukrainiens) qui viennent en France pour des raisons différentes (économiques, politiques).

La France a une longue histoire d'immigration qui remonte aux vagues d'invasions du Ve siècle. Mais c'est dans les trois derniers siècles que l'immigration s'est intensifiée, notamment avec l'histoire de l'expansion coloniale. Avant et après la décolonisation, le développement des relations commerciales a favorisé le transit par la France de populations venues d'ailleurs. Avec l'industrialisation grandissante, le besoin de main-d'œuvre a également conduit un grand nombre d'immigrants à s'installer en France. Ainsi, la culture française a été depuis longtemps au contact de cultures étrangères qui l'ont influencée. Au XXe siècle l'immigration a connu des flux de populations plus importants.

Démographie, industrialisation et immigration

La France connaît dès le XVIIIe siècle une période de faible croissance démographique. Par conséquent, avec la révolution industrielle du XIXe siècle, les entreprises françaises vont rapidement ressentir un besoin important de main-d'œuvre. Dans un premier temps les immigrés viennent des pays limitrophes de la France : la Belgique, l'Italie, l'Allemagne et l'Espagne. Entre la Première et la Seconde Guerre mondiale, l'Italie et la Pologne sont les deux pays d'origine de la majorité de la population immigrée.

Ces populations fuient la misère de leurs pays pour s'installer principalement dans les grands bassins industriels (l'Alsace-Lorraine et le nord de la France). C'est également durant cette période que la première vague d'immigration maghrébine arrive en France. Ces immigrés sont identifiés par leur rôle dans l'économie française : ce sont des travailleurs ou des ouvriers. Cette identité collective homogénéise des groupes très divers.

Les immigrés maghrébins sont avant tout des hommes célibataires qui viennent en France afin de trouver un emploi pour une durée déterminée, de l'ordre de cinq ou six ans. Leur objectif principal est de gagner de l'argent pour subvenir aux besoins de leur famille restée au pays, avant de pouvoir rentrer chez eux pour se marier et fonder une famille. Ils envoient donc le plus possible d'argent chez eux. Ils vivent souvent dans des conditions misérables, dans des hôtels ou des foyers proches de leur lieu de travail, partageant parfois leur chambre entre ouvriers de jour et ouvriers de nuit. Pour ces hommes, l'acculturation peut être difficile, surtout s'ils n'ont pas l'habitude de la vie urbaine. En outre, ils restent relativement attachés aux valeurs de leur pays où ils espèrent retourner vivre. Cependant, ils se soumettent au rythme de vie des ouvriers dans la culture française.

Les immigrés italiens et polonais, en revanche, ont tendance à venir en famille et établissent donc des communautés de façon différente : en essayant de maintenir les valeurs du pays d'origine, au moins jusqu'à un certain point. En effet, dans les années 1930, la République française montre une forte volonté d'assimilation, notamment à travers l'école où la majorité des enfants d'immigrés sont scolarisés. C'est ce qui explique en partie l'acculturation des familles italiennes qui sont à la fois plus dispersées et moins soumises à la religion que les Polonais. Cette tendance à l'acculturation est plus facile chez les enfants que chez les adultes. En plus d'être français de nationalité (ils sont nés en France), les enfants de migrants le sont également par le fait même qu'ils grandissent en France et adoptent la culture locale.

Les conditions de vie souvent difficiles des immigrés sont exacerbées par des salaires inférieurs à ceux des travailleurs français. Ils sont aussi parfois victimes de remarques hostiles ou péjoratives, un phénomène qui s'intensifie dans les périodes de crise économique.

Après la Seconde Guerre mondiale : Une immigration familiale

L'immigration change radicalement après la Seconde Guerre mondiale. L'immigration africaine, en particulier en provenance du Maghreb, devient la principale source des flots migratoires en France. Les arrivées d'Italie et de Pologne se ralentissent au profit d'autres pays comme l'Espagne, le Portugal et la Yougoslavie. Ces populations quittent leur pays davantage par désir de mobilité sociale que par nécessité de fuir leur pays.

En outre, l'économie française est à nouveau en plein essor avec la reconstruction d'après-guerre. La France a besoin de main-d'œuvre et accueille ces populations immigrées. Les conditions de vie ont aussi changé. Des cités nouvelles se construisent avec des HLM[1] où une population majoritairement ouvrière, parmi laquelle on compte un bon nombre de familles immigrées, a accès à une vie quotidienne modeste mais plus moderne.

A cette période, le profil des nouveaux immigrés change : ils quittent leur pays plus jeunes et finissent leur éducation en France. En ce sens, leur rapport à la culture française et à leur culture d'origine est différent. Ayant adopté la France, ainsi que sa langue et un certain nombre de ses valeurs, ils se reconnaissent moins dans les fonctionnements de leur société d'origine. En outre, leur objectif est différent puisqu'ils comptent s'installer en France de façon plus permanente. Ils conservent donc une partie plus importante de leur revenu et renvoient au pays des sommes plus modestes. Certains de ces immigrés épousent même des Françaises ou des Français, ce qui être considéré comme une bonne preuve d'une intégration réussie.

Enfin, cette période, surtout après les années 1960, est marquée par l'apparition de l'immigration familiale. Soit des familles entières arrivent de leur pays d'origine dès le début, soit la femme et les enfants viennent rejoindre le mari/père en France.

Question de compréhension. Quelles sont les trois différences majeures entre l'immigration avant et après la Seconde Guerre mondiale ?

L'immigration aujourd'hui, par les chiffres[2]

Les cinquante dernières années ont modifié la composition démographique et géographique de l'immigration. A la population immigrée, installée en France pour une durée longue, vient s'ajouter une population étrangère (vivant et travaillant en France pour une durée déterminée) de près de 3 millions de personnes. Ceci signifie qu'une personne sur huit vivant en France est immigrée ou étrangère, plaçant la France au sixième rang mondial.

[1] *Les Habitations à loyer modéré (HLM) sont des logements gérés par des organisations qui sont en partie financées par les pouvoirs publics.*

[2] *Les statistiques proviennent en majorité de l'INSEE et de l'INED.*

Environ 43% des immigrés sont originaires d'Afrique (dont trois sur quatre du Maghreb) et 38% des pays d'Europe, en grande majorité des pays de l'Union européenne (35%). Ceci signifie donc que quatre immigrés sur cinq en France viennent d'Europe ou d'Afrique. Notez qu'en ce qui concerne les immigrés originaires d'Europe, on retrouve encore les traces de l'histoire, puisque plus de la moitié des immigrés européens en France (55%) viennent du Portugal, d'Espagne et d'Italie.

La population immigrée est une population relativement jeune puisque 70% ont moins de 55 ans. Les descendants d'immigrés (deuxième et troisième génération) sont souvent nés en France et sont donc français. Cette population, jeune et diverse, constitue un pont entre culture d'origine et culture d'accueil. La moitié d'entre eux (3,25 millions) ont moins de 30 ans et ont principalement des origines africaines, maghrébines en particulier, mais aussi parfois plus lointaines (venant d'Asie, du Moyen-Orient ou des Amériques). La grande majorité des descendants d'immigrés parlent français et presque tous les membres de la troisième génération. En outre, seulement 2% des descendants d'immigrés ne possèdent pas la nationalité française. Il existe donc un attachement certain à la culture française.

Les flux migratoires continuent en France au rythme d'environ 200 000 personnes par an. Les populations immigrées s'installent principalement en Ile-de-France mais aussi dans les régions frontalières parfois proches du pays d'origine (les Espagnols dans le sud de la France). L'augmentation récente de l'immigration légale s'explique principalement par une croissance du nombre d'étudiants étrangers. Le motif principal d'immigration concerne, dans 85% des cas, la vie familiale ou professionnelle.

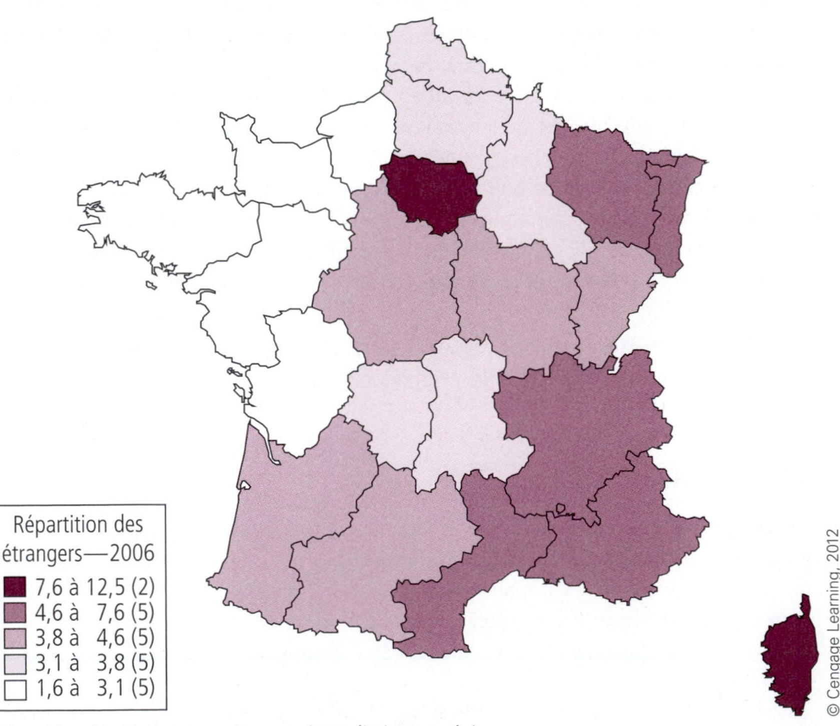

Répartition des étrangers en France métropolitaine par région
Source : INSEE

Questions de compréhension. Quelle région du monde constitue aujourd'hui la plus grande source d'immigration en France ? Dans quelles régions de la France se trouvent les plus grandes concentrations d'étrangers ?

Le contexte actuel : Les défis de la France arc-en-ciel

La composition socio-économique de l'immigration a également changé. Les nouveaux arrivants voient en France la chance d'une mobilité sociale ascendante et l'accès pour leurs enfants à des systèmes d'éducation et de santé supérieures à ceux de leur pays d'origine. Bien que l'adaptation ne soit pas toujours facile pour les immigrés de la première génération, les conditions de vie sont plus stables et la possibilité d'une osmose ou d'une interpénétration culturelle est plus importante entre immigrés et Français autochtones, selon la bonne volonté de chacun. On constate à ce sujet un glissement des comportements où les différents groupes s'intègrent progressivement l'un avec l'autre. Les populations immigrées sont immergées dans le paysage médiatique français et elles participent de plus en plus à la vie associative dans leur quartier.

C'est ainsi que l'on parle aujourd'hui de **France arc-en-ciel** pour désigner une France de plus en plus métissée (voir *Chapitre 7*) et qui s'efforce de mettre en valeur de façon positive cette pluralité d'héritages culturels dans un même espace républicain. La France cherche à définir les modalités selon lesquelles elle peut **intégrer** au lieu d'**assimiler**. En effet, la posture de la France a d'abord été une volonté d'**assimilation** de ses immigrés. La France a donc traditionnellement rejeté le **communautarisme** (le **repli communautaire ;** voir aussi *Chapitre* 7) dont on craint qu'il ait pour conséquence des phénomènes de ghettoïsation. Ceci signifiait en pratique que les nouveaux arrivants devaient embrasser la culture française (dominante) souvent sans considération pour leur culture d'origine. Ce modèle a créé des frictions des deux côtés : pour les immigrés car il y a une certaine violence dans le fait de laisser sa culture et pour certains Français qui voyaient dans l'implantation de cultures différentes une menace aux valeurs d'universalisme républicain. Cette posture a donc changé petit à petit: d'une part, les Français commencent à reconnaître la richesse de la diversité culturelle ; d'autre part, les immigrés et les générations issues de l'immigration se revendiquent français à part entière. Cependant, ils revendiquent aussi des affinités culturelles diverses et, par conséquent, des identités multiples. Malgré les difficultés qui subsistent, on assiste donc bien à un processus d'**intégration** dans lequel les deux côtés évoluent en se faisant une place mutuelle dans la construction d'un espace commun dans le respect des différences.

Question de compréhension. Quelle est la différence entre **assimilation** et **intégration** ? Comment se manifeste-t-elle en France ces dernières années ?

La situation actuelle

Les études économiques et sociologiques tendent à montrer que les immigrés contribuent globalement de façon positive à leur société d'accueil. Cette contribution passe par une intégration à travers le travail, qui a une valeur d'intégration économique et sociale, mais aussi à travers une participation à la vie politique et civique. Les immigrés et leurs descendants s'insèrent aussi dans la vie religieuse. Les primo-arrivants avaient dû faire face au et composer avec le principe de laïcité (la version française de séparation de l'Eglise et de l'Etat –voir *Chapitre 9*), ce qui représentait un concept nouveau. Les Français issus de l'immigration se sentient plutôt à l'aise dans cette société séculaire. Aujourd'hui, on peut donc dire que dans l'ensemble, ces différentes populations immigrées ou d'origine immigrée, qui sont composées de catholiques ainsi que de musulmans entre autres s'accommodent bien de cette société française laïque.

Il faut mentionner enfin que les immigrés et leurs descendants s'impliquent aussi assez activement dans la vie associative (sports, culture). Les associations forment un pont entre les cultures et constituent un vecteur puissant d'intégration, tout comme l'école où, à condition socio-économique égale, les immigrés ou Français issus de l'immigration réussissent bien leurs études et reçoivent ainsi accès à tous types de professions, même s'ils représentent une part importante de la classe ouvrière et des employés.

Malgré cela, des problèmes persistent. En situation de ralentissement ou de crise économique, les populations autochtones sont promptes à accuser l'immigration comme contribuant à la situation. Pourtant, les statistiques montrent qu'à l'heure actuelle la France aurait du mal à se passer des services de ces immigrés. Ceux-ci occupent ou bien des postes hautement spécifiques dans des secteurs où la France manque de main-d'œuvre, comme l'informatique, ou bien des emplois sous-qualifiés, mal rémunérés, et avec des conditions de travail parfois pénibles. En effet, 60% des immigrés travaillent dans le bâtiment et les travaux publics, la sécurité ou l'hôtellerie-restauration. Ils sont aussi surreprésentés dans des secteurs comme les entreprises de nettoyage.

Les populations immigrées ou issues de l'immigration habitent souvent de façon disproportionnée des quartiers en marge de la société, les banlieues ou près des bassins industriels, dans des quartiers qui se présentent parfois comme de véritables ghettos. Cette localisation géographique est à la fois cause et conséquence d'une certaine stigmatisation de ces populations et alimentent les courants xénophobes qui peuvent exister, même s'ils restent largement minoritaires.

Ces tensions sont reflétées dans les efforts des pouvoirs publics de réguler les flux migratoires. Le débat sur l'immigration oscille entre une position politique plus souple et une position plus dure, généralement le long du clivage gauche-droite. Le cadre légal évolue donc selon les gouvernements, souvent en concertation avec l'Union européenne, qui veut établir des principes communs de lutte contre l'immigration clandestine ainsi que des critères d'intégration, de droit de séjour et de regroupement familial. Sous la présidence Sarkozy (2007–2012), la législation sur l'immigration s'est durcie avec l'apparition de termes comme « immigration choisie » et des critères plus stricts de maîtrise de la langue française. En contrepartie, il existe un certain soutien populaire pour régulariser la situation des « sans-papiers », à travers des manifestations, des occupations de bâtiments publics, etc.

Fidèle à son histoire, la France accueille toujours des populations de plus en plus variées. Dans l'ensemble, malgré des tensions politiques, économiques et sociales, le processus d'intégration se passe plutôt bien puisque les immigrés et leurs descendants semblent être attachés à leur vie en France, apprennent le français et respectent globalement cette culture qui les accueille. Naturellement, le système culturel français évolue au contact des populations immigrés et grâce à l'intégration de ces populations. Comme avec les identités régionales (voir *Chapitre 6*), on peut donc revendiquer son appartenance à une communauté particulière sans pour autant mettre en danger l'identité nationale ou même le tissu social.

Questions de compréhension. De quelle manière les populations immigrés se sont-elles intégrées à la société française actuelle ? Quels sont les challenges auxquels elles doivent faire face ?

Questions de réflexion

Répondez aux questions suivantes sur le phénomène complexe de l'immigration. Ensuite, partagez vos idées avec vos collègues et votre professeur.

1. Comment décririez-vous les différents groupes d'immigrés en France ? Existe-t-il, à votre avis, un parallèle avec les groupes d'immigrés aux Etats-Unis ?
2. Quelles sont les difficultés auxquelles les populations immigrées doivent faire face ?
3. Quels sont les facteurs d'intégration qui vous semblent les plus importants pour les immigrés ?
4. Vivez-vous ou avez-vous vécu dans une communauté qui a été fortement influencée par l'immigration ? Expliquez les circonstances de ces migrations et les influences qui demeurent dans la culture de cette communauté.
5. Il semble que les populations soient de plus en plus mobiles à l'intérieur d'un même pays mais aussi entre pays. Quel avenir envisagez-vous pour l'immigration dans les pays industrialisés comme la France et les Etats-Unis ?

Avez-vous compris ?
Allez plus loin

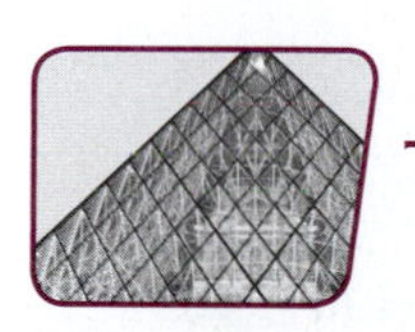

TEXTE A ANALYSER

Les challenges de l'intégration racontés par un journaliste

Vous allez lire un article de Mustapha Kessous, journaliste qui travaille pour le quotidien français *Le Monde*. Dans l'article, il raconte ses expériences professionnelles et personnelles en étant perçu comme un étranger dans son propre pays.

Avant de lire l'article

Faites des hypothèses à propos du contenu de cet article et discutez vos idées sur ces questions avec vos collègues et votre professeur.

1. A quoi pensez-vous quand vous lisez le prénom « Mustapha » ? Quelle image de cette personne vous vient à l'esprit ?
2. A votre avis, arrive-t-il souvent qu'on juge une personne en ne connaissant que son prénom et son nom de famille ? Si oui, donnez des exemples.

En lisant l'article

Répondez aux questions suivantes en basant vos réponses sur le contenu de l'article.

1. Quelles origines étrangères ce journaliste français a-t-il ?
   a. maghrébine   b. haïtienne   c. arménienne
2. D'où vient l'auteur réellement ?
   a. Lyon   b. Alger   c. Paris
3. Pourquoi l'auteur a-t-il décidé d'amputer une partie de son identité dans certaines situations ?
   a. pour respecter sa vie privée et ne pas divulguer d'informations personnelles
   b. dans le monde du journalisme français, les gens se font appeler par leur nom de famille uniquement
   c. pour éviter les préjugés contre lui dans l'exercice de sa profession
4. Dans quelle situation n'a-t-il pas rencontré un traitement atypique ?
   a. dans sa vie privée pendant des sorties
   b. dans les démarches pour trouver un travail
   c. pendant sa formation de journaliste

Moi, Mustapha Kessous, journaliste au *Monde* et victime du racisme

« Ça fait bien longtemps que je ne prononce plus mon prénom quand je me présente au téléphone »

« Le Monde » a demandé à un de ses journalistes, Mustapha Kessous, 30 ans, d'écrire ce qu'il racontait en aparté° à ses collègues : les préjugés contre les Maghrébins, qui empoisonnent sa vie privée et professionnelle.

° *in private*

Brice Hortefeux a trop d'humour. Je le sais, il m'a fait une blague un jour. Jeudi 24 avril 2008. Le ministre de l'immigration et de l'identité nationale doit me recevoir dans son majestueux bureau. Un rendez-vous pour parler des grèves de sans-papiers dans des entreprises. Je ne l'avais jamais rencontré. Je patiente avec ma collègue Laetitia Van Eeckhout dans cet hôtel particulier de la République. Brice Hortefeux arrive, me tend la main, sourit et lâche : *« Vous avez vos papiers ? »*

asphalt

Trois mois plus tard, lundi 7 juillet, jour de mes 29 ans. Je couvre le Tour de France. Je prépare un article sur ces gens qui peuplent le bord des routes. Sur le bitume° mouillé près de Blain (Loire-Atlantique), je m'approche d'une famille surexcitée par le passage de la caravane, pour bavarder. *« Je te parle pas, à toi »,* me jette un jeune homme, la vingtaine. A côté de moi, mon collègue Benoît Hopquin n'a aucun souci à discuter avec cette *« France profonde »*. Il m'avouera plus tard que, lorsque nous nous sommes accrédités, une employée de l'organisation l'a appelé pour savoir si j'étais bien son… chauffeur.

bronzée
hooks (here in the boxing sense) / swung / sticky

Je pensais que ma *« qualité »* de journaliste au *Monde* allait enfin me préserver de mes principaux *« défauts »* : être un Arabe, avoir la peau trop basanée°, être un musulman. Je croyais que ma carte de presse allait me protéger des *« crochets »*° balancés° par des gens obsédés par les origines et les apparences. Mais quels que soient le sujet, l'endroit, la population, les préjugés sont poisseux°.

the main office

J'en parle souvent à mes collègues : ils peinent à me croire lorsque je leur décris cet *« apartheid mental »,* lorsque je leur détaille les petites humiliations éprouvées quand je suis en reportage, ou dans la vie ordinaire. A quoi bon me présenter comme journaliste au *Monde*, on ne me croit pas. Certains n'hésitent pas à appeler le siège° pour signaler qu'*« un Mustapha se fait passer pour un journaliste du* Monde *! »*

verlan du mot « beur » (désignant les personnes d'origine maghrébine)

Ça fait bien longtemps que je ne prononce plus mon prénom lorsque je me présente au téléphone : c'est toujours *« M. Kessous »*. Depuis 2001, depuis que je suis journaliste, à la rédaction de *Lyon Capitale* puis à celle du *Monde*, *« M. Kessous »,* ça passe mieux : on n'imagine pas que le reporter est *« rebeu »*°. Le grand rabbin de Lyon, Richard Wertenschlag, m'avait avoué, en souriant : *« Je croyais que vous étiez de notre communauté. »*

paranoïaque

J'ai dû amputer une partie de mon identité, j'ai dû effacer ce prénom arabe de mes conversations. Dire Mustapha, c'est prendre le risque de voir votre interlocuteur refuser de vous parler. Je me dis parfois que je suis parano°, que je me trompe. Mais ça s'est si souvent produit…

enfant, kid

A mon arrivée au journal, en juillet 2004, je pars pour l'île de la Barthelasse, près d'Avignon, couvrir un fait divers. Un gamin° a été assassiné à la hachette par un Marocain. Je me retrouve devant la maison où s'est déroulé le drame, je frappe à la porte, et le cousin, la cinquantaine, qui a tenté de réanimer l'enfant en sang, me regarde froidement en me lançant : *« J'aime pas les Arabes »*. Finalement, il me reçoit chez lui.

On pensait que le meurtrier s'était enfui de l'hôpital psychiatrique de l'endroit : j'appelle la direction, j'ai en ligne la responsable : *« Bonjour, je suis M. Kessous du journal* Le Monde... » Elle me dit être contente de me recevoir. Une fois sur place, la secrétaire lui signale ma présence. Une femme avec des béquilles° me passe devant, je lui ouvre la porte, elle me dévisage sans me dire bonjour ni merci. *« Il est où le journaliste du* Monde ? », lance-t-elle. « *Juste derrière vous, Madame* ». Je me présente. J'ai alors cru que cette directrice allait *s'évanouir*. Toujours pas de bonjour. *« Vous avez votre carte de presse ? »*, me demande-t-elle. « *Vous avez une carte d'identité ? » « La prochaine fois, Madame, demandez qu'on vous faxe l'état civil, on gagnera du temps »*, ripostai-je. Je suis parti, évidemment énervé, forcément désarmé, avant de me faire arrêter plus loin par la police qui croyait avoir... trouvé le suspect.

crutches

Quand le journal me demande de couvrir la révolte des banlieues en 2005, un membre du club Averroès, censé promouvoir la diversité, accuse *Le Monde* d'embaucher des fixeurs, ces guides que les journalistes paient dans les zones de guerre. Je suis seulement l'alibi d'un titre *« donneur de leçons »*. L'Arabe de service, comme je l'ai si souvent entendu dire. Sur la Toile°, des sites d'extrême droite pestent contre *« l'immonde »* quotidien de référence qui a recruté un *« bougnoule »*° pour parler des cités.

Web
(derog.) arabe

Et pourtant, s'ils savaient à quel point la banlieue m'était étrangère. J'ai grandi dans un vétuste° appartement au cœur des beaux quartiers de Lyon. En 1977, débarquant d'Algérie, ma mère avait eu l'intuition qu'il fallait vivre au centre-ville et non pas à l'extérieur pour espérer s'en sortir : nous étions parmi les rares Maghrébins du quartier Ainay. Pour que la réussite soit de mon côté, j'ai demandé à être éduqué dans une école catholique : j'ai vécu l'enfer ! *« Retourne dans ton pays »*, *« T'es pas chez toi ici »*, étaient les phrases chéries de certains professeurs et élèves.

decrepit

Le 21 décembre 2007, je termine une session de perfectionnement dans une école de journalisme. Lors de l'oral qui clôt cette formation, le jury, composé de professionnels, me pose de drôles de questions : *« Etes-vous musulman ? Que pensez-vous de la nomination d'Harry Roselmack ? Si vous êtes au* Monde, *c'est parce qu'il leur fallait un Arabe ? »*

A plusieurs reprises, arrivant pour suivre un procès pour le journal, je me suis vu demander : *« Vous êtes le prévenu ? »*° par l'huissier° ou le gendarme en faction devant la porte du tribunal.

defendant / bailiff

Le quotidien du journaliste ressemble tant à celui du citoyen. Depuis plusieurs mois, je cherche un appartement. Ces jours derniers, je contacte un propriétaire et tombe sur une dame à la voix pétillante : *« Je m'appelle Françoise et vous ? » « Je suis M. Kessous »*, lui répondis-je en usant de mon esquive° habituelle. *« Et votre prénom ? »*, enchaîne-t-elle. Je crois qu'elle n'a pas dû faire attention à mon silence. Je n'ai pas osé le lui

dodge

here, « over » (fam.)

fournir. Je me suis dit que, si je le lui donnais, ça serait foutu°, qu'elle me dirait que l'appartement avait déjà été pris. C'est arrivé si souvent. Je n'ai pas le choix. J'hésite, je bégaye : *« Euhhhhh… Mus…. Mustapha »*.

Au départ, je me rendais seul dans les agences immobilières. Et pour moi — comme par hasard — il n'y avait pas grand-chose de disponible. Quand des propriétaires me donnent un rendez-vous pour visiter leur appartement, quelle surprise en voyant *« M. Kessous »* ! Certains m'ont à peine fait visiter les lieux, arguant qu'ils étaient soudainement pressés. J'ai demandé de l'aide à une amie, une grande et belle blonde. Claire se présente comme ma compagne depuis cet été et fait les visites avec moi : nous racontons que nous allons prendre l'appartement à deux. Visiblement, ça rassure.

En tout cas plus que ces vigiles qui se sentent obligés de me suivre dès que je pose un pied dans une boutique ou que ce vendeur d'une grande marque qui ne m'a pas ouvert la porte du magasin. A Marseille, avec deux amis (un Blanc et un Arabe) — producteurs du groupe de rap IAM —, un employé d'un restaurant a refusé de nous servir…

turn back

La nuit, l'exclusion est encore plus humiliante et enrageante, surtout quand ce sont des Noirs et des Arabes qui vous refoulent° à l'entrée d'une boîte ou d'un bar. Il y a quatre mois, j'ai voulu amener ma sœur fêter ses 40 ans dans un lieu parisien « *tendance* ». Le videur nous a interdit l'entrée : *« Je te connais pas ! »* Il aurait pourtant pu se souvenir de ma tête : j'étais déjà venu plusieurs fois ces dernières semaines, mais avec Dida Diafat, un acteur — dont je faisais le portrait pour *Le Monde* — et son ami, le chanteur Pascal Obispo.

deals the blow

Get lost !

Fin 2003, je porte plainte contre une discothèque lyonnaise pour discrimination. Je me présente avec une amie, une « *Française* ». Le portier nous assène° le rituel *« Désolé, y a trop de monde. »* Deux minutes plus tard, un groupe de quinze personnes — que des Blancs — entre. Je veux des explications. *« Dégage ! »°*, m'expédie le videur. La plainte sera classée sans suite. J'appellerai Xavier Richaud, le procureur de la République de Lyon, qui me racontera qu'il n'y avait pas assez d'*« éléments suffisants »*.

searched

auction / handcuffed

Que dire des taxis qui après minuit passent sans s'arrêter ? Que dire de la police ? Combien de fois m'a-t-elle contrôlé — y compris avec ma mère, qui a plus de 60 ans —, plaqué contre le capot de la voiture en plein centre-ville, fouillé° jusque dans les chaussettes, ceinturé lors d'une vente aux enchères°, menotté° à une manifestation ? Je ne compte plus les fois où des agents ont exigé mes papiers, mais pas ceux de la fille qui m'accompagnait : elle était blonde.

	En 2004, une nuit à Lyon avec une amie, deux policiers nous croisent : *« T'as vu le cul qu'elle a ! »*, lance l'un d'eux. *« C'est quoi votre problème ? »*
billy, baton	rétorqué-je. Un des agents sort sa matraque° et me dit en la caressant : *« Il veut quoi le garçon ? »* Le lendemain, j'en ai parlé avec Yves Guillot, le préfet délégué à la police : il m'a demandé si j'avais noté la plaque de leur voiture. Non…
bike-share program in Lyon / appear suddenly	En 2007, la brigade anticriminalité, la BAC, m'arrête sur les quais du Rhône à Lyon : j'étais sur un Vélo'v°. On me demande si j'ai le ticket, si je ne l'ai pas volé. L'autre jour, je me gare en scooter sur le trottoir devant *Le Monde*. Je vois débouler° une voiture, phares allumés : des policiers, mains sur leurs armes, m'arrêtent. Je leur dis que je travaille là. Troublés, ils me demandent ma carte de presse, mais pas mon permis.
scum *little savage*	Des histoires comme celles-là, j'en aurais tant d'autres à raconter. On dit de moi que je suis d'origine étrangère, un beur, une racaille°, un islamiste, un délinquant, un sauvageon°, un « *beurgeois* », un enfant issu de l'immigration… Mais jamais un Français, Français tout court.
	Source : Mustapha Kessous, *Le Monde,* 23/9/2009

Après voir lu l'article

Qu'est-ce que l'article de Mustapha Kessous nous indique sur les défis de l'immigration en France ? Répondez aux questions à l'écrit avant de les discuter avec vos collègues et votre professeur.

1. A votre avis, pourquoi les Français issus de l'immigration comme Mustapha Kessous ont-ils encore des challenges à surmonter même lorsqu'ils ont la citoyenneté française, qu'ils maîtrisent la langue française et qu'ils se sont intégrés au monde du travail ?
2. Pourquoi, à votre avis, Mustapha Kessous était-il mieux accueilli quand il visitait des appartements de location avec son amie Claire que quand il y allait tout seul ? Pourquoi la présence de son amie rassurait-elle les propriétaires ?
3. Les expériences de Mustapha Kessous soulignent le rôle que peuvent jouer l'apparence physique et les préjugés vis-à-vis d'éléments identitaires qu'on ne peut pas facilement transformer, comme le prénom, dans la vie professionnelle d'un fils d'immigrés. Faut-il conclure que l'assimilation totale des immigrants dans une société est impossible ? Justifiez votre réponse.
4. Comment les challenges de Mustapha Kessous ressemblent-ils aux expériences de certaines populations d'immigrés qui, dans votre propre culture, essaient de s'intégrer professionnellement ? Comment se différencient-ils ? Donnez des exemples concrets.

try

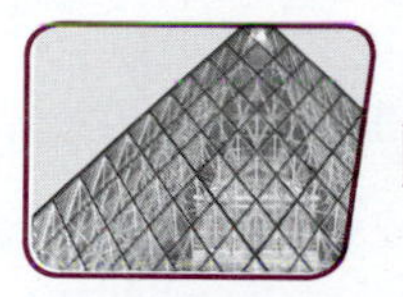

PREMIERE PERSONNE

Vidéo

Interview avec Dr Aberrahim Reda à propos de l'immigration

Vous allez regarder une vidéo dans laquelle un Franco-Marocain retrace sa trajectoire personnelle, depuis son enfance au Maroc jusqu'à son expérience de l'émigration vers la France. Dr Abderrahim Reda décrit son expérience en tant qu'immigré en France et la façon dont il envisage son intégration dans la culture française.

A propos de l'interviewé

Abderrahim Reda est né à Rabat, au Maroc, à la fin des années 1950. Eduqué au Maroc tout d'abord, il finit ses études de médecine en France et devient chirurgien orthopédiste. Il vit désormais à côté de Bressuire au nord-est du Poitou-Charentes.

Avant de regarder l'interview

Travaillez en petits groupes de trois ou quatre personnes pour répondre aux questions suivantes.

1. Quels facteurs pourraient pousser une personne à quitter son pays et ne pas y retourner ?
2. Quels facteurs pourraient selon vous faciliter l'intégration d'un immigré ?
3. Si un immigré arrive en France avec un diplôme de médecine, pensez-vous que ce diplôme doive être reconnu immédiatement ou pensez-vous au contraire que cette personne doive démontrer ses compétences avant de pratiquer son métier ?

En regardant l'interview

Indiquez si les affirmations suivantes sont **vraies** ou **fausses** selon le Dr Reda.

1. Le Maroc est le pays arabo-musulman où le mode de vie est le plus occidentalisé.
2. La formation de spécialiste peut être longue et compliquée parce qu'on est étranger, ce qui est normal.
3. L'élément central de la culture française qui favorise l'intégration des immigrés en France est l'espace républicain.
4. Les Français sont racistes.
5. Les problèmes d'intégration des musulmans de France viennent de ce que la majorité d'entre eux est violente.

Après avoir regardé l'interview

Avec le même groupe de trois ou quatre personnes, répondez aux questions suivantes. Ensuite, présentez vos réponses à la classe.

1. Le Dr Reda décrit le mode de vie marocain comme étant occidentalisé. Dans quelle mesure pensez-vous que cela ait facilité son intégration à la culture française ? Est-ce une condition nécessaire à une intégration réussie ?
2. Trouvez-vous normal, comme le Dr Reda, que les immigrés doivent surmonter des obstacles supplémentaires pour faire reconnaître leur diplôme avant de travailler en France ? Justifiez votre réponse.
3. Selon le Dr Reda, le modèle d'intégration français va du collectif (la République et la citoyenneté française) vers le particulier (l'expression des différences individuelles). A votre avis quels sont les avantages et les inconvénients associés à ce type de trajectoire ?
4. A votre avis est-ce que les immigrés aux Etats-Unis suivent une trajectoire similaire ? Justifiez votre réponse.
5. Le Dr Reda oppose l'espace républicain dans lequel on s'intègre avec les communautés aux Etats-Unis (par exemple la communauté chinoise à *Chinatown*). Dans quelle mesure êtes-vous d'accord avec son évaluation ? Peut-on s'intégrer en revendiquant son appartenance à une communauté ?

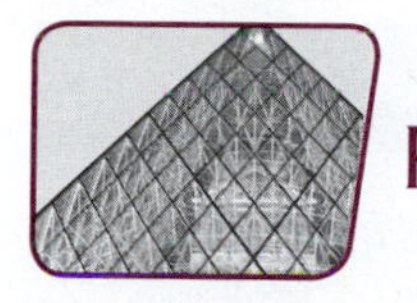

RAPPEL

Donner son opinion, exprimer son accord ou son désaccord et nuancer l'argument

En étudiant les thèmes polémiques qu'abordent les Parties III et IV de ce livre, vous aurez l'occasion de donner votre opinion et d'exprimer votre accord ou votre désaccord avec vos collègues. Vous aurez aussi besoin, parfois, de nuancer l'argument. Pour cela, il sera nécessaire d'employer une variété d'expressions pour expliquer et défendre votre point de vue de manière persuasive. Voici deux tableaux qui résument quelques expressions utiles pour atteindre ces objectifs pragmatiques.

Donner son opinion	Exprimer son accord
à mon avis	absolument
d'après moi	bien entendu
en ce qui me concerne	bien sûr
il me semble que…	C'est justement ce que je voulais dire.
j'ai l'impression que…	C'est vrai.
je crois / pense / trouve que…	effectivement
je suis certain(e) / convaincu(e) / persuadé(e) / sûr(e) / que…	Je suis (tout à fait / complètement) d'accord avec vous.
pour ma part	évidemment
pour moi	exactement
quant à moi	J'allais dire exactement la même chose.
selon moi	en effet
	vous avez raison

Exprimer son désaccord	Nuancer l'argument
absolument pas	C'est plus compliqué que cela (ça).
bien sûr que non	Ce n'est pas aussi simple que cela (ça).
ce n'est pas certain	j'aimerais avoir des précisions sur…
c'est faux	je crois qu'il faut distinguer entre… et…
je n'en suis pas convaincu	juste une question à propos de / au sujet de…
je ne crois / pense / trouve pas que	il faudrait aussi prendre en compte
je ne suis pas (tout à fait, complètement) d'accord avec vous	il y a du vrai dans ce que vous dites mais…
je ne suis (absolument) pas de votre avis	Ce n'est pas (complètement) faux mais…
vous n'avez pas raison	

Pour exprimer une opinion, il faut souvent employer le mode subjonctif tandis que l'indicatif est utilisé pour exprimer une affirmation ou un fait certain. Le subjonctif se trouve donc presque toujours dans une proposition subordonnée précédée d'une expression de volonté, d'émotion, de désir ou de doute. Le tableau ci-dessous résume les règles qui vous aideront à choisir entre les deux modes.

Notez que l'utilisation du subjonctif est très courante en français. Les expressions ci-dessous ne représentent donc pas une liste complète des cas où on doit l'utiliser. Veuillez vous référer à votre grammaire de référence pour plus de détails et une liste plus complète de ces expressions.

	Le mode subjonctif	Le mode indicatif
La certitude ou la quasi-certitude exprimée à l'affirmatif		Je suis sûr que la France va continuer d'accueillir beaucoup d'immigrés. Je crois que l'adaptation culturelle est un challenge formidable pour les immigrés.
Le doute (souvent exprimé au négatif)	Je ne pense pas que l'immigration soit un enjeu simple. Je doute que l'intégration des immigrés dans la société française se fasse rapidement.	
Le jugement	Il est important qu'une communauté immigrante se souvienne de ses racines. Il est essentiel que la France ait des lois en place pour protéger les immigrés ouvriers.	
La probabilité		Il est probable que l'immigration continue à représenter un enjeu important en France.
L'expression « Il me semble que »		Il me semble que la stigmatisation de certaines communautés immigrantes est un vrai problème.
L'expression « Il semble que »	Il semble que les Français aient une longue histoire d'immigration.	
Les questions qui concernent les opinions des autres	Pensez-vous que le gouvernement français fasse suffisamment d'efforts pour encourager l'immigration légale ? Crois-tu que la décolonisation soit une étape positive pour la France ?	

Pratiquons !

Voici une liste de quelques gros titres des journaux français à propos de l'immigration. Travaillez avec un(e) collègue et expliquez votre point de vue sur chacun en employant des expressions des tableaux aux pages 151–152 et le mode subjonctif ou le mode indicatif selon le cas. Indiquez aussi si vous êtes d'accord ou pas avec les opinions de votre collègue et nuancer l'argument si nécessaire en utilisant les expressions correspondantes.

1. Pour le président de l'Office français de l'immigration et de l'intégration, il existe « un lien évident entre l'immigration pauvre et délinquance ».
2. Et si chacun pouvait émigrer où il veut, quand il veut ?
3. La liste des métiers ouverts aux étrangers est réduite de moitié : Quatorze professions, au lieu de trente, permettent désormais d'obtenir des visas.
4. La ville de Marseille ordonne l'évacuation d'un camp de Roms.
5. L'immigration, principal moteur de la croissance démographique en Europe
6. Pour 34% des Français, il faut rendre plus difficile le regroupement familial pour les immigrés.

Maintenant, complétez chaque phrase ci-dessous à l'érit en employant le mode indicatif ou le mode subjonctif selon le cas. Ensuite comparez vos idées avec celles de vos collègues en travaillant en petits groupes. N'oubliez pas de vous servir des tableaux pour alimenter votre conversation.

1. Je pense que l'immigration en France…
2. Je ne suis pas sûr(e) que l'assimilation culturelle des immigrés en France…
3. Il est essentiel que les immigrés en France…
4. Il me semble que l'immigration clandestine en France…
5. Croyez-vous que l'immigration…

ACTIVITE DE SYNTHESE

Lettre ouverte au Rédacteur en chef

Après avoir lu l'article « Moi, Mustapha Kessous, journaliste au *Monde* et victime de racisme », vous décidez de réagir et d'écrire une lettre au *Monde*. Dans votre lettre (de 16 à 20 phrases) adressée au Rédacteur en chef du journal, expliquez vos opinions sur les expériences de M. Kessous, posez-lui des questions à propos de l'immigration et du racisme en France, et fournissez des suggestions pour améliorer l'intégration des immigrés dans la vie professionnelle en France. Vous pouvez faire des comparaisons avec votre propre culture et l'intégration et l'assimilation des immigrés dans votre pays. Servez-vous des *Expressions de base* pour parler de l'immigration et des informations dans le *Rappel !* de ce chapitre.

CHAPITRE

9

Les croyances

OBJECTIFS

- Identifier les religions majeures pratiquées en France
- Décrire les pratiques religieuses actuelles des Français
- Définir le concept de **laïcité**
- Enrichir son vocabulaire pour parler de la religion

© Sébastien Dubreil, 2011

Que suggère cette église sur l'histoire des pratiques religieuses en France ?

Images

Expressions de base pour parler de religion

Noms
une affiliation
l'antisémitisme
le catholicisme
le christianisme
une communauté
une confession
une croix
une croyance
l'Eglise
une église
l'héritage
le judaïsme
une kippa
l'intégration
l'interdiction
l'islam
la laïcité
un lieu de culte
une mosquée
le nationalisme
le port
une pratique
la religion
une secte
la sphère (privée / publique)
la spiritualité
une synagogue
un temple
la tolérance
une valeur
le voile

Adjectifs
catholique
chrétien(ne)
croyant(e)
fondamentaliste
intégriste
juif (-ive)
judéo-chrétien(ne)
laïc (laïque)
marginalisé(e)
musulman(e)
pratiquant(e)
protestant(e)
religieux (-euse)

Verbes
appartenir (à)
fréquenter (une église)
interdire
manifester
négocier
se réclamer
supprimer

Expressions utiles
au vu de
en revanche

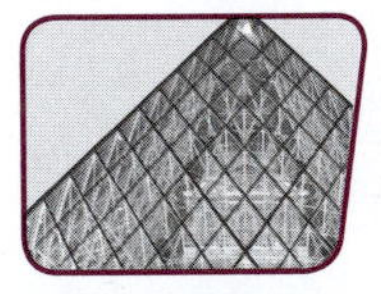

ENTREE EN MATIERE

Une affaire privée ? : Les pratiques religieuses en France

Discuter des croyances et pratiques religieuses semble toujours être un sujet passionné et passionnant, tant la religion touche de nombreux aspects de la vie en société. Ceci est le cas principalement dans des sociétés où la diversité ethnique grandit, comme par exemple en France et aux Etats-Unis. Négocier la place de la religion dans une culture est un processus délicat et sans cesse en (re)négociation, parce qu'il met en jeu les notions de sphère privée, de sphère publique et de l'interface entre les deux. *Quel rôle joue la religion dans votre vie ? Discutez-vous volontiers vos croyances religieuses ? Comment envisagez-vous le rôle de la religion dans la société ?*

La France est un pays avec une longue tradition catholique puisque le christianisme y apparaît dès le Ier siècle. Pendant près de mille ans, le pouvoir politique et le pouvoir religieux sont étroitement liés par un régime monarchique de droit divin[1] qui se termine avec la Révolution. A cette époque, le catholicisme devient donc la religion des rois de France, de l'aristocratie et, petit à petit, de l'ensemble

[1] *Monarchie où le roi légitime son pouvoir en invoquant la volonté d'un Dieu de le lui avoir accordé.*

du pays. Après la réforme protestante en Allemagne (menée par Martin Luther, 1517) et en Suisse (menée par Jean Calvin, 1532), le protestantisme s'est implanté en France mais a toujours été quelque peu marginalisé.

Les juifs, quant à eux, sont arrivés en France en même temps que le christianisme. Ils sont restés minoritaires et ont subi des poussées intermittentes d'antisémitisme depuis le XIe siècle (période durant laquelle la communauté juive était pourtant florissante). Certains épisodes d'antisémitisme ont fortement influencé la culture française, comme l'affaire Dreyfus (de 1894 à 1906)[2] et la collaboration des Français avec les Allemands sous le régime de Vichy (dont la rafle du Vélodrome d'Hiver en 1942[3] est une des principales illustrations).

Les interactions entre la France et le monde musulman datent du VIIIe siècle, mais c'est principalement dans les cent dernières années que le nombre des musulmans a beaucoup augmenté en France, principalement — mais pas uniquement — par l'intermédiaire des vagues d'immigration venues d'Afrique en général, et du Maghreb en particulier. Cette tendance, commencée avec la Première Guerre mondiale, a pris de l'ampleur après la Seconde Guerre mondiale avec le regroupement familial. De nos jours de nombreuses familles musulmanes sont françaises depuis plusieurs générations et l'islam est vite devenu la deuxième religion de France. La vaste majorité de la communauté musulmane, malgré son implantation relativement récente, s'intègre bien dans la société française, une société de droit dans laquelle elle peut vivre et pratiquer un islam plus séculaire.

Si la France a donc bel et bien un héritage (judéo-)chrétien important et dominant, son histoire, en particulier plus récemment, montre une diversité grandissante des croyances religieuses. En effet, la France abrite la plus grande communauté juive et la plus grande communauté musulmane d'Europe. En outre, la séparation de l'Eglise et de l'Etat (voir ci-dessous, la notion de **laïcité**) a eu une influence déterminante sur le paysage religieux français.

Questions de compréhension. Quelles sont les quatre grandes étapes du développement des grandes religions en France ? Comment peut-on décrire aujourd'hui le paysage religieux français ?

Les pratiques actuelles

Les pratiques religieuses en France semblent avant tout être une affaire d'héritage, les enfants suivant le modèle de leurs parents. En outre, deux fois plus de femmes (20%) que d'hommes (10%) déclarent pratiquer leur religion régulièrement. Il convient aussi de mentionner le fait qu'au moins un Français sur quatre ne pratique pas ou n'a pas le sentiment d'appartenir à une religion. Enfin, les personnes se réclamant du catholicisme tendent à être plus vieilles que l'ensemble des Français ou que les Français musulmans.

[2] *L'affaire Dreyfus a divisé la France pendant 12 ans. Elle concernait Alfred Dreyfus, un officier juif de l'armée française, accusé à tort de trahison pour espionnage.*

[3] *Les 16–17 juillet 1942, plus de 13 000 juifs sont arrêtés par la police française et enfermés dans le Vélodrome d'Hiver à Paris. Beaucoup d'entre eux seront ensuite déportés au camp d'extermination d'Auschwitz. C'est la plus massive arrestation de juifs en France.*

Aujourd'hui, si la majorité des Français se disent encore catholiques (environ 60%), ce sentiment d'appartenance à la religion catholique ne s'accompagne pas d'une pratique régulière puisque seulement 15% des Français déclarent fréquenter une église régulièrement (moins de 5% y vont tous les dimanches, le taux le plus bas parmi les pays majoritairement catholiques). Si la pratique religieuse chez les catholiques français diminue régulièrement, cette diminution est inégalement répartie. En effet, la pratique religieuse diminue plus chez les hommes que chez les femmes. De plus, si les jeunes vont de moins en moins à l'église, les personnes plus âgées (au-dessus de 55 ans) y vont davantage.

La tendance est différente avec l'islam. On compte entre cinq et six millions de musulmans en France (8–10% de la population) avec une grande proportion de jeunes. Parmi ceux-ci, la moitié se déclare croyants et pratiquants. On notera que la pratique religieuse est distribuée différemment puisque les hommes fréquentent la mosquée davantage que les femmes, ce qui peut d'ailleurs être lié à l'interprétation des textes sur la prière des femmes (puisque certains pensent que les femmes ne devraient pas aller à la mosquée).

Les protestants ont une présence historique marquée en France depuis la Réforme et les Huguenots. Cependant, le développement de certaines confessions, notamment évangéliques, est un phénomène récent qui attire l'attention. L'ensemble des protestants en France est évalué à plus d'un million, soit 2% de la population, ce qui fait du protestantisme la troisième religion de France. Les protestants sont établis dans toute la France mais les plus grandes communautés sont situées dans les régions traditionnellement protestantes comme l'Alsace-Lorraine, les Cévennes (au Sud de la France), les environs de la Rochelle et le Languedoc.

Le judaïsme demeure la quatrième religion de France avec une communauté de 620 000 membres, soit 1% de la population. La communauté juive a assimilé de nombreuses familles du Maghreb qui ont quitté l'Afrique du Nord au vu de la montée d'un antisémitisme violent dans ces pays dans les années 1950–1960. La majorité des juifs est installée principalement dans les grandes villes françaises et par conséquent, juifs et musulmans cohabitent parfois dans certains quartiers, particulièrement dans les banlieues.

La distribution de la population française dans les différentes religions est reflétée dans le nombre de lieux de culte qui sont associés aux différentes confessions. En effet, on dénombre en France environ 45 000 églises catholiques, 2 000 mosquées, 1 200 temples (protestants) et un peu moins de 300 synagogues.

Enfin, d'autres religions, comme le bouddhisme, sont présentes sur le territoire français bien que fortement minoritaires. Par ailleurs, il existe des sectes en France. Bien que leurs effectifs soient difficiles à établir précisément, ces sectes semblent toucher environ 400 000 Français. Les témoins de Jéhovah sont le groupe le plus représenté avec près de 130 000 personnes.

Questions de compréhension. Identifiez quatre grandes tendances dans les pratiques religieuses en France aujourd'hui.

Un trait typiquement français : La laïcité

La **laïcité** décrit le principe selon lequel la religion et la vie politique doivent demeurer deux entités séparées, la première appartenant à la sphère privée alors que la deuxième relève de la sphère publique. Les origines exactes de la notion de laïcité demeurent l'objet de débats. En revanche, les opinions s'accordent sur le fait que plusieurs facteurs au cours de l'histoire ont montré des signes que la culture française tend à ne pas vouloir mêler religion et politique.

De façon générale, c'est une nouvelle fois la Révolution de 1789 qui va constituer un tournant décisif dans ce domaine. En effet, si différents penseurs associés aux Lumières avaient déjà théorisé, dès le début du XVIIIe siècle, la distinction entre l'Eglise et l'Etat, c'est la Révolution qui pose la liberté et l'égalité des cultes ainsi que la séparation des cultes et de l'Etat. Après presqu'un siècle de débats, c'est finalement avec la IIIe République (1870–1940) que le terme de **laïcité** arrivera dans les textes politiques. Les lois sur l'éducation, tout d'abord, assurent une école publique, gratuite, laïque et obligatoire dont le but est de libérer les esprits et de faire avec « des Français » *les* Français, quelles que soient leurs orientations politiques et religieuses. Mais c'est surtout la loi du 9 décembre 1905 qui garantit la liberté de conscience et de culte (Article 1) et stipule que « la République ne reconnaît, ne salarie ni ne subventionne aucun culte » (Article 2).

Répondant, plus d'un siècle après, à l'exhortation de Victor Hugo devant l'Assemblée nationale : « Je veux l'Etat laïque, purement laïque, exclusivement laïque. », la constitution de la Ve République s'ouvre sur ces termes : « Article premier — La France est une République indivisible, laïque, démocratique et sociale. Elle assure l'égalité devant la loi de tous les citoyens sans distinction d'origine, de race ou de religion. Elle respecte toutes les croyances. »

De manière générale, les Français adhèrent pleinement à cette vision. Lors de l'étape la plus récente dans le processus de construction de l'Europe, la ratification du traité de Lisbonne[4] (2008) a posé problème à beaucoup de Français, depuis la classe politique à l'ensemble de la population, parce que le terme « laïcité » ne figurait pas dans le texte du traité. Hors, cette notion ne s'applique pas à une majorité des pays de l'Union européenne, tels que le Royaume-Uni ou la Grèce, où les relations entre religion et pouvoir politique sont beaucoup plus étroites.

Une conséquence du principe de laïcité vient du fait que, suite à la loi de 1905, l'Etat s'est approprié les lieux de culte construits avant cette date. Ces lieux sont donc mis à la disposition des communautés religieuses par l'Etat français. De plus depuis 1905, églises, mosquées, synagogues et autres ne peuvent être achetées ou construites que sur des fonds privés. Cette mesure pose parfois problème, notamment pour les communautés religieuses qui manquent de lieux de culte appropriés (en quantité et qualité) comme les musulmans, qui essaient actuellement d'ouvrir un plus grand nombre de mosquées.

Cependant, les avantages de la laïcité, aux yeux des Français, résident dans le fait qu'elle garantit la liberté de pratiquer ou de ne pas pratiquer une religion. D'autre part, l'Etat ne peut favoriser une religion par rapport à une autre. Les religions autres que la religion historiquement dominante (le catholicisme) peuvent donc exister en toute légalité et en toute sérénité. Le fait de vivre dans un état laïc permet

[4] *L'objectif principal du traité de Lisbonne était de proposer des modifications institutionnelles dans l'Union européenne de façon à favoriser l'établissement d'une constitution commune aux états membres.*

par conséquent à certaines communautés, comme la communauté musulmane, de se sentir bien dans un tel contexte où elles peuvent vivre leur religion de façon plus intime ou tout au moins différente que dans un état théocratique. Les musulmans de France sont d'ailleurs très favorables à la laïcité. En résumé, ce que les Français apprécient dans le principe de laïcité, c'est qu'il fait de la religion un élément de la vie privée, une poursuite personnelle, identitaire et intérieure.

Questions de compréhension. Quelle est la raison principale pour la défense du principe de laïcité par les Français ?

Religion, culture et société : Une relation parfois délicate

Même si la France est un état laïc qui entend bien le rester, l'influence de la religion — (catholique en particulier) — sur le système culturel et sur la vie quotidienne se manifeste constamment. On peut noter par exemple que le calendrier scolaire est ponctué de vacances toutes situées autour des fêtes catholiques : la Toussaint, Noël, Pâques, avec en outre des jours fériés pour l'Ascension et la Pentecôte[5]. D'autre part, si l'on suit les médias français, on se rend compte que les thématiques religieuses continuent à préoccuper ou à intéresser les Français. Malgré cela, il est rare pour les Français de discuter de leurs croyances religieuses, sauf dans des contextes intimes où ils se sentent à l'aise.

Cet intérêt pour les questions religieuses provient peut-être du fait que si les pratiques religieuses — mesurées par la fréquentation des lieux de culte — diminuent, les Français affichent toujours un certain besoin de spiritualité et de valeurs. Ceci se manifeste par l'expression d'une croyance en Dieu ou en une forme de vie après la mort. Ceci se manifeste aussi par le fait que les relations interpersonnelles, si elles sont de moins en moins régulées par des dogmes religieux, sont dirigées par des valeurs civiques de tolérance et de respect de l'individu dans ses opinions et ses choix de vie. Il semblerait qu'il y ait donc une certaine convergence des Français en ce qui concerne les valeurs morales, qu'ils pratiquent ou non une religion. On notera cependant que les personnes indiquant une affiliation religieuse tendent à être plus active dans la vie associative et à participer davantage à la vie politique (en votant).

La religion influence aussi la culture française jouant un rôle dans les comportements de la vie quotidienne. En effet, les couples religieux pratiquants habitent moins souvent ensemble avant le mariage que les couples non-religieux et ils ont plus d'enfants. En outre, les catholiques ont tendance à se situer plus à droite du paysage politique français et à épouser des points de vue plus conservateurs que les Français qui ne sont pas religieux. Il est cependant important de noter qu'il existe une longue tradition de catholiques de gauche qui a débuté avec les syndicats[6], s'est poursuivie avec le mouvement des prêtres-ouvriers[7] dans les années 1950–1960, et qui est aujourd'hui

[5] *L'Ascension est une fête chrétienne célébrée 40 jours après Pâques ; elle représente le jour où Jésus-Christ a été élevé au Ciel. Dix jours après, les chrétiens célèbrent la Pentecôte, qui représente la venue du Saint-Esprit sur les Apôtres et leur prise de conscience qu'ils sont l'Eglise.*

[6] *Association qui défend les intérêts d'un groupe, ici les ouvriers.*

[7] *Les prêtres ouvriers étaient des prêtres qui participaient à la vie professionnelle, notamment en tant que travailleurs salariés. Le mouvement se développa beaucoup après la deuxième Guerre mondiale. Ils sont près de 600 en France aujourd'hui*

présente dans des mouvements comme l'ACO (Action catholique ouvrière) ou la JOC (Jeunesse ouvrière chrétienne), le plus grand mouvement de jeunes en France.

La religion influence donc de plusieurs façons la vie sociale en France. En effet, il semble qu'il y ait une certaine polarisation aux extrêmes en ce qui concerne la religion, c'est-à-dire que la majorité de la population embrasse un Etat laïc modéré mais chaque religion englobe aussi des membres qui ont une vision plus fondamentaliste ou intégriste de leur religion. Ceci a des conséquences parfois violentes. On relève notamment depuis le début du XXIe siècle, une certaine augmentation du nombre d'attentats ou crimes commis contre des membres des communautés juive et musulmane. Il existe une certaine tension entre ces deux communautés qui est intensifiée par la situation géopolitique internationale autour du conflit israélo-arabe. Mais certains de ces crimes sont aussi perpétrés par des petits groupes d'extrême droite qui se réclament éventuellement de confessions chrétiennes.

L'existence d'une grande diversité ethnique sur le sol français nécessite aussi l'aménagement d'un cadre légal qui règle la vie quotidienne dans le respect des lois et des libertés de chacun. Par conséquent, il y a parfois des tensions aux points de contact entre religion et contexte socio-politique. Ceci s'est manifesté en France autour du port du voile islamique (le *hijab*) à l'école, qui a résulté par l'interdiction de celui-ci dans les écoles, au même titre que les autres signes religieux (tels que la croix chrétienne ou la kippa juive) par la loi du 15 mars 2004. Il est important de noter que cette décision a été relativement bien reçue, parce qu'elle a été bien expliquée par les pouvoirs publics et bien comprise par l'ensemble de la population. Il est aussi intéressant de mettre cela en lien avec le fait que certains pays musulmans interdisent eux aussi le port du voile par les jeunes filles à l'école. Plus récemment en France (septembre 2010), le port de la *burqa* et du *niqab*[8] a été interdit dans l'espace public[9]. La campagne du gouvernement s'intitulait : « la République se vit à visage découvert ». Il reste à voir si l'application de cette loi se fera dans un climat resté jusqu'à présent relativement paisible sur ce sujet.

Question de compréhension. Quels sont les aspects de la culture française qui sont influencés par la religion ?

Questions de réflexion

Pour vous aider à comprendre le rôle important de la religion dans la culture française et dans la vôtre, discutez les questions suivantes avec un groupe de trois ou quatre collègues. Ensuite, partagez vos idées avec votre professeur et la classe.

1. Le paysage des croyances religieuses en France est-il similaire à ce que l'on trouve aux Etats-Unis (en termes d'importance relative des religions et de la façon dont les gens participent, etc.) ? Expliquez.
2. Comment comparez-vous la notion de laïcité en France avec la séparation de l'Eglise et de l'Etat aux Etats-Unis?

[8] *Le niqab est un morceau de tissu qui couvre le bas du visage (sous les yeux). La burqa, quant à elle est un voile intégrale qui dissimule tout le visage, y compris les yeux.*

[9] *On estime à environ 2 000 le nombre de femmes concernées par cette loi.*

3. Dans quelle mesure le concept de laïcité vous semble-t-il souhaitable ou non dans le contexte d'une démocratie moderne ?
4. Alors que le contexte change avec un développement du multiculturalisme et de la diversité ethnique, comment, selon vous, les pays comme la France, les Etats-Unis et les démocraties occidentales vont-ils gérer les interactions de plus en plus fréquentes entre religion et société ?

Avez-vous compris ?
Allez plus loin

TEXTE A ANALYSER

La question des signes religieux à l'école en France

Pour analyser de plus près la question de savoir comment la France applique le principe de laïcité dans les écoles, collèges et lycées publics, vous allez lire les conclusions de la mission d'information de l'Assemblée nationale (2003) sur la question des signes religieux à l'école.

A propos du projet de loi sur le port des signes religieux à l'école

Un projet de loi sur la laïcité à l'école, destiné à interdire le port des signes religieux ostentatoires à l'école, a été approuvé en 2004. Avant d'examiner et de voter cette loi, l'Assemblée nationale a créé une sorte de comité, ou « mission d'information », composé de 30 membres représentants les différents partis politiques pour réfléchir sur la question du port des signes religieux dans les établissements scolaires en 2003. Ce comité a été aussi chargé de l'élaboration d'un rapport pour résumer les travaux de la mission.

Avant de lire le rapport

Dans la lecture précédente, vous avez appris qu'en France l'école publique est laïque et qu'un des buts du principe de laïcité à l'école est de construire une nation unie avec des citoyens français divers, quelles que soient leurs orientations politiques ou religieuses. Donc la question suivante se pose quant au port des signes religieux (le voile musulman, la croix chrétienne, la kippa juive) par les élèves : ces objets ont-ils leur place dans une école publique, c'est-à-dire dans la sphère publique ? Réfléchissez à au moins deux arguments *pour* et deux arguments *contre* le port des signes religieux à l'école et résumez-les à l'écrit. Ensuite, comparez vos idées avec celles de vos collègues et de votre professeur.

En lisant le rapport

Réfléchissez aux questions suivantes et notez vos idées. Ensuite, travaillez avec un(e) collègue pour écrire une réponse à chacune.

1. Comment résumer le contenu du rapport ? Faites un résumé en deux phrases.
2. Pourquoi l'avis du Conseil d'Etat du 27 novembre 1989 et de sa jurisprudence n'a pas été considéré satisfaisant par le comité ? Expliquez le côté négatif de l'avis.
3. Quel est l'essentiel de la disposition législative recommandée par le comité ? Citez le rapport dans votre réponse.
4. Sur quels points les membres de la mission étaient-ils d'accord? Justifiez votre réponse en citant le rapport.
5. Quels types d'établissements sont exclus des recommandations de la mission ?
6. Les recommandations de la mission ne concernent pas exclusivement les élèves mais aussi les enseignants. Citez au moins deux recommandations relatives au principe de laïcité / de la religion qui concernent les enseignants.

Lors de sa réunion du mardi 27 mai 2003, la Conférence de Présidents avait décidé, sur proposition du Président de l'Assemblée nationale, en application de l'Article 145, alinéa° 3, du Règlement, de créer une mission d'information de 30 membres sur la question des signes religieux à l'école. La mission devra dresser un état des lieux° et émettre des propositions.

paragraph

current situation

Conclusions de la mission d'information de l'Assemblée nationale sur la question des signes religieux à l'école, présidée par M. Jean-Louis DEBRE, Président de l'Assemblée nationale (12 novembre 2003)

I. Il est apparu nécessaire à tous les membres de la Mission de réaffirmer l'application du principe de laïcité à l'école.

En effet, le régime juridique actuel tel qu'il résulte de l'avis du Conseil d'Etat[10] du 27 novembre 1989 et de sa jurisprudence n'est pas satisfaisant. Il ne permet pas de répondre au désarroi° des chefs d'établissement et des enseignants confrontés à cette question qui tend à les accaparer° de plus en plus. Surtout, il subordonne les conditions d'exercice d'une liberté fondamentale à des circonstances locales.

confusion

to monopolize

[10] *Le Conseil d'Etat, créé par Napoléon Bonaparte en 1799, fait fonction de conseiller du gouvernement dans la Ve République. Il a une fonction administrative consultative (il examine les projets de lois et d'ordonnances avant que ceux-ci ne soient soumis au conseil des ministres). Il a aussi une fonction juridictionnelle (il est l'échelon suprême de la juridiction administrative qui juge les recours dirigés contre les autorités publiques).*

II. Pour la très grande majorité des membres de la Mission, cette réaffirmation du principe de laïcité doit prendre la forme d'une disposition législative qui interdira expressément le port visible de tout signe d'appartenance religieuse et politique dans l'enceinte° des établissements scolaires. Il s'agira, soit d'un projet de loi ou d'une proposition de loi spécifique, soit d'un amendement à un texte plus large concernant l'école.

confines

III. L'application de cette interdiction à l'école publique, c'est-à-dire aussi bien dans les établissements primaires que dans les établissements secondaires (collèges et lycées), a recueilli l'unanimité des membres de la mission, favorables à la disposition législative.

IV. Les membres de la mission ont exclu, également de façon unanime, du champ d'application de cette interdiction, les établissements privés hors contrat[11] dans la mesure où ils ne font pas partie du service public de l'éducation nationale.

V. En revanche, l'unanimité n'a pu se faire sur l'extension de l'interdiction aux établissements privés sous contrat en raison de leur caractère propre dont le principe a été reconnu par le Conseil constitutionnel[12].

VI. Un consensus s'est dégagé pour constater qu'il n'y avait pas lieu d'appliquer cette disposition aux départements d'Alsace-Moselle compte tenu de leur régime spécifique[13].

VII. Les membres de la mission souhaitent que cette interdiction du port visible de tout signe d'appartenance religieuse soit accompagnée de mesures destinées non seulement à favoriser la compréhension, l'acceptation et l'application de cette disposition, mais également à combler les lacunes° constatées dans la connaissance des principes liés à la notion de laïcité, comme par exemple :

fill in the gaps

- la formation obligatoire à la laïcité de tous les personnels enseignants dans les Instituts universitaires de formation des maîtres, ce qui n'est plus le cas,
- l'enseignement de la laïcité, des notions de tolérance, de liberté, de respect, d'égalité des sexes de même que l'enseignement de l'instruction civique, dès l'école primaire,

[11] *Les établissements éducatifs privés hors contrat sont rares en France. Ils comprennent les écoles qui ne dépendent pas du tout du Ministère de l'éducation nationale. L'état garde un certain niveau de contrôle sur le contenu des enseignements.*

[12] *Le Conseil constitutionnel a été constitué sous la Ve République. Ses missions principales sont de surveiller la régularité des élections et la constitutionnalité des lois. Il intervient aussi sur d'autres aspects de la vie sociale.*

[13] *Lorsque la loi de séparation de l'Eglise et de l'Etat a été votée (1905), l'Alsace et la Moselle étaient sous domination allemande. De ce fait, la loi ne s'y applique pas. Par conséquent, les lois qui régissent les rapports entre religion et vie publique sont toujours soumises à un régime particulier dans cette région.*

infringements *counter* *application* *improvement*

- l'élaboration et la diffusion d'un guide à destination de tous les enseignants pour leur permettre de faire face aux entorses° à la laïcité auxquelles ils pourraient être confrontés et faire pièce° aux arguments déployés par certains groupes de pression,
- le développement de cellules de médiation au niveau des académies, relayant celle qui a été mise en place en 1994 au niveau national,
- des moyens juridiques accrus pour sanctionner le non-respect de l'assiduité° aux cours et lutter contre les certificats de complaisance[14],
- l'amélioration° de l'enseignement de l'histoire des religions dans le cadre actuel des programmes d'histoire, de français, d'art, de philosophie,
- l'égalité de traitement des différents cultes.

Source : www.assemblee-nationale.fr/12/dossiers/laicite.asp#mission

Après avoir lu le rapport

Considérez les recommandations suivantes de la mission d'information et classez-les par ordre d'importance d'après vous (1 = la moins importante, 5 = la plus importante). Ensuite, commentez vos choix à l'écrit et justifiez-les. Discutez vos idées avec vos collègues et votre professeur.

	Score	Commentaires
1. L'interdiction du port visible des signes d'appartenance religieuse dans les écoles publiques		
2. L'enseignement de la laïcité aux élèves dès l'école primaire		
3. L'amélioration de l'enseignement de l'histoire des religions		
4. L'égalité de traitement des différents cultes représentés chez les élèves		

[14] *Les certificats de complaisance sont des certificats donnés par des médecins (ou d'autres autorités compétentes pour les rédiger) à des personnes qui ne sont pas en réalité supposées les recevoir (dans le cas présent, de fausses excuses pour manquer l'école).*

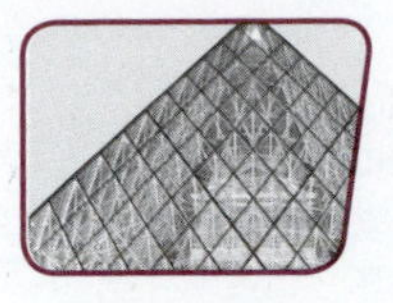

PREMIERE PERSONNE

Vidéo Interview avec le Dr Aberrahim Reda à propos de la religion en France

Vous allez retrouver le Dr Aberrahim Reda qui s'exprime cette fois-ci sur la question de la religion, de certaines différences entre l'islam et le catholicisme, ainsi que de son opinion sur la question du voile.

A propos de l'interviewé

Abderrahim Reda est né à Rabat, au Maroc, à la fin des années 1950. Eduqué au Maroc tout d'abord, il finit ses études de médecine en France et devient chirurgien orthopédiste. Il vit désormais à côté de Bressuire au nord-est du Poitou-Charentes.

Avant de regarder l'interview

Travaillez en groupes de trois ou quatre personnes pour répondre aux questions suivantes.

1. Que savez-vous des différences majeures entre le christianisme et l'islam ?
2. Dans quelle mesure pensez-vous qu'il soit important que le clergé guide la vie quotidienne des croyants ?
3. Dans quelle mesure doit-on appliquer les textes religieux (la Bible, le Coran, le Torah) comme principes d'organisation de la vie sociale ?

En regardant l'interview

Répondez aux questions suivantes.

1. Selon le Dr Reda, est-ce plutôt la religion ou la culture qui influence la tenue vestimentaire ?
2. Selon le Dr Reda, d'où vient l'idée de porter le voile ?
3. Notez deux similarités et deux différences entre l'islam et le christianisme selon Dr Reda.
4. Selon le Dr Reda, d'où vient la force des textes sacrés ?

Après avoir regardé l'interview

Avec le même groupe de trois ou quatre personnes, répondez aux questions suivantes. Ensuite, présentez vos réponses à la classe.

1. Le Dr Reda semble attacher une importance particulière au savoir et à la culture générale comme aidant à une meilleure compréhension des religions. Etes-vous d'accord ou non ? Expliquez votre position.
2. L'Eglise catholique a une hiérarchie assez complexe. Au contraire, l'islam n'a pas de clergé. Quel doit être, selon vous, le rôle du clergé dans la vie religieuse ?
3. Selon le Dr Reda, on ne peut pas appliquer les textes religieux à la lettre car ils ont été écrits dans un contexte socio-historique bien précis. Dans quelle mesure êtes-vous d'accord avec cette opinion ?
4. Selon le Dr Reda, la pratique de la religion est assimilable à « un profil de vie, une hygiène de vie » ce qui semble impliquer qu'il peut exister d'autres pratiques ou d'autres profils de vie. Etes-vous d'accord ou non ? Expliquez votre position.
5. Est-il plus difficile de promouvoir le dialogue entre les cultures ou de promouvoir le dialogue inter-religieux ?

ACTIVITE DE SYNTHESE

Essai argumentatif : Les relations entre l'Eglise et l'Etat et la laïcité

Comme vous l'avez vu, le principe de laïcité est inscrit dans le tissu même de la culture française et garanti par la constitution. Ceci est vrai dans d'autres pays également, mais la façon dont ce principe est appliqué varie selon le pays. On pourrait même se poser la question de savoir si l'application de ce principe est une chose simple. Pour explorer ces phénomènes de tangence et de tension entre les politiques établies (séparation de l'Eglise et de l'Etat) et la réalité (calendrier marqué par les fêtes chrétiennes, par exemple), vous allez travailler avec un petit groupe de vos collègues pour effectuer un brainstorming en commun et ensuite, utiliser les résultats pour écrire un travail de façon individuelle.

Partie I

Mettez-vous en petits groupes de trois ou quatre étudiants et suivez les étapes suivantes. N'oubliez pas de noter les idées les plus importantes de votre discussion.

1. Identifiez trois exemples dans votre culture où la séparation de l'Eglise et de l'Etat est effectivement respectée.
2. Identifiez trois exemples dans votre culture où il existe, à votre avis, un décalage entre les lois et la réalité.
3. Déterminez ce que signifie pour vous la notion de séparation de l'Eglise et de l'Etat. En quoi est-ce comparable au concept de laïcité ?
4. Pensez-vous qu'il soit plus important d'appliquer les règles de la constitution à la lettre ou de maintenir une certaine continuation de la culture en suivant les traditions établies (comme le fait que Noël est un jour férié, par exemple, alors que c'est une fête chrétienne) ? Justifiez votre réponse.

Partie II

Après votre discussion de groupe, écrivez individuellement un essai argumentatif en trois parties.

1. Dans la première partie, argumentez en faveur d'une application stricte des règles (avec au moins trois points).
2. Dans la deuxième partie, défendez l'autre côté du débat (avec au moins trois points).
3. Dans la troisième partie, exprimez votre position sur le sujet.

CHAPITRE

10

Education

OBJECTIFS

- Décrire les différents niveaux éducatifs en France
- Définir les concepts **école républicaine** et **égalité des chances**
- Décrire les défis actuels du système éducatif en France
- Comprendre les différences entre le système éducatif en France et aux Etats-Unis
- Enrichir son vocabulaire pour parler du système éducatif

La façade de la Sorbonne © Joe Wilkins

En regardant cette image, quels mots associeriez-vous avec le système éducatif français ?

Images

Expressions de base pour parler du système éducatif

Noms
l'apprentissage *m.*
l'aptitude *f.*
l'autonomie *f.*
le baccalauréat (le bac)
un brevet
une classe
le collège
les connaissances *f.pl.*
un cours
un cursus
un débouché
un diplôme
l'échec *m.*
l'école *f.* (maternelle, primaire)
l'éducation *f.*
l'égalité *f.* (des chances)
un(e) élève
un(e) enseignant(e)
l'enseignement *m.* (supérieur)
une épreuve
un établissement (scolaire)
un(e) étudiant(e)
une filière
la formation
l'inégalité *f.*
les grandes écoles
le lycée
une matière
la méritocratie
le ministère de l'éducation nationale
la mixité
le modèle LMD (licence-master-doctorat)
une orientation
un parcours
la professionnalisation
la recherche
la réussite
la rue de Grenelle
le savoir
le secondaire
la transmission
l'université *f.*

Adjectifs
civique
gratuit(e)
obligatoire
préparatoire
privé(e)
professionnel(le)
public (-que)
républicain(e)
scolaire
technique

Verbes
(s')achever
accéder
apprendre
éduquer
enseigner
s'épanouir
étudier
former
se manifester
obtenir
passer (un examen)
préparer
réussir (un examen)

ENTREE EN MATIERE

Eduquer ou former : Le rôle de l'école en France

Le système éducatif et l'éducation des enfants jouent un rôle central au sein de tout système culturel et de toute société. En revanche, même s'il y a un consensus sur l'importance de l'éducation, le débat reste souvent passionné sur les modalités et les finalités de la formation. *Quels sont selon vous les rôles de l'école ? L'école doit-elle être obligatoire et gratuite ? Quelle différence faites-vous entre école publique et école privée ? Avez-vous l'impression de vivre dans une méritocratie et si oui, que signifie pour vous l'égalité des chances ?*

La structure du système éducatif en France

Le système éducatif en France est relativement complexe. Autour de l'âge de 3 ans, les enfants débutent à l'école maternelle où ils vont commencer les apprentissages de bases (motricité, couleurs, arts plastiques, rudiments du travail individuel et en groupe) ainsi que perfectionner leur fondement éducatif (respect de la politesse, règles élémentaires de la vie en collectivité, socialisation).

A l'âge de 6 ans, les enfants entrent à l'école primaire pour recevoir une formation en cinq ans durant laquelle ils vont apprendre à lire et compter avant de commencer d'autres apprentissages tels que les sciences, l'histoire-géographie, le français, l'éducation physique et, de plus en plus fréquemment, une initiation aux langues étrangères.

Puis, à l'âge de 11 ans, c'est l'entrée au collège pour quatre ans, un moment crucial dans le parcours éducatif. En effet, le format diffère puisque chaque matière est enseignée par un professeur différent. En outre, le collège finit à la fin de la 3e avec le passage du premier examen commun à tous les élèves de France, le Brevet des collèges. Cet examen n'a pas d'incidence à proprement parler sur la suite des études mais constitue néanmoins une source de stress pour les jeunes élèves. Enfin, le collège constitue un moment important dans l'orientation des adolescents. En effet, la classe de 3e, véritable carrefour éducatif, va déterminer si un élève continue dans les voies dites générale ou technologique, ou sera orienté dans la voie dite professionnelle. Ces décisions sont prises en fonction des aptitudes et des résultats scolaires des élèves et, en principe, en concertation entre les élèves, les parents et les professeurs.

Ces différentes voies vont amener l'élève au lycée : soit un lycée professionnel, soit un lycée d'enseignement général ou technologique. Le lycée professionnel prépare les élèves sur des formations plus courtes à des diplômes qui leur permettent en principe d'intégrer le monde du travail. Le lycée d'enseignement général ou technologique prépare les élèves en trois ans au baccalauréat, l'examen qui marque la fin des études secondaires et permet l'accès à l'enseignement supérieur. Le **bac**, comme il est appelé, comporte une douzaine d'épreuves et se passe chaque année au mois de juin sur plusieurs semaines. Il est source d'anxiété pour beaucoup de lycéens à cause des enjeux qu'il représente pour la suite des études. En effet, c'est l'obtention du bac qui permet à l'élève d'accéder à l'enseignement supérieur. Les filières générales comportent des sujets plus théoriques et préparent les élèves à des formations plus académiques comme l'université, les grandes écoles (voir ci-dessous) ou les écoles d'ingénieur et de commerce. Les filières technologiques sont plus appliquées et préparent les élèves à l'enseignement supérieur dans une grande variété de domaines plus spécifiques comme les technologies industrielles, la gestion, les techniques de laboratoire, les arts appliqués, les métiers du domaine social, etc.

L'enseignement supérieur en France comporte tout d'abord les filières universitaires qui comprennent toutes les disciplines habituelles (lettres, sciences humaines, sciences, médecine et droit), les écoles d'ingénieurs étant à part. Les travaux de recherches des universitaires sont organisés en laboratoires désormais placés sous la responsabilité du Centre national de la recherche scientifique (CNRS). Il existe en outre des formations plus courtes (deux ans) et plus appliquées en IUT (Institut universitaire de technologie) ou en BTS (Brevet de technicien supérieur) qui conduisent à des diplômes permettant de trouver un emploi. Ce qui fait la spécificité du système français, enfin, vient de l'existence des grandes écoles auxquelles l'élite des lycéens accède par une formation de deux ans (après le bac) en classe préparatoire (parfois intégrée à l'école elle-même), formation qui s'achève par un concours. Ces grandes écoles sont présentes dans de nombreux domaines, tels les mathématiques, les lettres, le commerce, l'ingénierie, la santé publique, les sciences politiques et sociales. Certaines ont une réputation qui s'étend au-delà de la France comme l'Ecole polytechnique (connue sous le nom d'« X »), Sciences Po (Institut d'études politiques de Paris), HEC (école de commerce), l'EHESS (Ecole des hautes études en sciences sociales) et surtout l'ENA (Ecole nationale d'administration) qui forme les hauts fonctionnaires de l'Etat.

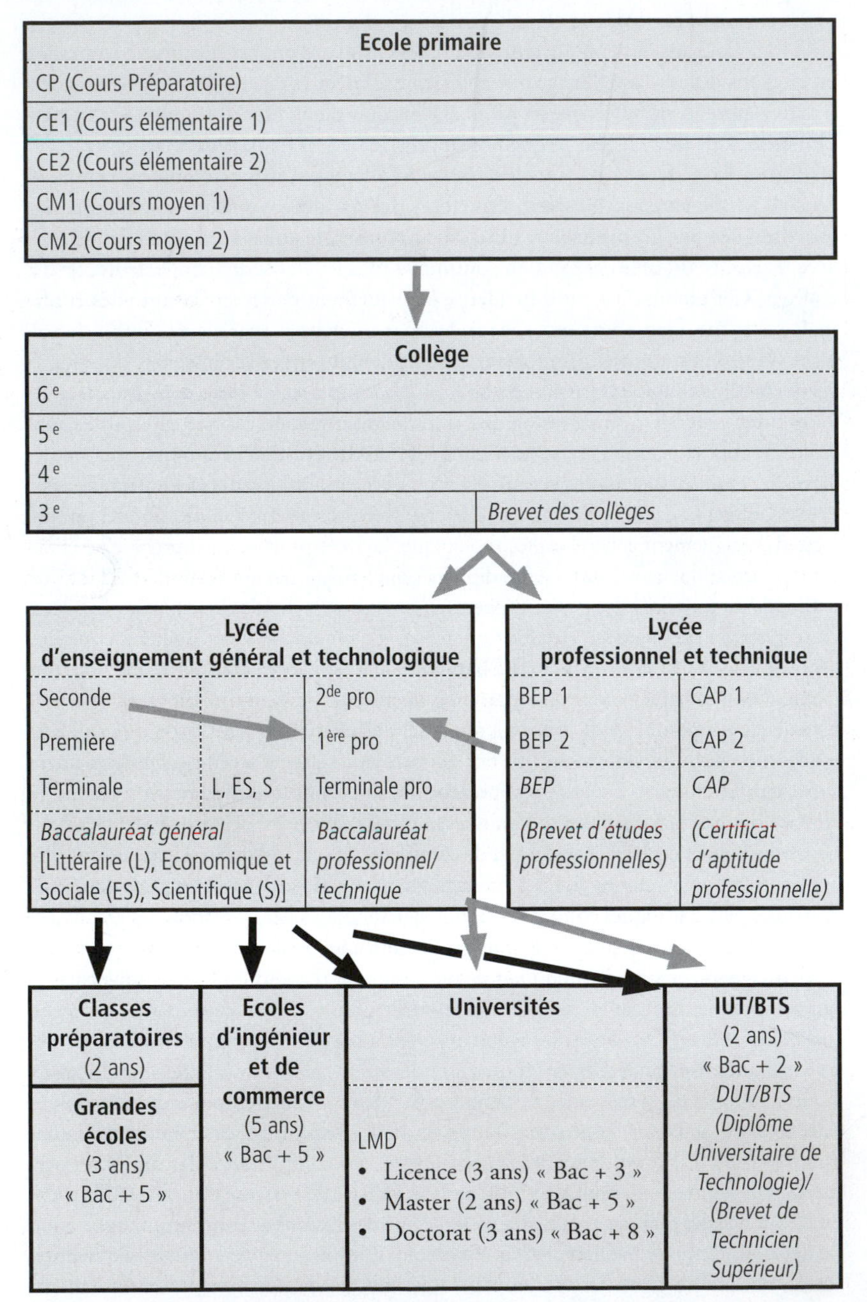

Schéma simplificateur du système éducatif en France

Questions de compréhension. Dites si les affirmations ci-dessous sont **vraies** ou **fausses**.

1. En France, les élèves ont beaucoup de liberté dans le choix des cours qu'ils suivent.
2. L'enseignement général est la voie qui offre le plus de possibilités.

Les missions de l'école en France

Il importe de distinguer deux dimensions ici : les missions liées à la structure du système éducatif et les missions liées à sa finalité. Depuis les lois sur l'école de Jules Ferry (votées au début des années 1880), la France défend l'idée d'une **école républicaine**, laïque, gratuite et obligatoire. C'est-à-dire qu'au fondement même du rôle de l'école française existe l'idée de former des citoyens français. Autrement dit, l'ambition de la IIIe République était de constituer une nation dont les membres seraient suffisamment équipés intellectuellement pour participer de façon plus réfléchie au processus démocratique républicain. Il y a donc à la fois une volonté unificatrice (que vous avez déjà vue au *Chapitre 5* avec la langue) et un objectif civique. Cette volonté unificatrice se manifeste d'ailleurs dans le fait que l'éducation est dans sa majeure partie complètement organisée par le Ministère de l'éducation nationale qui prépare le contenu des cursus, gère les processus d'évaluation (les examens) et assure la formation des professeurs. La vaste majorité des établissements scolaires en France est donc publique.

Il existe également dans le système français une forte volonté d'éducation civique qui traite les questions de société et de développement moral. Cette dimension civique est ancrée dans la notion de laïcité, ce qui explique, à ce titre, que l'enseignement religieux se fasse, quant à lui de façon séparée (sauf dans les écoles primaires et secondaires privées qui sont le plus souvent rattachées à l'Eglise catholique). Soulignant la détermination par la République de ne privilégier aucun dogme, Jules Ferry a écrit aux instituteurs : « l'instruction religieuse appartient aux familles et à l'Eglise, l'instruction morale à l'école ».

L'école est aussi gratuite car l'éducation est considérée comme un des droits fondamentaux de l'enfant. La République française considère donc que la démocratisation de l'éducation demande que l'accès ne soit pas soumis à une sélection par l'argent. La gratuité de l'école a deux conséquences : une certaine mixité sociale (en particulier dans l'enseignement supérieur) et la croissance du système éducatif (l'éducation nationale emploie actuellement plus d'un million de personnes et constitue le premier poste budgétaire de l'Etat).

L'école, enfin, est obligatoire, toujours dans cette optique de solidarité et de fraternité, pour favoriser **l'égalité des chances**. L'accès à l'éducation, en plus de permettre la transmission des valeurs, a des répercussions positives sur la cohésion et le progrès de la société, notamment en offrant des opportunités pour combattre la pauvreté et la précarité ainsi que pour favoriser l'intégration. Il convient de noter qu'il n'y a pas nécessairement de données empiriques mesurant ces relations mais que ces croyances sont bien établies dans la conscience collective des Français.

La mission de l'école est double. Elle a tout d'abord un rôle de transmission des savoirs fondamentaux et d'une certaine culture générale. Par savoirs fondamentaux, on entend le fait de savoir lire, écrire et compter, mais aussi s'orienter dans le temps et l'espace (histoire-géographie) et acquérir des notions de base dans différents domaines scientifiques. La France, comme la plupart des pays, met aussi de plus en plus l'accent sur l'apprentissage des langues et cultures. Même si elle a accumulé du retard dans ce domaine, on voit se développer un nombre d'écoles primaires qui offrent à leurs élèves une initiation à au moins une langue étrangère, souvent l'anglais, mais parfois également l'allemand, surtout dans les régions frontalières de l'est. Au niveau du secondaire, on voit l'établissement de sections européennes dans certains collèges et lycées. La particularité de ces sections est qu'elles offrent aux élèves la possibilité de suivre des cours de langues mais aussi d'avoir d'autres disciplines (par exemple, les mathématiques ou l'histoire-géographie) enseignées dans une langue autre que le français. Dans l'enseignement supérieur, il existe des programmes de l'Union européenne comme ERASMUS[1] qui encouragent la mobilité des étudiants et dont les Français tirent pleinement parti puisque les statistiques montrent qu'ils y participent plus que leurs voisins européens.

L'école a aussi un rôle de formation professionnelle et devrait en principe préparer les élèves / étudiants à l'exercice d'un métier. Cet objectif est relativement bien rempli par les formations professionnelles, dans l'enseignement secondaire comme dans l'enseignement supérieur. En revanche, il est parfois plus difficile de distinguer une connexion claire entre les formations plus générales (en particulier universitaires) et le monde professionnel. Le débat existe donc de savoir si la finalité de l'éducation scolaire dans les filières générales est effectivement de former à des professions spécifiques ou s'il s'agirait d'acquérir un certain nombre de savoirs et de compétences qui permettraient de se positionner sur le marché de l'emploi et, une fois embauché, de s'insérer dans l'entreprise et d'y apprendre les nuances du métier. Ce débat connaît un renouveau avec la loi sur l'autonomie des universités qui pourrait redéfinir les relations entre le secteur privé et le monde universitaire à travers des partenariats susceptibles d'ouvrir des portes aux jeunes diplômés. Il importe toutefois de ne pas compromettre ce qui fait la spécificité du contexte universitaire à deux niveaux. Tout d'abord, l'université forme à des professions spécifiques qu'on ne trouve pas ailleurs (notamment, mais pas seulement, dans l'enseignement et la recherche) et enfin, les universitaires conduisent des travaux de recherche — fondamentale ou appliquée — qui sont indépendants du secteur privé d'activité et qui nécessitent d'être préservés.

Question de compréhension. Quelles sont les missions de l'école en France ?

Méritocratie ou privilège des élites ? : Les défis actuels du système éducatif

Dans les démocraties occidentales, et la France ne fait pas exception, les gens croient fermement au système éducatif comme moteur d'une mobilité sociale ascendante (le fameux ascenseur social) au service d'une méritocratie qui permettrait à chacun d'accéder au plus haut niveau d'éducation en fonction de ses compétences, aptitudes et aspirations.

[1] *ERASMUS (European Region Action Scheme for the Mobility of University Students) est un programme éducatif qui favorise la mobilité des étudiants et des enseignants dans les pays de l'UE et du monde entier (Erasmus Mundus). Environ 200 000 étudiants par an y participent.*

La place qu'un individu occupe dans le système occupationnel ou social doit donc en principe être le résultat de son mérite (mesuré par son succès scolaire, c'est-à-dire ses diplômes) plus que la conséquence de facteurs hérités (famille, condition sociale, etc.).

Il est indéniable que le système éducatif en France a connu une ouverture spectaculaire depuis les années 1950, d'abord au collège (dans les années 1960) puis au lycée (dans les années 1980). C'est ainsi que 5% des membres d'une classe d'âge obtenaient le bac en 1950 alors qu'ils sont désormais 70%. Plus de 40% des jeunes obtiennent un diplôme de l'enseignement supérieur (au moins bac + 2 années), presque trois fois plus que dans les années 1980, et les jeunes Français obtiennent plus de diplômes de l'enseignement supérieur que de CAP ou BEP. Cette ouverture a eu pour conséquence une certaine mobilité sociale sur la même période, c'est-à-dire que les enfants occupent une place différente de celle de leurs parents dans le monde professionnel. En revanche, à y regarder de plus près, on s'aperçoit que cette mobilité sociale est davantage liée à une modification de la structure du monde du travail dans la première partie de la période, les Trente Glorieuses (1945–1975), car les débouchés, ou les offres d'emploi, étaient de plus en plus nombreux et il fallait des diplômés pour prendre les postes vacants. Toutes les professions se sont donc ouvertes, en particulier celles occupées par les employés et les cadres, dans le contexte rapidement changeant de la reconstruction d'après-guerre.

En revanche, le contexte actuel de crise ou de ralentissement économique (depuis la fin des années 1970) exerce une certaine pression sur le marché de l'emploi et accroît donc la concurrence sur le marché du travail. Si on examine les données les plus récentes, on voit que 53% des fils de cadres deviennent cadres et 6,5% ouvriers, alors que 46% des fils d'ouvriers deviennent ouvriers et seulement 11% cadres. Il apparaît donc que la mobilité sociale soit davantage le résultat de la modification de la structure sociale au cours des 60 dernières années que de la seule méritocratie scolaire. Même si le monde du travail est de plus en plus ouvert aux personnes de différents milieux socio-économiques, son ouverture n'est pas comparable avec celle du système scolaire qui a vu les enfants des classes les plus défavorisées atteindre des niveaux d'éducation plus élevés qu'auparavant.

Malgré cette démocratisation de l'accès à l'éducation et aux diplômes, il reste néanmoins une certaine hiérarchie des parcours scolaires des élèves qui suit plus ou moins le découpage des classes sociales. On remarque en effet aujourd'hui des inégalités dans la représentation des différentes classes sociales aux différents niveaux des systèmes éducatif et professionnel. En effet, les enfants des classes les plus favorisées (financièrement, socialement) sont plus représentés dans les filières générales — considérées comme plus prestigieuses — et notamment les grandes écoles, alors que les enfants des classes populaires sont davantage présents dans les filières professionnelles ou technologiques (y compris celles de l'enseignement supérieur) et universitaire. S'il y a bien, en théorie, égalité des chances, il y a en revanche inégalité des conditions ou inégalité de fait.

En effet, ces inégalités scolaires reflètent en partie les inégalités sociales et se manifestent également dans l'accès des enfants au monde du travail à travers la notion de capital social à deux niveaux. Premièrement, à diplôme égal, les enfants des familles aisées ont plus tendance à mobiliser les réseaux familiaux pour avoir accès à des postes plus importants et plus variés dans le monde du travail. Deuxièmement, les enfants des familles aisées en situation d'échec scolaire vont eux aussi mobiliser ces mêmes réseaux familiaux pour éviter une descente sociale trop importante.

Encore une fois, il convient de noter que ces tendances ne sont pas spécifiques à la France et que la plupart des démocraties occidentales, les Etats-Unis en particulier, connaissent des situations similaires. Malgré ces critiques du système éducatif, les Français restent souvent convaincus que davantage d'éducation est toujours mieux. De ce fait, l'école et les diplômes exercent une influence importante sur les choix individuels. D'ailleurs, les Français ont — au moins partiellement — raison. Dans les périodes difficiles, le diplôme reste la meilleure solution pour trouver un emploi, c'est-à-dire qu'un diplôme a plus de valeur que le diplôme immédiatement inférieur (il vaut mieux avoir une licence qu'un bac, un bac, qu'un BEP, etc.).

Mais peut-être conviendrait-il de chercher des solutions ailleurs, même à l'extérieur des salles de classe. Quelques tendances actuelles en France semblent aller dans cette direction. En effet, il y a une certaine revalorisation de l'expérience pratique sous forme d'apprentissage et/ou de stages qui correspond aussi à une revalorisation souhaitée des filières professionnelles. En outre, les personnes qui sont en poste peuvent parfois faire valoir ce qu'elles ont appris à travers leur vécu professionnel en vue d'obtenir un diplôme. C'est ce que l'on appelle la validation des acquis de l'expérience ou VAE. Enfin, on voit également un renouveau de la formation pour adulte qui permettrait les changements de carrière et la réinsertion professionnelle (pour les chômeurs, par exemple). Surtout cela permet à des personnes qui, pour une raison ou pour une autre, ont été en situation d'échec scolaire et ont dû abandonner les études, d'avoir une seconde chance d'obtenir un diplôme et un travail.

Il n'en reste pas moins que l'école peut développer des attitudes, du savoir-être, qui peuvent avoir du crédit sur le marché du travail. Un enfant qui ne recevrait pas ce type de socialisation dans son milieu d'origine peut donc bénéficier de l'éducation scolaire s'il sait en tirer avantage. Il est d'ailleurs intéressant de noter que, selon les parents d'élèves, les missions de l'école seraient la transmission des savoirs fondamentaux et la formation professionnelle. Ces mêmes parents identifient comme la priorité de l'école d'aider les enfants en difficulté. La réduction des inégalités semble donc être à l'ordre du jour.

Questions de compréhension. Dites si les affirmations ci-dessous sont **vraies** ou **fausses**.

1. L'éducation en France a réussi à réduire un peu les inégalités mais celles-ci persistent sur le marché du travail.
2. Une des nouvelles directions de l'éducation en France est la formation pour adulte et la validation de l'expérience professionnelle.

Questions de réflexion

Répondez aux questions suivantes sur l'éducation en France. Ensuite, partagez vos idées avec vos collègues et votre professeur.

1. Quels sont selon vous les avantages et les inconvénients d'avoir un système éducatif centralisé comme le système français ?
2. Dans quelle mesure existe-t-il dans le système éducatif américain une volonté de transmission des valeurs de la culture américaine ? Expliquez.
3. Comparez les valeurs transmises dans le système éducatif américain à celles transmises dans le système éducatif français.
4. L'objectif de l'éducation scolaire devrait-il être la transmission des savoirs ou la formation professionnelle ou les deux? Expliquez votre position.
5. Selon vous, dans quelle mesure le système de méritocratie peut-il véritablement fonctionner ?

Avez-vous compris ?
Allez plus loin

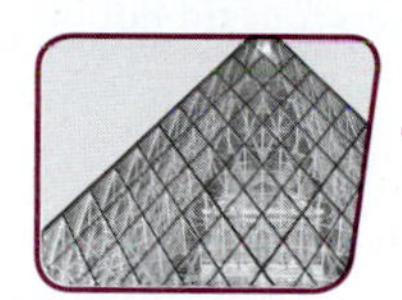

TEXTE I A ANALYSER

Eduquer l'individu ou le citoyen ? Les défis de l'éducation en France

Trois mois après son élection à la présidence en mai 2007, Nicolas Sarkozy (Président de la République de 2007 à 2012) a adressé une lettre à 850 000 enseignants en France. S'inspirant de la circulaire adressée aux instituteurs par Jules Ferry en 1883, Sarkozy est le premier président français à s'adresser directement aux enseignants. Cette lettre traite de plusieurs thèmes, y compris les missions de l'école, les valeurs transmises à l'école, le métier d'éducateur, les programmes scolaires et l'importance de la culture générale dans l'éducation des élèves.

Avant de lire les extraits de la lettre

Complétez les phrases suivantes en réfléchissant au système éducatif dans votre propre culture et vos points de vue sur l'éducation. Ensuite, comparez vos réponses avec celles de vos collègues.

1. A mon avis, les principales missions de l'école devraient être…
2. Pour moi, les valeurs que l'école devrait transmettre aux élèves sont…
3. Ma définition personnelle de la culture générale et son rôle vis-à-vis de l'éducation c'est…

En lisant les extraits de la lettre

Résumez le texte. Lisez les extraits suivants et notez les idées principales. Ensuite, utilisez vos notes pour écrire un résumé d'un paragraphe (3–4 phrases).

Vrai ou faux ? Après avoir lu les extraits, décidez si chacune des phrases suivantes est vraie ou fausse en basant vos réponses sur le texte.

1. M. Sarkozy croit que c'est la responsabilité des enseignants de surveiller le développement des capacités intellectuelles, du sens moral et des capacités physiques chez les élèves.
2. Dans cette lettre la personnalité de l'élève est mise en opposition au savoir.
3. M. Sarkozy pense qu'à présent, on ne valorise pas suffisamment la personnalité de l'élève dans le système éducatif français.
4. Selon M. Sarkozy, les chances de promotion sociale des enfants moins fortunés à travers l'éducation empirent à présent.
5. M. Sarkozy désire rétablir un âge d'or de l'éducation.
6. Pour M. Sarkozy, la formation des futurs citoyens français est la responsabilité des éducateurs.
7. Le but de l'éducation, selon M. Sarkozy, est d'immerger les élèves sous un flot de connaissances nombreuses.
8. Le Président croit que l'éducation doit faire face à la situation actuelle des rapports sociaux et à l'incertitude devant l'avenir.

LETTRE AUX EDUCATEURS

Nicolas Sarkozy

Président de la République

4 septembre 2007

Madame, Monsieur,

Je saisis° l'occasion de cette rentrée scolaire, la première depuis que j'ai été élu Président de la République, pour vous écrire.

I seize

Je souhaite vous parler de l'avenir de nos enfants. Cet avenir, il est entre les mains de chacun d'entre vous qui avez en charge d'instruire, de guider, de protéger ces esprits et ces sensibilités qui ne sont pas encore complètement formés, qui n'ont pas atteint leur pleine maturité, qui se cherchent, qui sont encore fragiles, vulnérables.

Vous avez la responsabilité d'accompagner l'épanouissement° de leurs aptitudes intellectuelles, de leur sens moral, de leurs capacités physiques depuis leur plus jeune âge et tout au long de leur adolescence. Cette responsabilité est l'une des plus lourdes mais aussi des plus belles et des plus gratifiantes.

fulfillment

Aider l'intelligence, la sensibilité à s'épanouir, à trouver leur chemin, quoi de plus grand et de plus beau en effet ? Mais quoi de plus difficile aussi ? [...]

Eduquer c'est chercher à concilier deux mouvements contraires : celui qui porte à aider chaque enfant à trouver sa propre voie et celui qui pousse à lui inculquer° ce que soi-même on croit juste, beau et vrai.

to instill

Une exigence s'impose à l'adulte face à l'enfant qui grandit, celle de ne pas étouffer° sa personnalité sans renoncer à l'éduquer. Chaque enfant, chaque adolescent a sa manière à lui d'être, de penser, de sentir. Il doit pouvoir l'exprimer. Mais il doit aussi apprendre.

to stifle

Longtemps l'éducation a négligé la personnalité de l'enfant. Il fallait que chacun entrât dans un moule° unique, que tous apprennent la même chose, en même temps, de la même manière. Le savoir était placé au-dessus de tout. Cette éducation avait sa grandeur. Exigeante et rigoureuse, elle tirait vers le haut, elle amenait à se dépasser malgré soi.

mold

L'exigence et la rigueur de cette éducation en faisaient un puissant facteur de promotion sociale. Beaucoup d'enfants néanmoins en souffraient et se trouvaient exclus de ses bienfaits. Ce n'était pas parce qu'ils manquaient de talent, ni parce qu'ils étaient incapables d'apprendre et de comprendre mais parce que leur sensibilité, leur intelligence, leur caractère se trouvaient mal à l'aise dans le cadre unique que l'on voulait imposer à tous.

Par une sorte de réaction, depuis quelques décennies, c'est la personnalité de l'enfant qui a été mise au centre de l'éducation au lieu du savoir.

[...]

[...] Jadis° on valorisait trop la transmission du savoir et des valeurs.

In the past

Désormais°, au contraire, on ne la valorise plus assez.

From now on

[...]

La culture commune qui se transmettait de génération en génération tout en s'enrichissant de l'apport de chacune d'entre elles s'est effrité° au point qu'il est plus difficile de se parler et de se comprendre.

crumbled

L'échec scolaire a atteint des niveaux qui ne sont pas acceptables.

L'inégalité devant le savoir et devant la culture s'est accrue, alors même que la société de la connaissance imposait partout dans le monde sa logique, ses critères, ses exigences. Les chances de promotion sociale des enfants dont les familles ne pouvaient pas transmettre ce que l'école ne transmettait plus se sont réduites.

Il serait vain pourtant de chercher à ressusciter un âge d'or de l'éducation, de la culture, du savoir qui n'a jamais existé. Chaque époque suscite° des attentes° qui lui sont propres.

creates
expectations

Nous ne referons pas l'école de la IIIe République, ni celle de nos parents, ni même la nôtre. Ce qui nous incombe° c'est de relever le défi de l'économie de la connaissance et de la révolution de l'information.

is incumbent upon

Ce que nous devons faire c'est poser les principes de l'éducation du XXIe siècle qui ne peuvent pas se satisfaire des principes d'hier et pas davantage de ceux d'avant-hier.

Que voulons-nous que deviennent nos enfants ? Des femmes et des hommes libres, curieux de ce qui est beau et de ce qui est grand, ayant du cœur et de l'esprit, capables d'aimer, de penser par eux-mêmes, d'aller vers les autres, de s'ouvrir à eux, capables aussi d'acquérir un métier et de vivre de leur travail.

Notre rôle n'est pas d'aider nos enfants à rester des enfants, ni même à devenir de grands enfants, mais de les aider à devenir des adultes, à devenir des citoyens. Nous sommes tous des éducateurs.

Eduquer c'est difficile. Souvent il faut recommencer pour parvenir au but. Il ne faut jamais se décourager. Ne jamais craindre d'insister [...]

Le but n'est ni de se contenter d'un minimum fixé à l'avance, ni de submerger l'enfant sous un flot° de connaissances trop nombreuses pour qu'il soit en mesure d'°en maîtriser aucune. Le but c'est de s'efforcer de donner à chacun le maximum d'instruction qu'il peut recevoir en poussant chez lui le plus loin possible son goût d'apprendre, sa curiosité, son ouverture d'esprit, son sens de l'effort. L'estime de soi doit être le principal ressort° de cette éducation.

tide
is in a position to
responsibility

Donner à chacun de nos enfants, à chaque adolescent de notre pays l'estime de lui-même en lui faisant découvrir qu'il a des talents qui le rendent capable d'accomplir ce qu'il n'aurait pas cru de lui-même pouvoir accomplir : telle est à mes yeux la philosophie qui doit sous-tendre la refondation de notre projet éducatif.

[...]

Chacun d'entre vous, je le sais, mesure l'importance du défi que nous avons à relever. Chacun d'entre vous comprend que la révolution du savoir qui s'accomplit sous nos yeux ne nous laisse plus le temps pour repenser le sens même du mot éducation.

Chacun d'entre vous est conscient que face à la dureté des rapports sociaux, à l'angoisse devant un avenir de plus en plus vécu comme une menace, le monde a besoin d'une nouvelle Renaissance, qui n'adviendra° que grâce à l'éducation. A nous de reprendre le fil qui court depuis l'humanisme de la Renaissance jusqu'à l'école de Jules Ferry, en passant par le projet des Lumières.

will not happen

Le temps de la refondation est venu. C'est à cette refondation que je vous invite. Nous la conduirons ensemble. Nous avons déjà trop tardé.

Nicolas Sarkozy

Président de la République

Après avoir lu les extraits de la lettre

Réfléchissez à chaque question puis discutez les réponses possibles avec vos collègues.

1. Quelles idées de M. Sarkozy à propos de la refondation du projet éducatif en France trouvez-vous importantes à poursuivre ? Pourquoi ? Lesquelles trouvez-vous moins importantes ou pas réalistes ? Pourquoi ?
2. Etes-vous d'accord avec la notion que les éducateurs devront être responsables du développement du sens moral des élèves ? Si oui, fournissez des exemples concrets de la façon dont ils pourraient atteindre ce but.
3. Selon M. Sarkozy, « depuis quelques décennies, c'est la personnalité de l'enfant qui a été mise au centre de l'éducation au lieu du savoir » en France. Quels sens cette citation a-t-elle pour vous ? Cette tendance existe-t-elle dans le système éducatif de votre pays ?
4. Que veut dire une « culture commune » pour vous ? Une culture commune peut-elle être transmise à travers l'éducation à votre avis ? Si oui, comment ? Si non, pourquoi pas ?
5. Que pensez-vous du style de communication de M. Sarkozy dans cette lettre ? Quelle opinion avez-vous de son idée de communiquer ses priorités à propos de l'éducation par le moyen d'une lettre aux éducateurs ?

TEXTE II A ANALYSER

Egalité des chances ? Un autre défi de l'éducation nationale

Vous allez lire les paroles d'un slam dans lequel Grand Corps Malade fait des commentaires sur certains des challenges présents dans le système éducatif français. Le contexte du slam est une école à Epinay-sur-Seine, une commune avec une grande population d'immigrés située à peu près 12 kilomètres au nord de Paris.

Avant de lire le slam

Afin de mieux comprendre ce slam, trouvez la définition des termes et concepts à propos de l'éducation qui se trouvent ci-dessous. Quelques-uns figurent dans le premier texte de ce chapitre ; votre professeur vous donnera des conseils sur d'autres ressources à consulter pour définir les autres.

1. CM2
2. une maitresse
3. EPS
4. les zones d'éducation prioritaire
5. les effectifs
6. l'égalité des chances

En lisant le slam

Révisez les questions suivantes avant de lire le slam. Ensuite, lisez le slam en vous arrêtant après chaque strophe (*verse*) ou tous les deux strophes pour répondre à la question / aux questions qui lui / leur correspond(ent). Lisez les strophes plus d'une fois si nécessaire.

1. Qui est Moussa ? Comment décririez-vous sa vie ?
2. Comment est l'école de Moussa ? Comment sont les élèves qui y vont ?
3. Quels exemples dans le slam soutiennent la notion que « l'enseignement en France va mal » ?
4. Selon le slam, qu'est-ce qu'il faut faire pour améliorer le système éducatif ? Donnez au moins trois idées trouvées dans le slam.

Education Nationale

J'm'appelle Moussa, j'ai 10 ans, j'suis en CM2 à Epinay
Ville du 93[2] où j'ai grandi et où j'suis né
Mon école elle est mignonne même si les murs sont pas tous neufs
Dans chaque salle y a plein de bruit moi dans ma classe on est 29

Y a pas beaucoup d'élèves modèles et puis on est un peu dissipés° (*unruly*)
J'crois qu'nous sommes ce qu'on appelle des élèves en difficulté
Moi en maths j'suis pas terrible mais c'est pas pire qu'en dictée
C'que je préfère c'est 16h j'retrouve les grands dans mon quartier

Pourtant ma maitresse j'l'aime bien elle peut être dure mais elle est patiente
Et si jamais je comprends rien elle me réexplique elle est pas chiante° (*annoying (fam.)*)
Elle a toujours plein d'idées et de projets pour les sorties
Mais on a que 2 cars par an qui sont prêtés par la mairie

Je crois que mon école elle est pauvre, on n'a pas de salle informatique
On n'a que la cour et le préau° (*covered part of courtyard*) pour faire de la gymnastique
A la télé j'ai vu que des classes faisaient du golf en EPS° (*Education physique et sportive*)
Nous on a que des tapis° (*mats*) et des cerceaux° (*hoops*) et la détresse de nos maitresses

[2] *93 se réfère au département numéro 93 qui correspond à la Seine-Saint-Denis, une banlieue au nord-est de Paris.*

widen the gap
school monitors / pawns

Alors si tout s'joue à l'école, il est temps d'entendre le SOS
Ne laissons pas s'creuser l'fossé° d'un enseignement à deux vitesses
Au milieu des tours y a trop de pions° dans le jeu d'échec scolaire
Ne laissons pas nos rois devenir fous dans des défaites spectaculaires

undermined
holding their breath

L'enseignement en France va mal et personne peut nier la vérité
Les zones d'éducation prioritaires ne sont pas des priorités
Les classes sont surchargées pas comme la paye des profs minés°
Et on supprime des effectifs dans des écoles déjà en apnée°

relieve
struggling

Au contraire faut rajouter des profs et des autres métiers qui
prennent la relève°
Dans des quartiers les plus en galère°, créer des classes de 15 élèves
Ajouter des postes d'assistants ou d'auxiliaires qui aident aux devoirs
Qui connaissent les parents et accompagnent les enfants les plus en retard

worth two cents

L'enseignement en France va mal, l'état ne met pas assez d'argent
Quelques réformes à deux balles° pour ne pas voir le plus urgent
Un établissement scolaire sans vrais moyens est impuissant
Comment peut-on faire des économies sur l'avenir de nos enfants

L'enseignement en France va mal car il rend pas les gens égaux
Les plus fragiles tirent l'alarme mais on étouffe leur écho
L'école publique va mal car elle a la tête sous l'eau
Y a pas d'éducation nationale, y a que des moyens de survie locaux

Alors continuons de dire aux p'tit frères que l'école est la solution
Et donnons-leur les bons outils pour leur avenir car attention
La réussite scolaire dans certaines zones pourrait rester un mystère
Et l'égalité des chances un concept de ministère

Alors si tout s'joue à l'école, il est temps d'entendre le SOS
Ne laissons pas s'creuser l'fossé d'un enseignement à deux vitesses
Au milieu des tours il y a trop de pions dans le jeu d'échec scolaire
Ne laissons pas nos rois devenir fous dans des défaites spectaculaires.

J'm'appelle Moussa, j'ai 10 ans, j'suis en CM2 à Epinay
Ville du 93 où j'ai grandi et où j'suis né
C'est pas d'ma faute à moi si j'ai moins de chance d'avoir le bac
C'est simplement parce que j'vis là, que mon avenir est un cul de sac.

Source : EDUCATION NATIONALE, Texte de GRAND CORPS MALADE,

Après avoir lu le slam

Citations à interpréter. Choisissez deux citations (de 2 à 4 lignes) du slam que vous trouvez importantes quant aux thèmes de l'enseignement en France et les défis actuels qu'on voit dans le système éducatif. Faites une analyse brève à l'écrit des citations que vous avez choisies puis partagez vos interprétations avec un petit groupe de collègues. Ecoutez les interprétations de vos collègues et donnez vos propres opinions à propos des citations qu'ils ont choisies.

Questions de discussion. Ce slam met en question les notions de « l'éducation comme moteur d'une mobilité sociale ascendante » et « l'égalité des chances ». Que pensez-vous à propos de ces deux notions ? Sont-elles réalistes à achever dans la France d'aujourd'hui ? Dans votre propre culture ? Pourquoi ou pourquoi pas ? Discutez ces questions avec vos collègues et votre professeur.

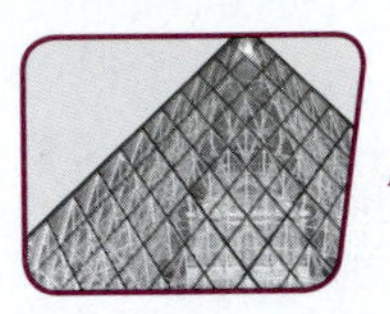

ACTIVITE DE SYNTHESE

Lettre au Président français

Prenez la lettre du Président Sarkozy aux éducateurs comme exemple et écrivez une lettre au Président français actuel. Dans votre texte (d'une longueur de 400 à 500 mots) parlez-lui du système éducatif en France et proposez des solutions concrètes aux challenges que vous trouvez les plus troublants. Prenez la perspective soit d'un professeur soit d'un élève.

N'oubliez pas d'inclure dans votre lettre :

- une description de votre identité (1 paragraphe)
- une introduction à la problématique / aux challenges que vous discutez dans cette lettre (1 paragraphe)
- un résumé de votre position vis-à-vis de(s) challenge(s) que vous traitez dans cette lettre (1 paragraphe)
- une explication des solutions possibles au(x) challenge(s) que vous discutez (1 paragraphe)
- une conclusion (1 paragraphe)

Utilisez les *Expressions de base* pour parler du système éducatif pour vous aider à formuler votre lettre. Révisez aussi si nécessaire les expressions pour donner votre opinion et les modalités d'usage du mode subjonctif dans le *Chapitre 8*.

CHAPITRE 11

Le modèle social

OBJECTIFS

- Définir la notion de modèle social
- Comprendre les objectifs et les défis actuels du modèle social français
- Identifier les différentes formes de protection sociale qu'on trouve en France
- Comparer le modèle social en France et aux Etats-Unis
- Enrichir son vocabulaire pour parler du modèle social

En regardant cette image, quels sont les éléments importants du modèle social français ? Quels pourraient être d'autres éléments ?

Expressions de base pour parler du modèle social

Noms

un actif
une allocation
une association
une assurance
un(e) bénéficiaire
le bénévolat
un(e) bénévole
les biens *m.pl.*
le chômage
un chômeur / une chômeuse
la collectivité
les congés (payés)
une cotisation
la couverture sociale
une dépense
une donation
l'égalité *f.*
une émeute
l'emploi *m.*
une entreprise
la fiscalité
la formation
une franchise
les impôts *m.*
l'inégalité *f.*
une initiative
l'insertion sociale *f.*
la justice sociale
une œuvre caritative
un(e) particulier (-ère)
un(e) pauvre
la pauvreté
une pension
une politique
un prélèvement
une prestation
la protection sociale
la retraite
les revenus *m.*
la richesse
la santé
la Sécurité sociale
un service
un socle
les soins *m.*
la solidarité
une subvention
la vieillesse

Adjectifs

démuni(e)
égal(e)
gratuit(e)
inégal(e)
pauvre
public (-que)
social(e)
solidaire

Verbes

bénéficier
cotiser
financer
mutualiser
pallier
prélever
rembourser
subvenir

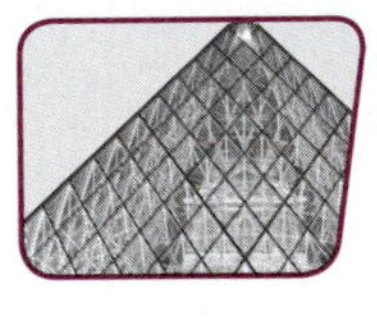

ENTREE EN MATIERE

Sociale démocratie et démocratie sociale : Le modèle français

Chaque société choisit d'organiser la vie quotidienne et les règles qui la régissent d'une certaine façon, en se basant entre autres sur son mode de gouvernement, sa culture, les aspirations de ses membres. C'est ce que l'on pourrait appeler le modèle social qui organise les liens entre l'économique, le politique et le social. *Comment partager les richesses ? Comment régir la vie de famille ? Doit-on favoriser une certaine égalité des chances ou laisser libre cours à la méritocratie ? L'état doit-il être garant d'une certaine protection et / ou justice sociale ? Si oui, comment ?* Prenez un moment pour réfléchir à ces questions et pour comprendre où vous vous situez par rapport à ces problématiques.

Solidarité et justice sociale : Les deux piliers du modèle français

Deux caractéristiques en particulier définissent le modèle social français : solidarité et justice sociale. Dans ce modèle de sociale démocratie, il faut accepter une plus grande mutualisation des biens individuels (y compris les revenus du travail) au service de la collectivité. En ce sens, les Français opposent souvent leur modèle au modèle américain dans lequel ils trouvent que la solidarité fonctionne peu.

Le modèle social français implique en effet des phénomènes tels qu'une fiscalité assez lourde, sur les entreprises et les particuliers, afin de financer cette « couverture sociale ». En France, la pression fiscale — les impôts et taxes collectées par l'Etat — s'élève à 45% du PIB (Produit Intérieur Brut), contre 27% pour les Etats-Unis et 36% en moyenne pour les pays de l'OCDE (Organisation de coopération et de développement économiques)[1]. L'Etat prélève donc de l'argent sur les revenus des entreprises et des particuliers, de façon souvent proportionnelle à la hauteur de ces revenus : ce sont les cotisations sociales.

En contrepartie de ces prélèvements, un grand nombre de prestations sociales et de services sont assurés par la collectivité pour pallier les baisses de ressources économiques ou les hausses de dépenses associées avec une protection sociale plus importante. Pour atteindre ces objectifs, l'Etat intervient principalement dans trois grands domaines : (1) l'emploi (politique salariale, protection en cas de chômage, accès au travail) ; (2) la redistribution des revenus sous forme de prestations sociales et la couverture des principaux risques sociaux ; (3) la protection de la famille. Dans ces domaines, l'Etat a établi une série de minima sociaux, seuils au-dessus duquel chaque individu doit se trouver.

Question de compréhension. Quel est pour vous l'élément central du modèle social français ?

Prestations sociales et redistribution de la richesse

L'un des rôles importants de l'Etat français consiste à garantir un revenu minimum qui va permettre l'insertion sociale, particulièrement par le travail. On trouve ainsi parmi ces programmes des initiatives gouvernementales sur les salaires, telles que le salaire minimum ou SMIC (Salaire minimum interprofessionnel de croissance) ou le RSA (Revenu de solidarité active). Ce dernier permet aux personnes n'ayant pas ou peu de revenus, de percevoir un revenu minimum à condition que ces personnes puissent justifier d'être à la recherche active d'un emploi. Les montants évoluent chaque année en fonction du coût de la vie. Ci-dessous, les chiffres pour 2012[2] :

Nom de la prestation	Montant en euros	Montant en dollars US
SMIC	9,43 € de l'heure 1 425 € par mois	$12.50 $1,880
RSA (pour une personne seule et sans enfants)	475 € par mois	$630

[1] *L'OCDE regroupe 34 pays membres, surtout des pays développés tels que la France et les Etats-Unis, l'Allemagne, l'Australie, le Chili, le Mexique, la Norvège, le Royaume-Uni.*

[2] *Un taux de change de 1 € = $1,32 a été utilisé ici.*

Destiné à favoriser le retour à l'activité professionnelle, le RSA reste controversé comme ne proposant pas de solution durable à la baisse de la précarisation du travail (contrats courts, travail à temps partiel, etc.). Il offre cependant à tous un socle minimum.

En cas de chômage, les personnes concernées, si elles justifient également de la recherche d'un emploi ou d'un projet de carrière (stage, formation professionnelle), peuvent percevoir une allocation chômage appelée ARE (Allocation d'aide au retour à l'emploi) pendant une durée maximum de deux ans (pour les moins de 50 ans) ou trois ans (pour les plus de 50 ans). Le montant de l'ARE varie mais peut aller jusqu'à 75% du salaire de la personne avant la perte de travail.

Les politiques sur les salaires ne sont pas les seuls moyens d'action politique sur le modèle social. Les lois Aubry, votées en 1998 et 2000, ont aussi proposé un partage du travail basé sur une réduction générale du temps de travail hebdomadaire de 39 heures à 35 heures. Malgré cela, la productivité des travailleurs français, mesurée par l'OCDE, reste l'une des plus élevées des pays développés.

Parmi les autres avantages sociaux pour les travailleurs français, il convient de citer les congés payés, créés en 1936. Aujourd'hui, les travailleurs bénéficient de cinq semaines de congés payés par an. Par comparaison, un rapport daté de 2007 du CEPR (*Center for Economic and Policy Research*) révèle que les Etats-Unis sont le seul pays développé à ne pas garantir de congés payés à leurs employés. Par conséquent, un travailleur sur quatre, principalement parmi les plus bas salaires, ne bénéficie pas de vacances ou de jours fériés payés.

Question de compréhension. Quel est l'objectif principal de la redistribution des revenus à travers les prestations sociales ?

Protection sociale, santé et vieillesse

Le système actuel de protection sociale concernant les retraites et la santé en France est issu du Programme du Conseil national de la Résistance et tombe sous le couvert de la Sécurité sociale[3], dont bénéficie toute personne vivant en France de manière régulière (française ou non) si cette personne verse des cotisations à la « Sécu » comme elle est communément appelée. On voit là encore l'idée de mutualiser les ressources, c'est-à-dire de partager les responsabilités sociales, puisque dans l'ensemble un individu paie toujours pour quelqu'un d'autre. Selon l'OCDE, le niveau de vie des retraités de plus de 65 ans en France est presque comparable à celui de l'ensemble de la population et parmi les cinq premiers pays au monde.

Le système de retraite français est principalement basé sur le principe de la répartition—les actifs d'aujourd'hui paient les pensions des retraités et verront leurs pensions payées par les actifs de demain (par opposition à la retraite « par capitalisation » où il appartient à chacun de subvenir à ses propres besoins). Après un certain

[3] *La Sécurité sociale est un ensemble d'organismes financés par les cotisations sociales et administrés par les syndicats et le patronat. Elle a pour but de protéger les citoyens de cinq risques sociaux: maladie, accidents du travail, vieillesse (retraite), famille et dépendance. La protection sociale est inscrite dans la constitution de la Ve République.*

nombre d'années de cotisations (41 ans en 2011[4]), chaque individu a droit à une retraite à concurrence de 50% de son salaire. A ce régime de base s'ajoute aussi un régime complémentaire obligatoire financé par les entreprises et les particuliers. Il permet aux retraités de bénéficier d'une pension plus importante (la pension moyenne mensuelle en France est d'environ 1150 €, soit $1500). Il existe enfin une Allocation de solidarité aux personnes âgées (ASPA) qui assure à tous les individus, même les plus démunis, un revenu minimum pour essayer de préserver un peu de dignité en fin de vie.

Depuis quelques années en France, un second réseau de plans de retraite par capitalisation s'est développé et est venu s'ajouter au régime de base général. Ainsi la France connaît désormais un système de retraite mixte. Les gens peuvent bénéficier de ce réseau secondaire par souscription, soit individuelle (les gens versent de l'argent dans des plans de retraite managés par des organismes privés — banques, fonds de placement), soit par l'intermédiaire de leur employeur qui aide au financement (par les cotisations patronales). Souscrire à ces plans privés suppose bien entendu un certain niveau de revenu que tout le monde n'a pas. Par conséquent, il y a eu, principalement dans les dix dernières années, un accroissement des inégalités dans les pensions versées aux retraités car tous n'ont pas accès dans les mêmes proportions à cet autre réseau.

En ce qui concerne le système de santé, l'OMS (Organisation mondiale de la santé) a également classé le système de santé français comme étant l'un des meilleurs au monde (basé sur cinq mesures comme la qualité des soins, l'accès aux soins, l'équité du financement et le niveau de santé de la population)[5]. Ce système est organisé autour de la caisse d'assurance maladie qui assure le remboursement des dépenses médicales. La Sécu rembourse une partie des dépenses (environ 65% du prix de la visite) et l'assurance complémentaire du patient — appelée la mutuelle — prend en charge le reste[6]. On peut souscrire à une mutuelle à travers son entreprise ou à titre privé. Il en est de même pour les dépenses de pharmacie. En France, la plupart des médicaments et actes médicaux sont soumis à une tarification conventionnée que les pharmaciens et les médecins doivent en principe respecter ; toutefois des dépassements d'honoraires sont possibles pour certains médecins. Ces dépassements sont à la charge du patient ou de la mutuelle le cas échéant.

Depuis 1998, les Français sont munis d'une Carte vitale, une carte à puce du format d'une carte de crédit contenant toutes les informations administratives en matière de santé (Sécu, mutuelle, pharmacie). Ainsi, quand on va chez le médecin ou à la pharmacie, il n'est pas nécessaire d'avancer l'argent et d'attendre un remboursement. Les différents prestataires de service (médecin, pharmacie) reçoivent leur paiement directement des assurances. C'est ce que l'on appelle « le principe du tiers payant ».

Les personnes qui ne sont pas couvertes par la Sécu ou qui n'ont pas accès à une mutuelle ou qui sont étrangères mais résident en France depuis au moins trois mois

[4] *Récemment, le nombre d'années de cotisation nécessaire s'est allongé et l'âge de départ à la retraite s'est donc élevé.*

[5] *Dans le même classement, le système américain arrive en 37e position.*

[6] *En général les patients paient 1 € par visite chez le médecin.*

peuvent bénéficier de la CMU (Couverture Maladie Universelle) et de la CMU-C (Couverture Maladie Universelle-Complémentaire). Votées en 1999, la CMU et la CMU-C garantissent l'accès à l'assurance maladie pour tous.

Question de compréhension. Quelles sont les principales fonctions de la Sécurité sociale ?

La protection sociale et la famille

Outre l'emploi et la santé, l'Etat français intervient également dans le domaine du logement où l'on peut percevoir une aide personnalisée au logement (pour les logements sociaux) ou une allocation de logement qui allègent le loyer ou permettent un accès à la propriété. Le montant de ces aides varie en fonction des circonstances.

Enfin, l'Etat joue un rôle de soutien d'une certaine politique familiale qui passe par trois grands éléments : une souplesse du temps de travail pour accompagner la grossesse (congé maternité), un soutien aux familles ayant des enfants (allocations familiales) et un soutien des modes de garde et de l'activité professionnelle (Prestation d'accueil du jeune enfant [PAJE]). Tout ceci passe par un organisme central dans le système français de protection sociale : la Caisse d'allocations familiales (CAF) qui est une composante de la Sécurité sociale. Le congé maternité compte à présent jusqu'à 16 semaines (26 semaines pour le troisième enfant). A l'issue de ce congé, une femme peut reprendre le poste qu'elle occupait préalablement à salaire égal.

La CAF verse à toutes les familles ayant des enfants une subvention mensuelle, appelée allocation familiale, en fonction du nombre d'enfants dans la famille. En 2012 les allocations familiales s'élèvent à 127,68 € pour deux enfants, 291,27 € pour trois enfants, et 163,59 € par enfant supplémentaire. En fonction de leurs revenus, les familles peuvent également toucher différentes composantes de la PAJE comme une prime à la naissance ou à l'adoption et une allocation de base pendant les trois premières années de la vie de l'enfant. En outre, l'Etat essaie d'aider les familles à concilier vie professionnelle et vie familiale avec un cadre légal progressiste à travers deux programmes: (1) le complément de libre choix du mode de garde et (2) le complément du libre choix de l'activité. Le premier permet aux familles de choisir la meilleure structure pour la garde de leurs enfants ; le deuxième de percevoir un complément de salaire au cas où l'un des parents choisirait de réduire son activité professionnelle pour s'occuper de ses enfants. Grâce en partie à ces différentes mesures la France reste le pays d'Europe où la fécondité est la plus élevée (environ deux enfants par femme).

Question de compréhension. Quels sont les trois grands axes de la politique française de soutien de la famille ?

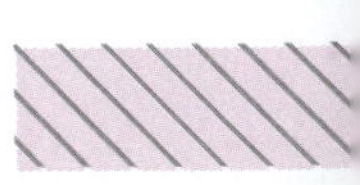

La protection de la femme

Les initiatives ci-dessus contribuent aux efforts pour établir une plus grande égalité entre hommes et femmes. Elles reposent sur trois piliers du féminisme français: le droit à la différence, le droit à l'égalité et la maîtrise du corps. C'est-à-dire que les femmes se revendiquent comme différentes des hommes, mais égales aux hommes, et elles revendiquent le droit à disposer de leur corps comme bon leur semble. Cette dernière dimension explique en partie la série de lois autour de la sexualité et de la maternité des cinquante dernières années. En 1967, la contraception est légalisée. En 1974, c'est le tour de l'avortement, ou Interruption volontaire de grossesse (IVG). En 1982, l'IVG est remboursé par la Sécurité sociale et devient un acte gratuit. Malgré cela, le nombre d'IVG en France n'a pas augmenté. En 1975, la procédure de divorce est simplifiée et on reconnaît le droit au divorce par consentement mutuel. En 1978, le viol est reconnu comme un crime puni par une peine de prison. La vie privée de la victime est aussi préservée.

Malgré ces acquis, et même si les femmes françaises représentent aujourd'hui 48% de la population active, elles ne bénéficient pas encore toujours d'un salaire égal à travail égal ou même d'une parité des sexes dans certaines professions ou dans la classe politique. En outre, le travail à temps partiel ou les emplois précaires touchent principalement les femmes. Ceci semble prolonger le stéréotype de la femme vue avant tout comme une mère. Il faut cependant noter qu'en 2004 une « charte de l'égalité entre les hommes et les femmes » qui tente de faire progresser la situation des femmes dans les domaines où les inégalités persistent a été adoptée. On peut aussi noter que la moitié des ministres du premier gouvernement mis en place sous la présidence de François Hollande (élu en juin 2012) sont des femmes.

Question de compréhension. Comment caractériseriez-vous l'évolution du droit des femmes en termes de progrès et défis ?

Une société en mutation : Le modèle social face à ses défis

Le modèle social français, basé sur des principes d'égalité, de solidarité et de justice sociale, est aujourd'hui controversé : d'un côté il est envié par beaucoup de pays ; de l'autre, il est critiqué. En ce début de XXIe siècle, la situation économique met ce modèle au défi de s'adapter à un nouveau contexte, national mais aussi mondial, dans lequel les acteurs politiques et sociaux eux-mêmes ont changé par rapport au passé. Le modèle social français a donc un futur incertain. Depuis la Révolution, il est étroitement associé au développement de la démocratie en France et constitue aujourd'hui le cœur du débat politique. En ce sens, l'avenir du modèle social a été un des enjeux majeurs des élections présidentielles de 2012.

Au seul niveau national les problématiques sont complexes parce qu'interdépendantes. En premier lieu, les pouvoirs publics doivent prendre en compte la revendication grandissante par les Français de leur diversité : les individus mettent en jeu des identités multiples dans différents contextes (voir *Chapitre 7*). Ils créent ainsi des relations et des solidarités diverses, en France et ailleurs, ce qui ouvre de nouvelles perspectives. Cette diversité a pour conséquence des conditions et des aspirations sociales différentes, autant de dimensions et de besoins auxquels le modèle social doit s'adapter et faire face.

Pour faire face à cette nouvelle réalité, la France doit développer de nouvelles synergies entre le pouvoir politique, les acteurs économiques, les partenaires sociaux (les syndicats) et les citoyens eux-mêmes afin de marier progrès économique avec justice sociale, une relation à laquelle vient s'ajouter un nouvel impératif : l'écologie. Il y a donc nécessité de faire des choix qui touchent tous les aspects de la société de façon transversale. On pourrait en citer deux exemples. Le premier est la conférence sociale de l'été 2012. Son objectif était de trouver des solutions collectives à la crise à travers une réforme du modèle social qui prenne en compte les revendications de chacun mais aussi une réforme dont le succès est basé sur les efforts de tous. Elle a réuni le Président de la République, le gouvernement et tous les partenaires sociaux (syndicats et plus de 200 représentants de différents organismes intermédiaires comme le Conseil économique social et environnemental). Le deuxième exemple est le développement de la vie associative dans des domaines comme la lutte contre la pauvreté, l'intégration sociale, etc. Certaines associations sont plus anciennes comme SOS racisme ou les Restos du Cœur, d'autres plus récentes, souvent au niveau local d'ailleurs.

Au sujet de l'écologie et du développement durable, il est intéressant de noter que toutes les grandes villes de France ont développé des réseaux de bicyclettes publiques, tel Paris et le Vélib'. Ces initiatives sont destinées à promouvoir le déplacement urbain sans voitures ainsi que le sens de la collectivité puisqu'elles complémentent des réseaux de transport en commun déjà robustes.

En outre, il faut également replacer la France dans le contexte européen et international puisque la crise économique mondiale y touche une part grandissante de la population. Cette crise a entraîné une croissance des inégalités économiques et sociales qui se manifestent à travers le chômage (environ 9,5% en 2011), une précarité croissante de l'emploi et une stagnation du pouvoir d'achat pour les catégories de la population les plus modestes. Par conséquent, deux problèmes cruciaux se posent : (1) le financement de la protection sociale et le partage équitable des richesses. Les inégalités économiques et sociales font aussi parfois renaître des tensions au sein de la population et mettent à mal la cohésion du tissu social en alimentant, par exemple, les discriminations contre les immigrés qui sont parfois montrés comme étant responsables de la situation ou du moins une part du problème. Ce sont ces inégalités — et non pas la situation des immigrés — qui ont été à la source des émeutes qui ont secoué la France en novembre 2005.

On voit combien la France ne peut plus prendre de décision de façon isolée pour faire face aux besoins grandissants de protection sociale. Elle devra certainement agir en concertation avec ses partenaires européens pour une plus grande coopération afin de réaliser une union politique et sociale plus profonde. On mesure alors la difficulté de mettre en place des politiques communes dans des pays aussi divers. On peut citer les débats autour de l'établissement d'une politique fiscale commune dans les pays de l'Union européenne.

Pour conclure, l'équilibre mondial actuel est en pleine renégociation et en perpétuelle évolution : les Etats-Unis sont peut-être dans le processus de perdre — ou au moins partager — le leadership mondial au profit de pays émergents comme la Chine, l'Inde ou encore le Brésil ; l'Europe autrefois dominante redéfinit sa place dans ce contexte. Celle-ci sera peut-être l'établissement d'un modèle social soutenable. En effet, les sociétés occidentales ont plutôt réussi à organiser la vie sociale d'une manière qui assure à la majorité de leur population un mode de vie relativement paisible. Ces sociétés de droit garantissent à leurs membres, pour la plupart, la satisfaction d'un minimum de besoins et un certain nombre d'avantages sociaux. Le contexte actuel va nécessiter des changements structurels et fonctionnels pour le modèle social français. La prise en compte de ces évolutions et la mise en place de réformes sont la seule façon de réconcilier les attentes du peuple français et les instances (politique, économique) qui le dirigent.

Question de compréhension. Quels sont les deux principaux défis actuels du modèle social français ?

Questions de réflexion

Répondez aux questions suivantes individuellement. Ensuite, partagez vos idées avec vos collègues et votre professeur.

1. Dans quelle mesure pensez-vous que ce soit le rôle de l'Etat de mettre en place des programmes qui assurent la protection sociale des citoyens ?
2. Quels sont selon vous les avantages et les inconvénients d'un système social tel que le système français ?
3. La question de la condition féminine et son évolution semblent être au cœur de l'évolution de la famille en France. Dans quelle mesure partagez-vous ce sentiment et pensez-vous qu'il en soit de même aux Etats-Unis?
4. Comparez le modèle social français au modèle américain. Quelles similarités et différences y voyez-vous ?
5. En vous basant sur ce texte et sur votre expérience de la culture américaine, quels sont selon vous les enjeux de ces deux pays occidentaux en matière de modèle social et de protection sociale ?

Avez-vous compris?
Allez plus loin

TEXTE I A ANALYSER

Le modèle social français en panne ?

Vous allez lire un article du *Monde* écrit par la journaliste chargée de la section « Social » du journal quotidien, Claire Guélaud.

Avant de lire l'article

Si on vous demandait votre opinion sur le fonctionnement actuel du modèle social dans votre pays, que diriez-vous ? Quels aspects de ce modèle fonctionnent bien et quels aspects ne fonctionnent pas bien ? Avez-vous des hypothèses sur les causes des disfonctionnements ? Prenez quelques notes à l'écrit avant de discuter vos opinions avec un petit groupe de vos collègues.

« Le modèle social français est à bout de souffle »

By what criterion / burnout

A quelle aune° mesurer l'épuisement° du modèle social français ? A l'irruption répétée de la violence urbaine ? A la proportion d'actifs sans emploi, jusqu'à quatre sur dix dans certains quartiers ? ... Aux frustrations professionnelles des surdiplômés de l'administration ? ... Aux mille et un blocages d'une société pessimiste qui n'imagine pas l'avenir de ses enfants ? A l'incapacité de ses élites, politiques et économiques, à donner sens au changement ?

should be envisioned

joint

Le modèle social français se décline° au pluriel. Il évoque à la fois une certaine forme d'intégration républicaine et de promotion sociale. Une certaine idée du rôle de l'Etat-providence et de ses « satellites » paritaires° (la Sécurité sociale et l'assurance-chômage, gérées par le patronat et les syndicats) ; un certain type de relations sociales, caractérisées par un taux de syndicalisation élevé dans les grandes entreprises publiques, par un quasi désert syndical dans les PME° et par une culture protestataire.

small and mid-sized businesses

CEO

Les Français y ont longtemps vu une exception, alors même que, comme le rappelle le PDG° d'Altedia, Raymond Soubie, dans *Les Echos* du 2 juin, sa parenté avec celui de la « vieille Europe », est évidente. « Il se fonde, rappelle l'ancien conseiller social de Raymond Barre, alors premier ministre, sur une protection sociale élevée, un droit du travail fortement réglementé et un rôle de l'Etat qui reste important. »

faults

failure

Les chocs pétroliers des années 1970, le ralentissement de la croissance, l'irrésistible augmentation d'un chômage devenu massif, grippent progressivement la machine. La médaille a ses revers : les failles° de l'école de la République, et la faillite° de l'intégration à la française ; le coût des systèmes de protection sociale qui pèsent sur les embauches ; le creusement des inégalités ; l'ambivalence de la relation au travail...

L'ascenseur social bloqué. L'école publique, laïque et obligatoire a été un formidable vecteur de transformation sociale. Elle remplit, désormais, de plus en plus difficilement sa mission et produit des exclus. Depuis les années 1990, 7 % des élèves autour de 100 000 personnes sortent, chaque année, du système scolaire sans diplôme ni qualification. Or, l'exposition au chômage et à la précarité est fonction du niveau d'éducation. « En 2003, plus du tiers (37,9 %) des jeunes sortis depuis un à quatre ans sans diplôme ou avec le seul certificat d'études recherchent un emploi », révèle l'INSEE dans l'édition 2004–2005 de *France, Portrait social.*

La durée du chômage est, elle aussi, directement corrélée au niveau de qualification et au type de formation suivie. De plus, le système de formation professionnelle continue, mis en place par la loi de 1971, perpétue les inégalités d'accès à la formation initiale, pénalisant ouvriers et employés.

L'allongement de la durée moyenne des études, et la préférence qu'affichent souvent les moins de 30 ans pour le public et sa (relative) sécurité de l'emploi s'expliquent aussi par leurs difficultés d'insertion dans des entreprises qui contournent les rigidités du code du travail, en systématisant le recours au travail précaire (intérim et CDD°.)

limited duration contract

L'État-providence et le paritarisme[7] s'épuisent. L'école n'est pas seule à être en crise. L'Etat-providence se résout peu à peu à admettre qu'il vit au-dessus de ses moyens. Dans ces années 1980, qui sont aussi celles du tournant de la rigueur et de la conversion des socialistes à tout le moins, d'une partie d'entre eux à l'économie de marché, la Sécurité sociale et l'assurance-chômage rencontrent de sérieuses difficultés financières.

A chaque poussée du chômage, les mêmes causes produisent les mêmes effets : les recettes, assises sur la masse salariale, rentrent moins bien puisque l'emploi diminue ou ralentit, et les dépenses augmentent fortement. Cet effet classique de ciseau explique, entre autres, que l'assurance-maladie (13 milliards d'euros de « trou » en 2004) soit devenue structurellement déficitaire depuis une dizaine d'années. En vingt ans, on ne compte plus les plans de sauvetage de l'Unedic° ou de la Sécurité sociale.

assurance chômage

Dans la même période, les malades et les retraités ont dû être fréquemment sollicités et les droits des chômeurs ont été, à plusieurs reprises, revus à la baisse. Sans que la France se soit jamais décidée, comme l'y ont invitée récemment les économistes Pierre Cahuc et Francis Kramarz, à indemniser° mieux mais pendant moins longtemps ses chômeurs et à les inciter à rechercher plus activement un emploi.

to compensate

Des acteurs sociaux affaiblis. Parallèlement, tout au long des années 1980, patronat et syndicats éprouvent, négociation après négociation, leur incapacité à trouver des modes de régulation et à bâtir des réformes acceptables pour leur propre base comme pour l'opinion publique. De nombreux pays européens s'engagent sur la voie des pactes pour l'emploi, élaborés et mis en musique par l'Etat, après concertation des partenaires sociaux. La France, elle, fait exception à la règle. La modernisation négociée n'y fait pas recette, pas plus, d'ailleurs, que la gestion prévisionnelle des emplois et des compétences, défendue par les directeurs des ressources humaines des entreprises, dans les années 1990.

Officiellement, l'heure est au donnant donnant et au gagnant gagnant. En réalité, on en est loin. Le taux de syndicalisation français, passé sous la barre des 10 %, est un des plus bas d'Europe. Depuis l'échec de la négociation de 1984 sur la flexibilité, les syndicats français, historiquement divisés, et surtout trop peu représentatifs et trop affaiblis pour pouvoir peser sur le cours des choses, négocient reculs et replis. Le modèle social français s'est transformé en contre-modèle, ruinant jusqu'à l'idée même de progrès.

Source : © Claire Guélaud, Le Monde, 2005

[7] On comprend ici par *paritarisme* la gestion d'intérêts publics (par exemple la Sécu) par des intérêts privés (par exemple les ouvriers et le patronat) représentés de façon égalitaires (c'est-à-dire autant de représentants d'un côté que de l'autre).

En lisant l'article

Répondez à chaque question en vous basant sur le contenu de l'article.

1. Comment résumer le point de vue présenté dans l'article ? Expliquez l'opinion de la journaliste à propos du fonctionnement du modèle social français dans une à deux phrases.
2. Quels éléments du modèle social français sont critiqués dans cet article ? Faites une liste d'au moins quatre.
3. Quelles évidences la journaliste présente-elle pour soutenir son argument à propos du fonctionnement du modèle social français ? Citez au moins trois évidences mentionnées dans l'article.
4. Quelles solutions la journaliste propose-t-elle aux disfonctionnements du modèle social français ?

Après avoir lu l'article

Discutez les questions suivantes avec vos collègues et votre professeur.

1. Dans cet article, la notion de « l'Etat-Providence » est mise en question par l'auteur. Quelle est votre opinion sur son argument ? Etes-vous convaincu(e) de son raisonnement ? Expliquez votre point de vue.
2. Quelles relations l'auteure la journaliste voit-elle entre le système éducatif et le chômage ? Que pensez-vous de son argument à propos de ces éléments du modèle social ?
3. Pourriez-vous imaginer quelques solutions possibles aux disfonctionnements du modèle social français expliqués dans l'article ? Essayez d'en imaginer trois.
4. Voyez-vous des parallèles entre les challenges dans le modèle social français mentionnés dans l'article et les challenges dans le modèle social de votre pays ? Lesquels ? Ces problèmes ont-ils les mêmes causes dans votre pays ?

PREMIERE PERSONNE

Vidéo La vie associative au service de la protection sociale : Une visite aux Restos du Cœur

Vous allez assister à la visite guidée d'un Restaurant du Cœur. C'est Guy Doulin, le responsable du site qui vous accueille. Les Restaurants du Cœur, affectueusement appelés « Restos du Cœur », ont été créés par Coluche, un humoriste et acteur français qui en septembre 1985 lance à la radio : « J'ai une petite idée comme ça, un resto qui aurait comme ambition au départ de distribuer 2 000 à 3 000 couverts par jour en hiver ». Vingt-sept ans plus tard, l'association compte désormais plus de 2 000 centres de distribution et regroupe environ 60 000 bénévoles qui servent des centaines de millions de repas à près de 900 000 personnes chaque hiver et tout au long de l'année.

Les Restos du Cœur sont une association dite « loi de 1901 », c'est-à-dire à but non lucratif, qui est reconnue d'utilité publique. Cela permet à l'association de recevoir des donations. Leur vocation première est de subvenir aux besoins en nourriture des plus pauvres. Mais, les Restos proposent également un hébergement d'urgence (dans la mesure des lits disponibles) et luttent contre tous les aspects de la pauvreté en encourageant la participation des bénéficiaires à la vie sociale et culturelle par l'intermédiaire de chantiers de réinsertion, de soutien scolaire, de bibliothèques, etc.

A propos de l'interviewé

Guy Doulin est un ancien salarié de la construction navale et employé de l'Electricité de France – Gaz de France (EDF-GDF). Il est actuellement retraité et vit avec son épouse à Treillières, au nord de Nantes. Il est bénévole depuis plusieurs années aux Restos et occupe désormais le poste d'animateur du centre de distribution de la ville.

Avant de regarder l'interview

Travaillez en petits groupes de trois ou quatre personnes pour répondre aux questions suivantes.

1. Connaissez-vous des œuvres caritatives ou des associations qui distribuent de la nourriture aux gens qui vivent dans la pauvreté? Si oui, lesquelles ? Comment sont-elles organisées ?
2. Qu'évoque pour vous le nom « Resto du Cœur » ?
3. Quelle sorte de nourriture pensez-vous trouver dans une telle organisation ?
4. Comment définissez-vous le seuil de pauvreté ? Connaissez-vous son montant ?

En regardant l'interview

Répondez à l'écrit aux questions ci-dessous.

1. Les Restos du Cœur font particulièrement attention à la qualité nutritive des aliments distribués. Relevez trois éléments qui confirment cette volonté.
2. Monsieur Doulin cite trois sources principales pour les ressources distribuées par les Restos du Cœur. Quelles sont-elles ?
3. En dehors de la nourriture, quel type d'aide ce « Resto » procure-t-il ?
4. Quelle est la relation entre les Restos du Cœur et l'Union européenne ?

Après avoir regardé l'interview

En groupe de trois ou quatre personnes, répondez aux questions ci-dessous et partagez vos réflexions avec votre classe et votre professeur.

1. Quels sont les avantages d'une telle association pour les bénéficiaires ? pour la société ? Quels en sont les désavantages ?
2. Comparez ce type d'initiative avec ses homologues américains ? Quelles similarités et différences voyez-vous ?
3. D'après vous, l'assistance aux pauvres et la lutte contre la pauvreté devraient-elles être le rôle d'associations privées ou du gouvernement ?
4. Après plus de 25 ans d'existence, les Restos du Cœur ont réussi à s'établir de façon durable. Que vous dit ce succès sur la conception du modèle social français et sur la façon dont les Français envisagent la protection sociale et la solidarité ?
5. En vous basant sur cette vidéo, la présentation du modèle social français et vos connaissances / expériences personnelles, comment envisagez-vous le rôle de la vie associative dans la construction d'une société ?

TEXTE II A ANALYSER

Les opinions des Français à propos d'un élément important du modèle social : Le système de santé

Que pensent les Français du fonctionnement du système de santé dans leur pays ? Comment comparer les sentiments des Français à propos de leur système de santé avec les sentiments de leurs voisins européens et des Américains ? Pour mieux répondre à ces questions, vous allez lire un résumé de deux sondages : le premier réalisé en 2011 avec presque 1 000 adultes français et le deuxième réalisé en 2008 avec plus de 6 700 adultes français, américains, allemands, britanniques, italiens et espagnols.

Avant de lire les résultats des sondages

Prenez quelques notes à l'écrit avant de discuter les questions suivantes en petits groupes avec vos collègues.

1. Comment décrire le système de santé dans votre pays ? (le financement, l'assurance maladie, le coût des services de soins, la qualité de soins)
2. Quels sont les avantages du système de santé dans votre pays ?
3. Quels sont les inconvénients du système de santé dans votre pays ?

Les opinions des Français à propos de leur système de santé (Tableau 1)

	Tout à fait d'accord	Plutôt d'accord	Plutôt pas d'accord	Pas du tout d'accord
Le système de santé français offre des soins de qualité.	24%	65%	10%	1%
Le système de santé français permet à chacun d'accéder facilement à un médecin ou un hôpital à proximité de chez soi.	21%	54%	20%	5%
Le système de santé français offre des soins financièrement accessibles à tous.	12%	38%	38%	12%

Source : IPSOS (2011)

Les opinions des Français à propos de leur système de santé : Comparaisons avec d'autres pays (Tableau 2)

	Français	Américain	Allemand	Britannique	Espagnol	Italien
Dans l'ensemble, le système de santé dans mon pays fonctionne plutôt bien.	38%	12%	19%	16%	24%	20%
Des changements fondamentaux sont nécessaires pour que le système de santé dans mon pays fonctionne mieux.	43%	50%	54%	60%	61%	61%
Le système de santé de mon pays doit être totalement revu.	16%	33%	23%	15%	13%	18%

Source : Harris Interactive (2008)

Les opinions des Français à propos de leur système de santé : Comparaisons avec d'autres pays (Tableau 3)

	Français	Américain	Allemand	Britannique	Espagnol	Italien
Les services de soins et traitements du système de santé publique vont de plus en plus mal.						
D'accord	74%	64%	60%	68%	57%	62%
Pas d'accord	21%	25%	12%	22%	37%	34%
Sans opinion	5%	11%	8%	10%	5%	4%
Les services et coûts de soins et traitements correspondent à mes besoins / attentes.						
D'accord	55%	26%	24%	38%	48%	28%
Pas d'accord	40%	62%	72%	42%	43%	67%
Sans opinion	4%	12%	4%	20%	9%	6%

Source : Harris Interactive (2008)

En lisant les résultats des sondages

Indiquez si chacune des phrases suivantes est **vraie** ou **fausse** en basant vos réponses sur les résultats des sondages présentés dans les trois tableaux.

1. Dans l'ensemble, la plupart des Français ont une opinion négative à propos des divers aspects de leur système de santé.
2. La majorité des Français ont une opinion positive à propos de la qualité des soins et l'accès aux soins dans leur système de santé.
3. Les Français sont divisés quant à leurs opinions sur le prix des soins dans leur système de santé.
4. Dans l'ensemble, on peut dire que les Américains sont plus satisfaits de leur système de santé que les Français.
5. Le Tableau 2 indique que, dans l'ensemble, les Français sont plus satisfaits de leur système de santé que leurs voisins européens.
6. Le Tableau 3 indique que les Européens sont de l'opinion que les services de soins et traitements du système de santé publique vont de plus en plus mal.

Après avoir lu les résultats des sondages

1. Après avoir étudié les différents éléments du modèle social en France dans ce chapitre, quelles sont vos réactions à propos des opinions des Français sur leur système de santé ?
2. En étudiant les résultats de ces sondages, quels éléments du système de santé en France vous semblent être les plus problématiques du point de vue des personnes interrogées ?
3. Quels points communs et différences voyez-vous dans les réponses des Français et des Américains à propos de leurs systèmes de santé ? Quelles sont vos hypothèses sur les origines de ces similarités et différences d'opinion ?

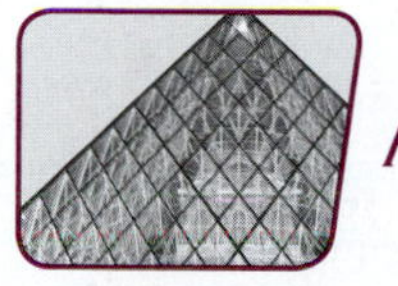

ACTIVITE DE SYNTHESE

Réflexion écrite

Comment vos perceptions du modèle social français ont-elles évolué après avoir lu et analysé les documents dans ce chapitre et en participant aux discussions avec vos collègues et votre professeur à propos de ce thème ? Expliquez dans une réflexion écrite d'une à deux pages vos impressions actuelles du modèle social français, ses points forts et ses points faibles. Soyez spécifique et mentionnez les éléments du modèle social qui vous semblaient soit particulièrement bénéfiques soit particulièrement problématiques. Relisez l'*Entrée en matière* ainsi que les autres documents dans ce chapitre afin de vous rappeler les divers éléments constitutifs du modèle social français. Servez-vous aussi des *Expressions de base* en écrivant votre réflexion.

CHAPITRE 12

La vie politique

OBJECTIFS

- Identifier les institutions politiques de la Ve République
- Identifier les partis politiques majeurs et leurs plateformes politiques
- Décrire les questions/enjeux politiques majeurs en France à propos de la politique intérieure
- Comparer les systèmes politiques français et américain
- Enrichir son vocabulaire pour parler des institutions politiques et de la vie politique

Bureau de Vote © Sébastien Dubreil, 2012

En regardant cette image, quelles hypothèses faites-vous sur la vie politique française ?

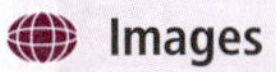
Images

Expressions de base pour parler de la vie politique

Noms
une circonscription
un(e) citoyen(ne)
le civisme
un clivage
la cohabitation
une démocratie
un député
la droite
un électeur
une élection
l'électorat *m.*
un(e) fonctionnaire
la gauche
un(e) juge
un(e) magistrat(e)
une orientation
un parti
le pouvoir
une problématique
un processus
un procureur
un programme
un projet de loi
un référendum
le scrutin
un sénateur
une tendance

Adjectifs
cantonal(e)
centriste
démocratique
électoral(e)
élu(e)
exécutif (-ive)
intérieur(e)
international(e)
judiciaire
législatif (-ive)
libéral(e)
local(e)
municipal(e)
national(e)
nationaliste
politique
régional(e)

Verbes
adhérer
courtiser
défendre
démissionner
différencier
élire
formuler
se mobiliser
participer
promulguer
voter

Expressions
la motion de censure
l'ordre (*m.*) du jour
perdre du terrain
prendre position
la prise de position
le taux d'abstention / participation

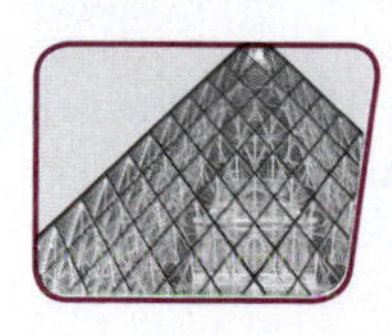

ENTREE EN MATIERE

Vivre ensemble: La vie politique en France

Dans une démocratie comme la France ou les Etats-Unis, dite représentative, il faut organiser les pouvoirs politique et judiciaire, définir les conditions d'accès à la vie politique de la communauté ainsi que la représentation des membres de cette communauté. *Comment organiser le pouvoir au niveau local ? national ? Qui sont considérés comme représentants du peuple ? Comment sont-ils élus ? Par qui ?*

Les institutions politiques de la France

La France est une République parlementaire organisée sur le principe de la séparation des pouvoirs entre exécutif, législatif et judiciaire. Le pouvoir exécutif comporte deux éléments. Tout d'abord, le président de la République, élu au suffrage universel direct pour cinq ans, participe au gouvernement[1], nomme le Premier ministre, influence la formation du gouvernement, et nomme les ministres (sur proposition du Premier ministre) ainsi que les magistrats (voir ci-dessous). Le président peut également dissoudre l'Assemblée nationale et ordonner de nouvelles élections législatives. Enfin, le président promulgue les lois et peut appeler un référendum, c'est-à-dire un vote direct par le peuple sur une question précise. Le Premier ministre forme et propose le gouvernement, décide et conduit la politique de la France et détermine l'ordre du jour à l'Assemblée nationale devant laquelle il présente les projets de loi. Il veille à l'exécution des lois. Le gouvernement est responsable devant l'Assemblée nationale, c'est-à-dire que cette dernière peut forcer le Premier ministre et le gouvernement à démissionner en votant une motion de censure. Il est important de noter que les ministres dirigent toutes les administrations françaises, c'est-à-dire que les fonctionnaires dépendent d'un ministère particulier. En 2012, le gouvernement comporte 38 ministres dont 19 femmes : ils forment le Conseil des Ministres présidé chaque semaine par le président.

Le Parlement, qui détient le pouvoir législatif, est bicaméral, c'est-à-dire composé de deux chambres : l'Assemblée nationale et le Sénat. Les 577 députés siégeant à l'Assemblée nationale sont élus au suffrage universel direct par circonscription (pour un mandat de cinq ans). A l'inverse des Etats-Unis, une fois élu un député représente toute la France, pas seulement les habitants de sa circonscription. L'Assemblée nationale a le pouvoir de renverser le gouvernement, ce qui explique les phénomènes de cohabitation de la Ve République (avec un Président d'une orientation politique et un Premier ministre d'une autre : la même que la majorité de l'Assemblé nationale). Si les deux chambres participent au processus législatif en proposant et en votant les lois, c'est le vote de l'Assemblée nationale qui compte en cas de divergence. Les 348 sénateurs sont élus au suffrage universel indirect par les délégués des communes et des conseils territoriaux. Ils sont élus pour six ans, renouvelable par moitié tous les trois ans. En cas de décès du président de la République, c'est le président du Sénat qui assure la direction du pays.

L'Etat, enfin, assure la protection de la population et des libertés individuelles à travers l'organisation des forces de maintien de l'ordre (police, gendarmerie) et de la magistrature qui dépendent toutes les deux du ministre de la Justice (appelé Garde des Sceaux). Les magistrats, qui comprennent les juges et les procureurs de la République, sont nommés par le président de la République et, en vue d'assurer l'indépendance du pouvoir judiciaire de la sphère politique, ils n'ont de comptes à rendre ni aux élus politiques, ni au peuple (autrement qu'en rendant la justice en son nom). Les magistrats, une fois nommés ne peuvent donc pas être révoqués par les instances du pouvoir politique. Lors d'un procès, le procureur demande l'application de la loi contre l'accusé (représenté par un avocat) et le juge rend la justice. Il n'existe donc pas de « jury de pairs » comme aux Etats-Unis[2].

[1] *Il ne faut pas confondre le gouvernement et l'Etat. Aux Etats-Unis, quand on parle du* government, *on parle souvent de ce que les Français appellent « l'Etat », c'est-à-dire l'ensemble des institutions politiques et publiques qui participent à la gestion du pays. Le gouvernement, par distinction, fait référence plus précisément à l'équipe de ministres qui, sous la direction du Premier ministre, dirige le pays.*

[2] *Dans les affaires criminelles les plus graves, il y a un jury de trois magistrats et neuf jurés tirés au sort sur des listes préétablies dans chaque département. La décision du jury ne doit pas nécessairement être unanime.*

Le pouvoir judiciaire distingue entre juridiction pénale (concernant toutes les activités délictuelles ou criminelles) et juridiction civile (conflits entre personnes privées)[3].

Il convient enfin de mentionner deux autres institutions de la République : le Conseil constitutionnel, composé de neuf membres nommés par le président, est responsable de la conformité des élections et de la constitutionalité des lois. Le conseil d'Etat, la plus haute autorité administrative, a pour rôle de conseiller le gouvernement, notamment sur les projets de loi, et de juger les conflits entre personnes et pouvoirs publics.

Question de compréhension. Quelles sont les trois différences majeures entre les institutions politiques françaises et les institutions américaines ?

Un aperçu du paysage politique

Il existe indéniablement en France une dichotomie idéologique « droite-gauche » et l'écart qui sépare ces deux tendances donne l'impression qu'il se creuse car, comme aux Etats-Unis, les projets de société défendus par la droite et la gauche semblent de plus en plus divergents. En effet, ces différents partis ont des programmes qui mettent en jeu une conception propre sur les grands débats civilisationnels qui préoccupent les Français aujourd'hui : le rôle de l'Etat en matière économique et sociale, la fiscalité, une certaine vision de la politique énergétique, une conception de la laïcité ou encore des positions opposées face aux questions de l'immigration et du multiculturalisme. Les partis politiques doivent donc désormais prendre position sur un grand nombre de problématiques variées comme le mariage homosexuel ou l'euthanasie, le conflit israélo-arabe ou le génocide au Soudan.

La multiplicité des prises de position au sein de la classe politique a rendu les contours des partis traditionnels un peu rigides et a donné naissance à de multiples partis très diversifiés qui existent parmi les grands partis traditionnels (le PS, l'UMP[4]). Par conséquent, aux élections présidentielles de 2002, 16 candidats se sont présentés, 12 à celles de 2007 et 10 en 2012. C'est pourquoi il serait aujourd'hui plus juste de parler d'un continuum qui s'étendrait de l'extrême gauche, avec notamment le PCF (Parti communiste français), à l'extrême droite (le Front national, ou FN), en passant par les partis centristes comme le ModEm (Mouvement démocrate) ou la Gauche moderne.

Ce pluripartisme a des conséquences sur la façon de procéder des partis politiques. Aujourd'hui il est nécessaire de séduire un électorat aussi large que possible et qui excède probablement la base électorale du parti du candidat pour rassembler un nombre suffisant de voix pour être élu. En outre, les Français ont de plus en plus tendance à voter pour un programme ou une personnalité que pour un parti et par conséquent, les allégeances sont plus fluctuantes que par le passé et la tendance semblerait être à la fragmentation des affiliations politiques. Cette tendance est confirmée par un sondage assez récent (2007) dans lequel 36% des Français se disaient être « de gauche », 31% « de droite » et 28% « ni de droite ni de gauche ». On peut néanmoins tracer les contours des orientations des Français en matière de vie politique, selon différents critères culturels et identitaires.

En règle générale la droite demeure soutenue par la bourgeoisie et l'électorat issu du monde rural et agricole, ainsi que les catholiques (même s'il existe toujours une

[3] *Les conflits avec les pouvoirs publics relèvent d'une juridiction administrative.*

[4] *Le PS, le Parti socialiste, représente la gauche sociale-démocrate ; l'UMP, l'Union pour un mouvement populaire, représente la droite républicaine classique.*

démocratie chrétienne qui tend à voter à gauche). L'extrême droite bénéficie également du soutien de quelques représentants du monde ouvrier qui se sent menacé par l'arrivée des immigrés. Les zones urbaines et surtout périurbaines ont beaucoup changé au cours de la dernière génération avec l'arrivée de classes populaires ouvrières et des classes moyennes souvent éduquées, ainsi qu'un contexte de plus en plus multiculturel. Ces phénomènes ont favorisé la gauche dans ces quartiers des grandes agglomérations urbaines.

Sur le plan géographique, le nord, l'ouest et le sud-ouest de la France ont tendance à voter à gauche avec une ceinture Vendée/Maine-et-Loire/Mayenne plus proche de la droite. La droite connaît aussi de bons résultats dans le centre, l'est et le sud. C'est au sud de la France que l'extrême droite atteint ses meilleurs résultats électoraux ainsi que dans les bassins industriels ouvriers du nord et de l'est, où la gauche et l'extrême gauche sont cependant également bien représentées de par la présence ouvrière.

En termes de critères socio-professionnels, les agriculteurs, les artisans et les commerçants tendent à voter plus à droite alors que les ouvriers (même s'ils sont aujourd'hui plus divisés) et les employés ainsi que les professions libérales et intermédiaires, et les cadres supérieurs (un phénomène récent) tendent à soutenir des candidats de gauche. Les salariés du secteur privé votent à droite alors que les salariés du service public votent majoritairement à gauche. Plus le niveau de diplôme augmente, plus les électeurs semblent voter pour des candidats de gauche. Les femmes semblent voter plus souvent à gauche que les hommes. Les jeunes votent plus souvent à gauche que les personnes plus âgées (surtout les plus de 60 ans).

Questions de compréhension. Comment peut-on décrire le paysage politique français ? Quels facteurs expliquent cette évolution ?

Vivre ensemble : Les citoyens et la vie politique en France

La vie politique en France passe par une certaine conception de la République basée sur une implication des citoyens dans la vie publique. Il existe plusieurs moyens par lesquels les Français participent à et influencent la vie de la République.

Le premier de ces moyens — peu fréquent — est le référendum. Le référendum est un appel du président pour solliciter l'opinion du peuple sur un sujet important qui concerne la vie de la nation. La constitution de la Ve République, par exemple, a été approuvée par référendum. Les Français sont souvent invités à se prononcer sur les traités européens par référendum, par exemple le traité de Maastricht qui a approuvé la création de l'euro. Le taux de participation à ces référendums dépend souvent de l'importance perçue par les Français de la question qui leur est posée. Si on considère les deux derniers référendums, en 2000, il était question de ramener la durée du mandat présidentiel de sept ans à cinq ans. Le changement a été accepté par près de 75% des Français mais avec un taux d'abstention proche de 70%. En revanche, le référendum sur le traité de Lisbonne — pour l'établissement d'une constitution européenne — a connu un taux de *participation* de 70%, et 55% des Français ont voté « non ».

La deuxième façon dont les Français participent à la vie politique est à travers de nombreuses élections[5] ...

- européennes, pour élire les députés qui vont représenter la France au Parlement européen au niveau international ;
- présidentielles et législatives, pour élire les députés qui siégent à l'Assemblée nationale au niveau national ;
- cantonales et municipales, au niveau local.

Tous les partis politiques courtisent les électeurs dans l'espoir de les voir adhérer à leur programme et participer aux élections, ce que les Français font de manière régulière.

La plupart des élections en France se passent selon la modalité du suffrage universel direct au scrutin uninominal majoritaire à deux tours. C'est-à-dire qu'au premier tour, les électeurs votent pour un candidat. Les deux candidats ayant reçu le plus grand nombre de voix au premier tour s'affrontent lors du second tour, l'un d'eux étant alors assuré d'une majorité. Au niveau municipal (élection du maire et du conseil municipal), les élections se passent sur des modes de scrutin différents selon la taille de la commune (moins de 3 500 habitants ou plus de 3 500 habitants, Paris, Lyon et Marseille ayant un régime particulier).

Enfin, parmi les moyens de participer à la vie politique et publique, il faut citer les actions directes du peuple sur le débat public que sont grèves et manifestations. Les Français, travailleurs et étudiants, exercent de façon régulière leur droit à se réunir et à protester en cessant le travail et en organisant des processions dans la rue, au cours desquelles ils revendiquent les raisons de leur mécontentement.

Questions de compréhension. Quels sont les trois grands moyens par lesquels les Français participent à la vie politique ? Lequel des deux premiers obtient le taux de participation le plus élevé ?

Les tendances politiques actuelles en France et le futur de la vie politique

Les Français comptent sur l'Etat pour assurer la sécurité de la population et être un acteur de la vie économique à travers des politiques qui garantissent une certaine protection sociale. La plupart des partis politiques défendent un certain interventionnisme, même s'il existe des oppositions philosophiques très contrastées (gauche-droite) quant à l'importance du service public, la protection des travailleurs, le libre échange ou encore la régulation des marchés (à cet égard, la sphère politique aux Etats-Unis est beaucoup plus libérale[6]). De même, l'écologie constitue un thème désormais indispensable pour les électeurs et apparaît dans les programmes de tous les partis.

Ensuite, le concept de laïcité occupe une place centrale dans la conception que les Français se font de la vie politique (voir *Chapitre 9*) et aucun parti politique ne pourrait remettre en question ce principe de laïcité sans attirer immédiatement les soupçons des Français. Enfin, un élément qui transcende également les clivages politiques est la question de la peine de mort, abolie en 1981, un sujet sur lequel les Français ne souhaitent pas un retour en arrière.

[5] *Toutes les personnes de nationalité française, âgées de 18 ans ou plus, inscrites sur les listes électorales de leur commune de résidence, peuvent voter.*

[6] *Dans le sens français du terme, « libéral » signifie être en faveur du libre échange et pro-capitaliste, c'est-à-dire limiter l'intervention de l'Etat dans l'économie.*

Dans l'ensemble, les Français tendent à participer de façon relativement assidue aux élections. Néanmoins, on peut constater certaines tendances qui se dessinent autour de deux facteurs: l'importance perçue et un phénomène récent de lassitude envers la classe politique. Si les élections présidentielles sont de loin les plus suivies (avec un taux de participation d'entre 80 et 85%), les élections législatives perdent du terrain (40% d'abstention lors de la dernière édition en 2007, le double du score de 1986) et les élections législatives européennes réunissent moins de 50% des électeurs depuis 1999. Au niveau local (élections municipales, cantonales et même régionales) on constate en général des taux de participation s'approchant de 65%.

Les élections présidentielles de 2002, 2007 et 2012 ont marqué des étapes importantes dans les orientations politiques des Français. En 2002, la lassitude des Français envers les partis traditionnels et une montée de l'extrême droite ont eu pour conséquence un « vote de protestation » et ont exclu Lionel Jospin (PS) d'un second tour, qui a par conséquent vu s'affronter Jacques Chirac et Jean-Marie Le Pen, alors président du FN. Se trouvant soudain face à la réelle possibilité d'avoir un président d'extrême droite, les Français se sont mobilisés en masse et ont élu Jacques Chirac avec plus de 82% des suffrages. En 2007, la situation était de nouveau différente. Les trois candidats ayant reçu le plus de voix au premier tour, Nicolas Sarkozy, Ségolène Royal et François Bayrou sont tous les trois des *baby-boomers* issus des partis dominants (UMP, PS et MoDem respectivement). Pour la première fois, une femme était en position d'être élue à la présidence. C'est finalement Sarkozy qui l'a emporté en incarnant une « rupture tranquille ». Les élections de 2012 marquent un retour des Français vers un profil politique plus classique pour leur président, puisque François Hollande (PS) est diplômé de l'ENA (Ecole nationale d'administration) qui forme les plus hauts fonctionnaires de l'Etat. Les Français se sont aussi orientés vers une politique sociale-démocrate qui se positionne contre les politiques d'austérité économique et les inégalités sociales.

Le paysage politique français au début du XXIe siècle connaît des changements. L'extrême gauche et l'extrême droite ont perdu beaucoup de leur électorat (aucune mairie, par exemple, n'a plus de maire du Front national). Le visage changeant de la France a rendu plus visible l'interface entre République et des notions comme la laïcité, et les discussions vont sans aucun doute se poursuivre sur ce thème puisque Vincent Peillon, ministre de l'Education, a proposé un cours de morale laïque approuvé par 91% des Français.

La notion de participation à la vie politique, à l'image de la société française, est elle aussi en mutation. L'exaspération des Français envers la classe politique marquée par de nombreuses affaires de corruption, de népotisme et par une inefficacité perçue a eu pour conséquence une redéfinition de la notion de civisme. La question écologique dans toute sa complexité semble occuper une part de plus en plus importante dans cette redéfinition. Les Français continuent à participer au processus démocratique en votant mais ils s'impliquent également de façon accrue dans des organisations non gouvernementales, de type associatif notamment, pour défendre des initiatives d'ordre public où les problématiques sociales prédominent sur les problématiques économiques. Cela pourrait donc conduire les Français à inventer ce que Clémentine Autain[7] appelle « de nouvelles formes d'agrégation politique » autre que les partis, des formes basées sur l'idée de « citoyen » qui pourraient redéfinir le rapport entre le social et la sphère politique et entraîner des transitions dans de

[7] *Intellectuelle, femme politique et écrivaine. Elle dirige actuellement la revue mensuelle* Regards.

nombreux domaines, y compris institutionnels. Il faudra enfin négocier la vie politique dans une dimension européenne et mondiale (voir *Partie IV*).

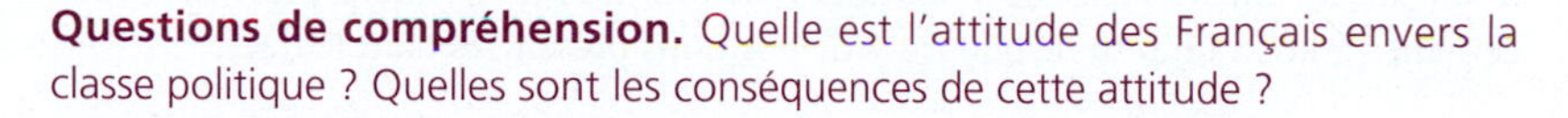

Questions de compréhension. Quelle est l'attitude des Français envers la classe politique ? Quelles sont les conséquences de cette attitude ?

Questions de réflexion

Répondez aux questions suivantes sur la vie politique française. Ensuite, partagez vos idées avec vos collègues et votre professeur.

1. Quelles similarités et différences voyez-vous dans l'organisation des institutions politiques en France et aux Etats-Unis ?
2. Quelles sont, selon vous, les similarités et les différences dans la participation des Français et des Américains à la vie politique de leur pays respectif ?
3. Comparez et contrastez les tendances politiques des Français et celles des Américains.
4. Quels sont, selon vous, les enjeux politiques pour la France à l'entrée dans le XXIe siècle ? Sont-ils les mêmes aux Etats-Unis ? Expliquez.

Avez-vous compris?
Allez plus loin

TEXTE A ANALYSER

En campagne : Deux plateformes politiques différentes

Vous allez analyser deux tracts de la campagne présidentielle de 2012 en France. L'un provient de l'UMP, le parti de Nicolas Sarkozy, le président sortant ; l'autre du Front de Gauche, une coalition de partis politiques représentant la gauche radicale. Un **tract** est un texte écrit utilisé pendant une campagne électorale par un parti politique pour faire connaître le candidat et ses prises de position aux électeurs potentiels. Les tracts politiques sont distribués dans les espaces publics, déposés dans les boîtes aux lettres des particuliers, ou se trouvent sur les sites Internet des partis.

Avant de lire les tracts

Avant d'analyser les deux tracts politiques, réfléchissez aux questions suivantes à propos de ce genre de texte, puis discutez vos idées en petits groupes.

1. Quels éléments trouve-t-on dans un tract politique ? Comment ces éléments sont-ils organisés dans le document ?
2. Quel style de langage emploie-t-on dans un tract politique ?
3. Quels enjeux sociaux ou politiques figurent souvent dans les tracts politiques de votre culture ? Pensez-vous trouver les mêmes enjeux dans les tracts politiques français ? Pourquoi ou pourquoi pas ?

En lisant les tracts

Faites un tableau et résumez les idées majeures de chaque parti : le nom du candidat, le slogan, les enjeux sociaux ou politiques mentionnés, les opinions présentées concernant Sarkozy, un résumé des prises de positions présentées dans le tract.

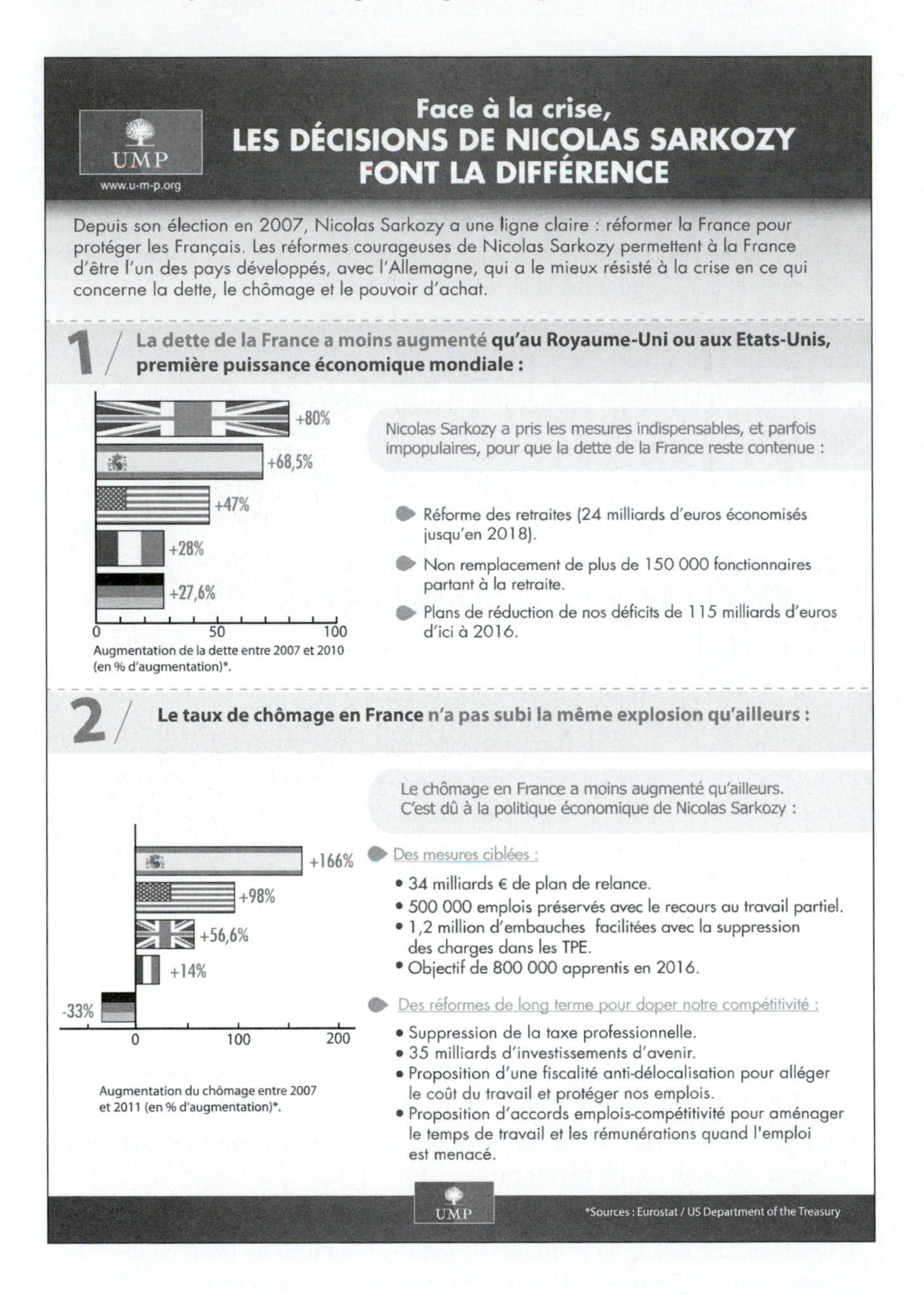

UMP
www.u-m-p.org

Face à la crise, LES DÉCISIONS DE NICOLAS SARKOZY FONT LA DIFFÉRENCE

3/ Le pouvoir d'achat est en baisse chez nos voisins **mais il s'est maintenu en France depuis 2007.**

Portugal

Baisse de 20% du RMI.

EN FRANCE : 150 000 personnes sorties de la pauvreté grâce au revenu de solidarité active (RSA).

Irlande

Baisse de 12% du salaire horaire.

EN FRANCE : +9,2% d'augmentation du SMIC entre 2007 et 2012.

Royaume-Uni

Suppression de 500 000 fonctionnaires et suppression des allocations familiales pour les classes moyennes.

EN FRANCE : +10% de progression du pouvoir d'achat des fonctionnaires et revalorisation des allocations familiales en fonction de l'inflation entre 2008 et 2011.

États-Unis

4 millions de biens immobiliers (1 maison sur 45) ont fait l'objet d'une saisie par les banques en 2010.

EN FRANCE : 600 000 logements sociaux construits depuis 2007, un record.

Grèce

Baisse de 15% des pensions de retraites.

EN FRANCE : Sauvetage de notre système de retraites sans baisse des pensions et augmentation de 25% sur 5 ans du minimum vieillesse.

Merci de ne pas jeter sur la voie publique.

UMP **OUI, Je m'engage avec l'UMP en 2012**

☐ Mme ☐ Mlle ☐ M. Nom * : .... Prénom* : ....

Adresse * : ....

Code postal * : ☐☐☐☐☐ Ville * : ....

E-mail : ....

Né(e) le * : ☐☐☐☐☐☐☐☐ Tél. portable : ☐☐☐☐☐☐☐☐☐☐ * merci de remplir les champs obligatoires

> Je deviens membre de l'UMP en adhérant au tarif de :

COTISATION SIMPLE	COTISATION COUPLE	COTISATION RÉDUITE
☐ 25 € soit 8,50 € après réduction d'impôt*	☐ 35 € soit 11,90 € après réduction d'impôt*	☐ 10 € soit 3,40 € après réduction d'impôt* (pour les - 30 ans, étudiants, demandeurs d'emploi)
☐ Chèque à l'ordre de l'ANFUMP	☐ Mandat	

A nous retourner accompagné de votre réglement à l'adresse suivante : **UMP – Adhésions - TSA 51558 - 75901 PARIS CEDEX 15 - FRANCE**

Date et signature :

Les informations que vous nous communiquez sont nécessaires à la gestion de vos adhésions, et de nos relations. Elles sont exclusivement réservées à l'usage de l'UMP et de l'ANFUMP (Association nationale de financement de l'UMP) et en retournant ce formulaire, vous autorisez celles-ci à utiliser vos données pour des opérations de communication politique et de dons. Vos informations ne pourront être communiquées qu'à des cocontractants qui, en leur qualité de sous-traitants de l'UMP, n'agiront que sur les instructions de cette dernière et seront soumis à une stricte obligation de confidentialité. Certains de ces partenaires peuvent avoir des activités dans des pays situés en dehors de l'Union européenne, notamment aux fins d'hébergement des données. Vos données ne seront toutefois transférées que dans des pays présentant une protection adéquate au regard des garanties imposées par la loi du 6 janvier 1978 ou, en ce qui concerne les États-Unis, à des entités adhérant aux principes du Safe Harbor. En application des articles 38 et suivants de la loi du 6 janvier 1978, vous bénéficiez des droits d'accès, de rectification, de suppression et d'opposition aux informations vous concernant. Vous pouvez exercer ces droits en nous écrivant à l'adresse : fichiers@u-m-p.org ou à Adhésions, TSA 51558 - 75901 PARIS CEDEX 15 - FRANCE.

Source: www.u-m-p.org

Qu'est-ce que le Front de Gauche?

Membres de partis différents, militants syndicalistes, associatifs et citoyens, nous étions ensemble lors du referendum de 2005 pour faire gagner le non à l'Europe libérale.

Lors des dernières élections européennes, nous nous sommes rassemblés à nouveau dans la fidélité au vote majoritaire des Français.

En trois ans seulement, nous sommes devenus la deuxième force politique de gauche du pays.

Avec le Front de Gauche, faites le choix de la résistance et de l'avenir !

Depuis sa création, le Front de Gauche s'élargit, progresse et rassemble toujours plus de citoyens.

Après le lancement de notre campagne présidentielle avec Jean-Luc Mélenchon, des centaines d'Assemblée citoyennes se sont créées sur tout le territoire. Il y en a sûrement une près de chez vous.

Rejoignez le Front de Gauche !
Ensemble, construisons une autre France, belle et rebelle !

Parti Communiste Français / Parti de Gauche / Gauche Unitaire /
La Fédération pour une Alternative sociale et Ecologique / République et Socialisme /
Convergences et Alternative / Parti Communiste des Ouvriers de France

WWW.placeaupeuple2012.fr

Je veux rejoindre une Assemblée citoyenne

❑ Près de mon domicile ❑ Près de mon travail (lieu : ....)
❑ Je soutiens la candidature de Jean-Luc Mélenchon et accepte que mon nom soit publié
❑ Je fais un don de ....€ par chèque libellé à l'ordre de **AFCP JLM 2012,** déclarée à la Sous-Préfecture de Palaiseau en date du 1er décembre 2011 sous le N° W913003853, seule habilitée à recevoir les dons laveur du candidat J-L Mélenchon, conformément à l'article L 52-9 du code électoral. Vous recevrez un reçu qui vous permettra de déduire du montant de votre impot sur le revenu 66% du montant de votre don, dans les limites fixées par la loi.

Nom : .... Prénom : ....
Adresse : ....
Ville : .... CP : ....
email : .... Tél. : ....

Coupon à renvoyer à : L'Usine 8, rue Chassagnolle * 93260 Les Lilas

FRONT DE GAUCHE

Prenez le pouvoir !

La crise n'est pas une fatalité

C'est la conséquence directe des politiques qui ont été menées ces dernières années : blocage des salaires qui oblige à s'endetter, spéculation débridée et toute-puissance donnée à la finance... Pour sortir de la crise, il faut donc changer de politique.

Mais les dirigeants européens, Merkel et Sarkozy en tête, imposent toujours plus d'austérité de façon autoritaire : c'est l'Europe austéritaire. Les peuples payent la crise pendant que les banques reçoivent des flots d'argent public

Le chômage, la récession, les tensions entre les peuples... peu leur importe ! Car pour eux c'est les banques et la finance d'abord.

Le Front de Gauche, c'est l'humain d'abord !

Avec la candidature de Jean-Luc Mélenchon, nous proposons la seule alternative crédible : résister à la finance et rendre le pouvoir au peuple pour permettre le progrès humain.

Il y a des moments où il faut savoir résister pour défendre notre avenir. En 2012, votons, résistons avec le Front de Gauche. Prenez le pouvoir.

Si vous faites les moutons, vous serez tondus !

Source: www.placeaupeuple2012.org

Après avoir lu les tracts

1. Dans le tract de l'UMP, on voit une série de comparaisons économiques entre la France et d'autres pays étrangers. A votre avis, pourquoi ces comparaisons peuvent-elles servir à l'UMP ?
2. Dans le tract du Front de Gauche, on favorise « l'humain » et « le progrès humain ». A votre avis, en quoi consiste « l'humain » ?
3. Quelles sont les stratégies rhétoriques employées dans les deux tracts ? Quel est le rapport entre ces stratégies et les idées majeures trouvées dans chaque tract ?
4. Quelles sont vos critiques de chaque tract ? Soulignez les éléments que vous trouvez efficaces et inefficaces (exemples : les slogans, les images, la répétition de certains mots ou expressions). Quel tract trouvez-vous le plus réussi ? Pourquoi ?

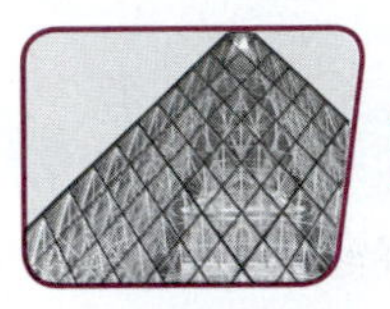

PREMIERE PERSONNE

Interview avec Marie-Claude Dumay

Marie-Claude Dumay a travaillé pendant une vingtaine d'années à l'Ambassade des Etats-Unis à Paris comme employée locale du département d'Etat où elle assurait la fonction de *Political Assistant* au sein du service des Affaires politiques. Dans cette interview, Madame Dumay nous parle de son travail, ses opinions sur la vie politique en France et ses impressions quant aux différences entre la scène politique en France et aux Etats-Unis.

Avant de lire l'interview

Réfléchissez aux questions suivantes, puis discutez vos idées avec un petit groupe de vos collègues.

1. Que savez-vous sur le département d'Etat américain ? Quels rôle pensez-vous qu'il joue dans un pays comme la France ?
2. Quels seraient, à votre avis, les défis de travailler comme employé local français pour le gouvernement américain ?
3. Quelles compétences seraient utiles pour exercer cette fonction ?

En lisant l'interview

Indiquez si chaque phrase est **vraie** ou **fausse** en basant vos réponses sur le contenu de l'interview.

1. Les responsabilités majeures de Madame Dumay comme *Political Assistant* à l'Ambassade des Etats-Unis à Paris concernaient la politique américaine.
2. Madame Dumay a une opinion assez positive sur les institutions de la Ve République.
3. Madame Dumay a félicité ses compatriotes français pour leur taux de participation élevé dans les élections présidentielles de 2012.
4. La bipolarisation de la vie politique est un souci pour les Français selon Madame Dumay.
5. Selon Madame Dumay, le financement de la vie politique en France et aux Etats-Unis est assez similaire, et les Français admirent cet élément du système politique américain.

Q : Comme *Political Assistant* à l'Ambassade des Etats-Unis à Paris, quelle a été votre implication dans la vie politique française, à l'intérieur ou sur le plan international ?

M-CD : J'étais chargée de suivre la scène politique française, d'en identifier les principaux acteurs et décideurs, de mettre en relation les diplomates en poste à Paris et les visiteurs américains, plus généralement de suivre les développements de l'actualité, en particulier sur le plan législatif, sur tout sujet d'intérêt pour les Etats-Unis. J'ai donc été un observateur privilégié de la vie politique française pendant près de vingt ans, sans jamais occuper de rôle politique actif… ce qui m'aurait paru d'ailleurs incompatible avec ma fonction.

Q : Quel est votre point de vue sur les institutions de la Ve République ? Dans quelle mesure ces institutions sont-elles viables aujourd'hui ?

M-CD : Parmi la quinzaine de constitutions que la France a connues depuis la Révolution, la constitution de 1958 est celle qui a la plus grande longévité après celle de 1875. Elle a permis de faire face à des crises majeures, par exemple, la guerre d'indépendance algérienne, et elle a mis un terme à l'instabilité gouvernementale de la IVe République. Très critiquée à l'origine pour la part prépondérante qu'elle accordait à l'exécutif, elle offre depuis plus d'un demi-siècle un cadre stable à la République, qui lui a permis de traverser sans blocage les alternances politiques. On peut donc dire que les institutions de la Ve République ont fait la preuve de leur souplesse° et de leur solidité.

flexibility

Q : Pensez-vous que les dernières élections présidentielles marquent une fragmentation du paysage politique français ? Le parti centriste ne reçoit que 7% des voix et on constate une montée des extrêmes. Dans quelle mesure peut-on dire qu'il y a une fracture de l'électorat en France ?

M-CD : La présidentielle en mai 2012, suivie du renouvellement de l'Assemblée nationale en juin, se clôt° par des records d'abstention. Le taux de participation à l'élection présidentielle, scrutin traditionnellement le plus mobilisateur, atteint 80% et près de 6% des votants ont voté blanc ou nul. Aux législatives de juin, près de 45% des électeurs se sont abstenus: les députés ont donc été élus par 20 millions d'électeurs sur un corps électoral de 43 millions... Depuis 2007, chaque scrutin (municipal, départemental, régional, européen) avait battu le record d'abstention de toute l'histoire électorale. Les observateurs s'accordent à constater une crise de la représentation politique depuis les années 80 et une profonde transformation de la notion de devoir civique. Ils soulignent l'apparition d'un électorat intermittent qui utilise l'abstention comme une réponse électorale en tant que telle. L'abstention reflète un malaise devant la bipolarisation de la vie politique — près de la moitié des électeurs du candidat présidentiel centriste (François Bayrou) refusant de s'engager pour l'un des deux candidats présents au second tour. Le sentiment de l'impuissance des politiques s'installe aussi plus généralement parmi les électeurs : les décisions importantes ne se prennent plus au niveau national, mais européen et dans les instances internationales.

ends with

Q : Quelle est votre opinion sur les systèmes de financement des campagnes électorales en France et aux Etats-Unis ?

M-CD : Le financement de la vie politique et des campagnes électorales en France et aux Etats-Unis obéit à deux conceptions bien differen tes. Depuis les années 80, pour éviter certaines dérives°, la France s'est dotée progressivement d'un arsenal législatif pour limiter les financements occultes et la pression des puissances financières dans les campagnes : plafonnement° des dépenses électorales, prise en charge par l'Etat des dépenses de campagne, contrôle du patrimoine

drifts, slides

cap

des candidats en début et fin de mandat. Les personnes morales (donc les entreprises) ne peuvent plus prendre part à la vie politique. En parallèle les partis politiques se sont vus reconnaître un statut juridique précis et un financement officiel. Il est intéressant de noter que ce système de financement est aussi un outil de modernisation de la vie politique: des sanctions financières sont prévues par la loi pour les partis qui ne respecteraient pas la parité° entre hommes et femmes.

parity, equal number

Cependant on ne peut pas dire que ces règles strictes assurent une transparence totale de la vie politique : la moralisation de la vie politique figurait encore en bonne place dans les programmes des principaux candidats à l'élection présidentielle de 2012 et l'une des premières décisions du Président Hollande fut de confier à l'ancien Premier ministre Lionel Jospin la présidence d'une « commission pour la modernisation et la déontologie° de la vie politique ». Dans ce contexte, les évolutions récentes du système de financement des campagnes électorales américaines — et évidemment les *Political Action Committees* — ne peuvent que susciter l'incompréhension de l'opinion publique française.

ethics

Après avoir lu l'interview

Répondez aux questions à l'écrit, puis discutez vos idées avec un petit groupe de collègues.

1. Que pensez-vous de l'opinion de Madame Dumay à propos des institutions de la Ve République ? Pourriez-vous imaginer des critiques quant au fonctionnement de ces institutions pendant ces dernières années ?
2. Comme Madame Dumay a expliqué que depuis 2007 l'abstention se remarque dans les différents scrutins, des élections municipales aux élections européennes, et que les Français « utilisent l'abstention comme une réponse électorale en tant que telle. » L'abstention peut-elle être, à votre avis, une réponse légitime ? Voit-on ce même phénomène dans votre culture ?
3. En parlant de l'échelle des décisions politiques en France, Madame Dumay a dit que « les décisions importantes ne se prennent plus « au niveau national, mais européen, et dans les instances internationales. » A votre avis, quelles conséquences peut-on imaginer pour l'électorat à cause de ce phénomène ?
4. Madame Dumay a dit que le financement des campagnes électorales américaines suscite « l'incompréhension de l'opinion publique française ». Qu'en pensez-vous ? Trouvez-vous que cette « incompréhension » peut être un obstacle aux relations franco-américaines ? un élément qui peut causer des préjugés des deux côtés ?

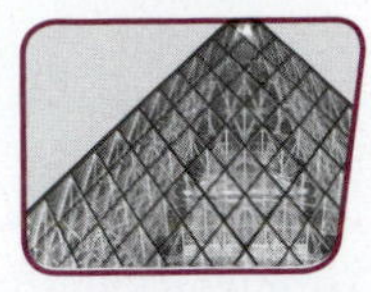

ACTIVITE DE SYNTHESE

Débat et élections

Travaillez en groupe de trois à quatre étudiants afin de présenter le candidat d'un des partis politiques français aux élections présidentielles lors d'un débat. Malheureusement, votre candidat(e) ne peut pas vous rejoindre pour le débat, donc c'est à vous de présenter son programme politique de façon convaincante. A la fin du débat, chaque personne votera pour le candidat / la candidate de son choix.

Etape 1 : Recherchez votre parti politique

Avec les autres membres de votre groupe, explorez le site Internet officiel de votre parti politique. Identifiez les priorités et les enjeux qui vous semblent les plus importants pour votre parti ainsi que leurs prises de position. Prenez des notes et développez ensemble votre programme politique en essayant de traiter les questions sociales et politiques les plus importantes en France aujourd'hui. Ces questions doivent comprendre :

- les questions culturelles (l'immigration, la religion, l'éducation)
- la protection sociale (la retraite, le système de santé)
- l'environnement (le développement durable, la protection de la nature)
- les relations internationales (l'Europe, les Etats-Unis, la mondialisation)

Etape 2 : Recherchez votre rôle dans le parti et préparez le débat

Ensuite, chaque membre du groupe doit choisir un rôle à jouer dans votre parti politique (par exemple, Secrétaire des questions culturelles, Secrétaire de la protection sociale, etc.). Comme Secrétaire, utilisez les informations synthétisées à l'Etape 1 pour préparer votre participation au débat plus en détail. Décidez avec les autres membres de votre groupe du nom de votre candidat(e) ainsi que du slogan du parti. Réfléchissez ensemble sur les stratégies rhétoriques que vous pensez employer pendant le débat. Pour vous aider au niveau linguistique, n'oubliez pas de consulter les *Expressions de base* de ce chapitre ainsi que les différents *Rappel !* qui pourraient vous être utiles, par exemple, celui du *Chapitre 8* à propos de comment donner son opinion, exprimer son accord ou son désaccord et nuancer l'argument.

Etape 3 : Présentez les idées de votre parti lors d'un débat

Dans la première partie du débat, à tour de rôle présentez la plateforme électorale de votre parti. Chaque « Secrétaire » doit expliquer les prises de position de son parti sur les enjeux qu'il/elle représente. Dans la deuxième partie du débat, après la présentation de tous, posez des questions aux autres partis.

Finalement, votez pour le candidat / la candidate de votre choix.

PARTIE IV

La France dans le monde

CHAPITRE

13

La France et l'Union européenne

OBJECTIFS

- Identifier les pays qui font partie de l'Union européenne
- Décrire les objectifs et le projet de l'Union européenne aujourd'hui
- Comprendre la relation des Français avec le projet européen
- Comprendre l'influence de l'Union européenne sur la culture française
- Analyser l'idée d'une « identité européenne »
- Enrichir son vocabulaire pour parler de politique internationale
- Rappeler comment parler de l'avenir

Que signifie pour vous ce monument près du Parlement européen à Bruxelles?

Expressions de base pour parler de la politique internationale

Noms
un accord
une alliée
un cadre
la citoyenneté
la collaboration
la coopération
une directive
un espace
un état membre
une frontière
l'harmonisation *f.*
une initiative
une institution
la monnaie unique
la négociation
la souveraineté
un traité
l'unification *f.*

Adjectifs
centralisé(e)
commun(e)
européen(ne)
plurilingue
supranational(e)
uni(e)

Verbes
bénéficier
collaborer
coordonner
intervenir
se manifester
négocier

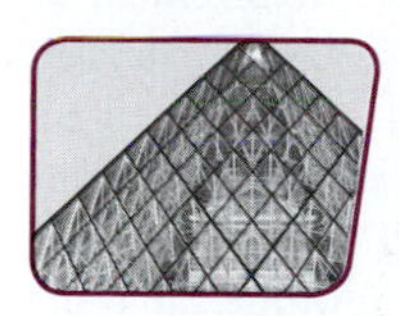

ENTREE EN MATIERE

L'aventure d'une idée : Le développement de l'Europe

L'Union européenne (UE) est sans aucun doute un des projets de collaboration internationale le plus ambitieux de l'histoire, avec des objectifs qui touchent à tous les domaines de la vie en société : politique, économique, social, culturel, etc. En ce sens, la portée de la construction européenne excède de loin les paramètres d'organisations comme l'OTAN (Organisation du traité de l'Atlantique Nord) ou d'accords comme NAFTA *(North American Free Trade Agreement). Quels facteurs ont poussé les états européens et leur peuple à vouloir former un ensemble supranational ? Quelles raisons ont-ils de poursuivre dans cette voie ? Quels défis devront-ils relever ? Selon vous, qu'est-ce que la France recherche en s'établissant comme un des leaders de la construction européenne ?*

L'idée d'une unification de l'Europe n'est pas nouvelle, mais les tentatives étaient avant tout basées sur des conquêtes et des alliances : l'Europe a souvent connu des conflits et des rivalités entre ses grandes puissances. La Guerre de Cent Ans, les guerres de religion, l'avènement de la République en France : tous ces événements ont divisé plus qu'ils n'ont uni. Même après un XIXe siècle relativement paisible, marqué par un rapide développement économique, l'Europe est ravagée au XXe siècle par deux conflits mondiaux. A ce sujet, Hitler avait d'ailleurs en tête le projet d'unification européenne le plus récent à l'époque : le IIIe Reich.

Et pourtant, au lendemain de la Seconde Guerre mondiale, les puissances européennes réalisent qu'il est impératif de construire quelque chose de positif et durable dans un esprit de collaboration et que c'est avec ses ennemis qu'on fait la paix. Il est ici question de mise en commun au niveau politique, économique et social, une perspective difficile pour des nations construites historiquement sur le principe de la souveraineté nationale.

Cette idée d'une Europe au destin uni autrement que par les conflits avait déjà été formulée par l'humaniste Erasme[1] qui émet l'idée d'un ensemble européen basé sur des idées de paix, de tolérance et de cosmopolitisme. L'idée d'un cadre juridique ou politique est évoquée par les Lumières (voir *Chapitre 1*). Ces idées semblent résonner de manière pertinente en 1945. Jean Monnet, un industriel, homme politique et visionnaire, voit très vite la nécessité de faire de l'Allemagne une alliée dans le projet de reconstruction de la France en particulier, et de l'Europe en général. Il fait part de ses idées à Robert Schumann, alors ministre français des Affaires étrangères.

Grâce aux efforts conjugués des deux hommes et à la réceptivité du chancelier allemand Konrad Adenauer, la première entité européenne est créée par le traité de Paris le 18 avril 1951 : la CECA (Communauté européenne du charbon et de l'acier) regroupe la France, l'Allemagne, l'Italie et le Bénélux (Belgique, Pays-Bas et Luxembourg). L'aventure européenne est en marche. Elle deviendra plus concrète en 1957 avec le traité de Rome (signé le 25 mars par les six mêmes pays) qui institue la Communauté économique européenne (CEE) et étend la coopération, avant tout économique, sur les domaines politique et social.

Alors qu'il a de bonnes relations avec l'Allemagne d'Adenauer, le président de Gaulle s'oppose à l'entrée du Royaume-Uni dans la CEE en 1963. C'est finalement le président Pompidou qui va lever le véto français et en 1972, le Royaume-Uni, l'Irlande et le Danemark entre dans la CEE. Puis arrive la Grèce en 1981, ainsi que l'Espagne et le Portugal en 1986. L'Europe des Douze est constituée et va mener de grands travaux pour arriver à la constitution d'une entité politique : le traité de Maastricht (1992) voit la naissance de l'Union européenne (UE) telle qu'elle se présente aujourd'hui et prévoit la mise en circulation d'une monnaie unique, l'euro, qui est entré en vigueur le 1er janvier 2002, une étape cruciale dans la construction européenne.

Dans les vingt dernières années, l'UE est passée de douze à vingt-sept membres. Cet accroissement important a été précipité par la fin de la guerre froide, la chute du mur de Berlin et le démantèlement du bloc soviétique. Ci-dessous une chronologie de l'adhésion des pays membres :

1952 : France, Allemagne, Italie, Belgique, Pays-Bas, Luxembourg (6 pays)
1973 : Irlande, Royaume-Uni, Danemark (9 pays)
1981 : Grèce (10 pays)
1986 : Espagne, Portugal (12 pays)
1995 : Autriche, Finlande, Suède (15 pays)
2004 : Chypre, République Tchèque, Estonie, Hongrie, Lettonie, Lituanie, Malte, Pologne, Slovaquie, Slovénie (25 pays)
2007 : Bulgarie, Roumanie (27 pays)

La Croatie, l'Islande, la Macédoine, le Monténégro et la Turquie sont actuellement candidats pour entrer dans l'UE, ce qui porterait le total à 32 pays.

[1] *Humaniste, écrivain et théologien néerlandais (1469–1536) qui a milité pour la paix en Europe. Il est célèbre pour avoir écrit : « le monde entier est notre patrie à tous ».*

Etats membres de l'Union européenne

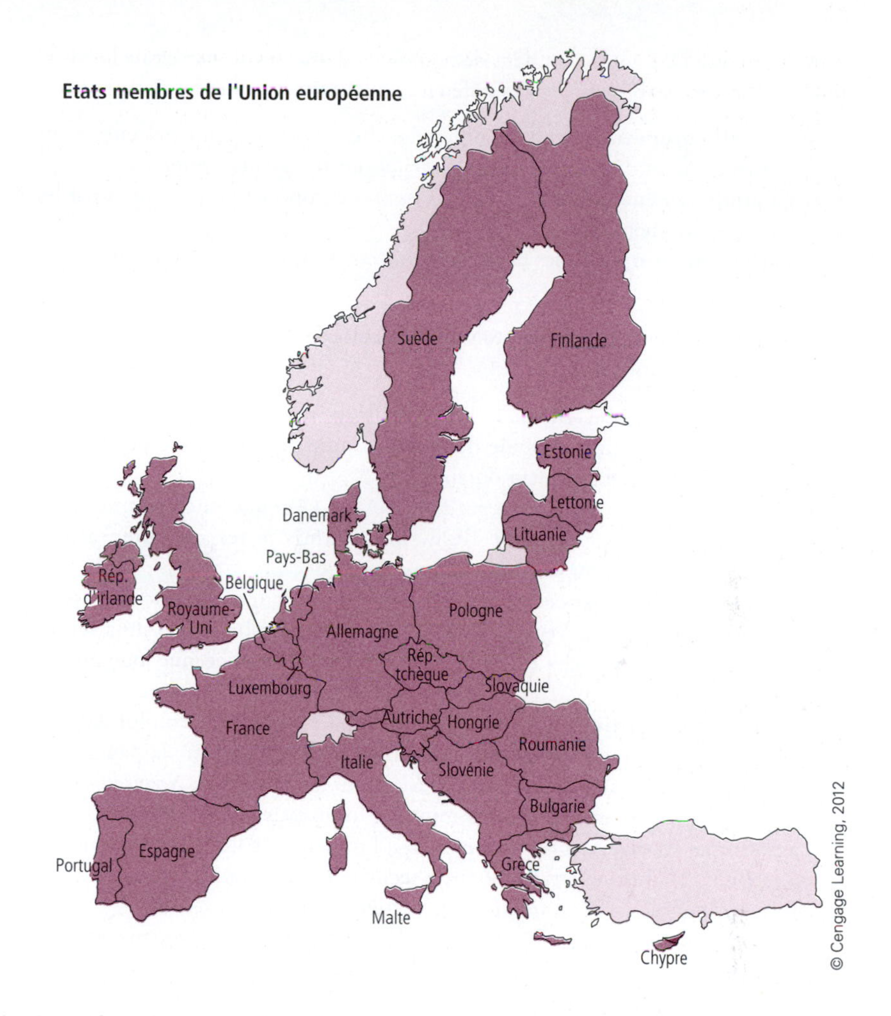

Question de compréhension. Quels sont les grands moments de la création de l'Union européenne ?

Du passé au présent : L'UE aujourd'hui

Plus qu'un simple espace géographique, l'Europe est désormais envisagée comme un espace politique, économique, social et culturel qui se présente comme un espace partagé, plurilingue et pluriculturel. Une série d'accords et de traités ont facilité la collaboration entre pays et individus et la libre circulation des personnes ainsi que des biens et services (par des accords douaniers notamment).

Aujourd'hui, l'UE intervient dans de nombreux domaines au moyen de négociations et d'accords établis au sein des différentes institutions politiques européennes :

- **le Conseil européen :** réunit les différents chefs d'état et ministres européens (en général autour d'un thème précis) et détermine les grandes priorités
- **la Commission européenne :** les commissaires européens sont nommés par les différents gouvernements
- **le Parlement européen :** les députés européens sont élus au suffrage universel direct par les citoyens européens

L'UE intervient dans pratiquement tous les domaines de la vie de l'Europe. Les principaux sont les suivants[2] :

- **L'agriculture :** les objectifs de la PAC (Politique agricole commune) sont de favoriser la production agricole de façon responsable dans une perspective écologique et de développement durable.
- **L'environnement :** sous le regard de l'AEE (Agence européenne pour l'environnement), les pays de l'UE sont soumis à des règlementations environnementales parmi les plus strictes au monde.
- **L'économie et les finances :** l'établissement d'un marché unique qui assure une certaine prospérité avec une relative stabilité nécessite la coordination de politiques économiques des états membres. La Banque européenne joue un rôle dans ce secteur.
- **L'emploi et la politique sociale :** L'UE essaie d'encourager l'emploi dans les différents états membres ainsi que les politiques de lutte contre la pauvreté et l'exclusion sociale. Le réseau EURES (***EUR**opean **E**mployment **S**ervices*) est un portail en ligne qui centralise et dissémine des informations sur l'emploi.
- **La politique étrangère et de sécurité :** l'outil principal de l'UE dans ce domaine est la PESC (Politique étrangère et de sécurité commune) qui coordonne les efforts européens, parfois interarmés, en matière de défense et sécurité.
- **L'action pour le climat :** l'AEE est un des protagonistes principaux dans les efforts pour combattre les changements climatiques mondiaux. Des commissions existent également dans chaque institution de l'UE.
- **Le multilinguisme :** l'UE a préservé chacune des 23 langues officielles de ses états membres comme langues de travail. Elle s'efforce de préserver la diversité linguistique et culturelle au sein de l'UE et dans le monde entier en favorisant l'enseignement des langues et les publications en langues diverses.

Questions de compréhension. Comment l'action de l'Union européenne est-elle coordonnée ? Quels sont les domaines d'action de l'Union européenne ?

L'influence de l'UE sur la culture française

A travers ses institutions et ses programmes, l'Union européenne exerce une influence sur la vie des états membres et donc, en particulier, sur la culture française. Parmi les initiatives les plus significatives, on peut en citer trois : l'euro, Erasmus, et l'espace Schengen. L'euro, tout d'abord, a remplacé le franc français et constitue

[2] *Pour plus de détails, voir : http://europa.eu/pol/index_fr.htm.*

désormais la monnaie unique. Si la France en général a été une fervente partisane de la monnaie unique, notamment à travers ses dirigeants politiques, certains Français étaient relativement sceptiques sur l'euro. Mais le 1er janvier 2002, les Français se sont « précipités » dans les banques pour convertir leurs francs et ils continuent de soutenir l'euro malgré quelques critiques (dues notamment à l'augmentation des prix lors de la conversion) et les répercussions de la crise économique et financière qui touche l'Europe ces dernières années. Le passage à l'euro n'a pas été chose facile pour les populations européennes qui ont dû abandonner leur monnaie nationale avec la valeur symbolique qu'elle pouvait avoir. En revanche, l'euro a un côté pratique puisqu'il permet de voyager presque partout dans l'UE sans passer constamment par le bureau de change. Il permet aussi de simplifier des projets de politique commune. Enfin, et surtout, l'euro a lui-même une valeur symbolique forte : celle de la capacité de pays aussi divers que les pays de l'UE à fonder quelque chose de commun.

L'influence de l'Europe se manifeste aussi par des collaborations accrues dans le domaine de l'éducation, avec notamment le programme Erasmus (voir *Chapitre 10*), qui contribue à la mobilité géographique des étudiants. Environ 200 000 étudiants de l'UE étudient chaque année dans un pays qui n'est pas le leur. Les étudiants français sont d'ailleurs parmi les plus nombreux participants à ce programme. Ce type d'initiative passe par la volonté des pays membres de les voir réussir et de mettre en place les changements nécessaires : harmonisation des programmes, des diplômes et des rythmes scolaires, par exemple. Ces initiatives s'inscrivent au sein des accords de la déclaration de Bologne (1999) qui vise à créer un espace européen de l'enseignement supérieur.

En France, cela s'est traduit par le passage au système LMD (Licence-Master-Doctorat) au niveau universitaire et une distribution des cours en semestres distincts au lieu des rythmes annualisés que suivaient les étudiants autrefois. Il existe aussi maintenant un système européen centralisé d'information pour les étudiants : le système Eurydice, géré par l'EACEA (Agence exécutive « Education, audiovisuel et culture »), a vu le jour dès 1980 et ses missions se sont développées depuis lors. Il fait désormais partie de l'initiative européenne de revalorisation de l'expérience et d'éducation continue, une réelle tendance en France et ailleurs (voir *Chapitre 10*). Il est également important que les crédits accumulés puissent être harmonieusement transférés d'un pays à l'autre ce qui est facilité par ECTS (*European Credit Transfer and Accumulation System*).

Enfin, parmi les influences importantes de l'UE, on peut citer la convention de Schengen, signée en 1985, qui permet de voyager d'un pays à l'autre sans contrôle aux frontières dans « l'espace Schengen » (cette convention sert aussi de cadre légal à la libre circulation des biens et services). Une nouvelle fois, ce sont la France, l'Allemagne et les pays du Bénélux qui ont été à l'initiative de cet accord. Aujourd'hui, il est intéressant de noter que si tous les pays de l'UE ne font pas partie de l'espace Schengen (Chypre, la Bulgarie et la Roumanie n'y ont pas encore adhéré), d'autres pays qui ne font pas partie de l'UE ont négocié leur appartenance à cet espace : la Norvège et l'Islande dès 1996, la Suisse en 2004.

Ceci participe d'une initiative plus significative qui est l'établissement d'une « citoyenneté de l'Union européenne » (par le traité de Maastricht) destinée à renforcer l'idée d'appartenance à l'UE. Ceci s'est d'ailleurs traduit par des passeports des différents pays dont l'apparence reflète cette identité européenne. En facilitant la mobilité des personnes, la convention de Schengen a donc eu des conséquences sur l'application d'une autre directive européenne : le droit de vote des étrangers. En effet, dans le cadre du même traité de Maastricht, les citoyens européens des états membres ont le droit de vote aux élections municipales de la commune où ils résident (même en dehors de leur pays d'origine) et aux élections européennes. En France, un citoyen européen peut même devenir membre du conseil municipal (mais ne peut pas faire fonction de maire ou d'adjoint). Plus largement, depuis 1981, le débat s'est ouvert de savoir si les étrangers devraient bénéficier eux aussi du droit de vote.

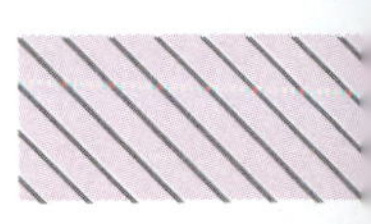

Question de compréhension. Comment les initiatives de l'Union européenne influencent-t-elles la culture française et quels sont les objectifs de ces initiatives ?

Les Français veulent moins d'Europe et plus d'Europe

La construction d'un projet aussi important que l'UE présente des défis substantiels. Au-delà même de la volonté de vivre ensemble et de collaborer, il faut construire un cadre institutionnel, légal, politique, économique et social qui permette le fonctionnement de l'union et une certaine harmonisation au sein de l'espace commun.

Depuis le début de l'aventure européenne, dont elle a eu l'initiative, la France a joué un rôle moteur dans la construction et la vie de l'UE. Les Français se montrent plutôt favorables à un projet européen qui assure la paix et la création d'un espace de coopération et d'opportunités, et surtout la capacité de maintenir la place de l'Europe, et donc de la France, comme leader dans un contexte économique marqué par la mondialisation et la concurrence avec deux grands pôles — les Etats-Unis et la Chine — et les pôles émergents comme l'Inde.

Les Français critiquent pourtant parfois un certain manque d'efficacité de l'UE dans leur vie quotidienne. Par exemple, ils voudraient sentir davantage les effets positifs de politiques économiques et sociales. Ils ont aussi déploré le manque d'harmonisation fiscale surtout en période de crise. Ainsi, selon un sondage réalisé en décembre 2011 par Ipsos, une société de marketing d'opinion et d'études de marché, près de la moitié des Français ont même exprimé le sentiment que l'impact de la crise économique sur la France avait été plus important du fait de l'appartenance à l'UE. La France étant, avec l'Allemagne et le Royaume-Uni, l'une des trois plus grandes économies de l'UE, elle a naturellement plus gros à perdre que d'autres en situation de crise. Accepter de faire front ensemble, quelles que soient les circonstances, est aussi un des défis de la construction de l'UE.

Favorables au projet européen, donc, les Français ne sont pourtant pas prêts à accepter « n'importe quelle Europe » et à compromettre les sujets qui leur sont importants. Suite au traité de 2005, les Français ont voté « non » au référendum qui proposait d'établir une constitution européenne car ils trouvaient le projet trop libéral[3] et ils déploraient l'absence du concept de laïcité. S'ils ne sont pas

[3] *Dans le sens français du terme, faisant référence au libéralisme économique, c'est-à-dire préférant un minimum de régulation sur les entreprises.*

fondamentalement opposés à l'idée d'une économie de marché, les Français attendent de l'Europe qu'elle mette en place et qu'elle défende un réel projet de démocratie sociale avec une importante composante écologique.

Malgré la situation économique difficile des dernières années, exacerbée par la crise financière, l'optimisme des Français pour le projet européen connaît une certaine érosion mais n'a pas disparu. Les Français reprochent surtout à l'UE de ne pas s'être doté d'un pouvoir politique plus robuste et surtout d'institutions plus efficaces (comme une banque centrale indépendante) afin d'être en position d'exercer un plus important pouvoir décisionnel pour contrebalancer les forces économiques. Ceci explique en partie le clivage grandissant entre une population diplômée, cadres supérieurs, et sympathisants des grands partis politiques très attachée à l'UE et une population ouvrière, moins diplômée, plus touchée par la crise et donc plus sceptique, voire même méfiante, envers les institutions européennes souvent considérées comme étant trop distantes des réalités du quotidien pour avoir une réelle efficacité. Aujourd'hui, les Français sont donc équitablement partagés sur la façon de sortir de la crise entre ceux qui pensent que la solution réside dans un accroissement du pouvoir national et ceux qui pensent que la solution réside dans une plus importante et profonde intégration européenne. Une chose apparaît certaine : les Français semblent pencher du côté qui promettra une plus grande justice sociale.

Question de compréhension. Donnez deux arguments qui expliquent pourquoi les Français soutiennent le projet européen et deux arguments qui expliquent leur réticence.

Questions de réflexion

Répondez aux questions suivantes sur l'Union européenne et la France. Ensuite, partagez vos idées avec vos collègues et votre professeur.

1. Selon vous, est-ce que l'Union européenne a eu des effets plutôt positifs ou plutôt négatifs sur la France ? Expliquez votre réponse en vous appuyant sur le texte ci-dessus.
2. Comment décririez-vous la relation entre la France/les Français et l'Union européenne ? Quels sont les terrains sur lesquels les Français sont pro-européens ? Quels sont les terrains sur lesquels ils le sont moins ?
3. Quels sont selon vous les enjeux d'une entité comme l'Union européenne dans la défense et la préservation de la diversité culturelle face à la mondialisation ?
4. Comparez le projet européen avec le projet de l'union fédérale aux Etats-Unis et avec NAFTA. Quelles similarités et différences y voyez-vous ? Quels sont les avantages et les inconvénients de ce type de formation ? Quels sont les défis principaux auxquels l'Union européenne devra faire face dans le futur ? Voyez-vous les mêmes défis aux Etats-Unis ?

Avez-vous compris?
Allez plus loin

TEXTE A ANALYSER

Les Français et l'Union européenne : Quelle relation ?

Vous allez lire un sondage sur les sentiments des Français sur l'Union européenne. Ce sondage explique les associations qu'ont les Français avec l'UE ainsi que les clivages d'opinion qui existent vis-à-vis de l'UE entre certaines parties de la population française.

Avant de lire le sondage

Répondez aux questions suivantes à propos de vos associations personnelles avec l'UE.

1. Quand vous pensez aux termes « l'Europe » et « l'Union européenne », quelles idées ou notions vous viennent à l'esprit ?
2. En vous basant sur les critères socio-démographiques (hommes/femmes, niveau d'éducation, etc.) quels groupes de citoyens sont, à votre avis, les plus confiants vis-à-vis de l'UE ? les moins confiants ? Expliquez vos réponses.

Aimez-vous l'Europe?

Présentation de l'enquête de la Fondapol sur le sentiment européen chez les Français

Dans la perspective du colloque du 9 mai 2011 intitulé « Aimez-vous l'Europe ? », la Fondapol[4] a demandé à TNS Sofres[5] de réaliser un sondage pour évaluer le sentiment européen chez les Français. L'enquête a été conduite du 15 au 20 avril 2011, par téléphone auprès d'un échantillon de 1 500 personnes âgées de 18 ans et plus.

Le rapport des Français à l'Union européenne dessine deux France

Majoritaires, les euro-confiants regardent l'UE comme une réponse pertinente à la mondialisation

Plus de trois-quarts des Français estiment que l'Union européenne assure la paix (76%). Ce lien historique entre paix et Union européenne demeure°

reste

[4] La Fondation pour l'innovation politique a été fondée en 2004 par un conseiller de Jacques Chirac. Son orientation politique est de la droite libérale modérée.

[5] Institut de sondage d'opinion et d'études de marché

embodying

toujours très fort. Interrogés sur la valeur incarnant° le mieux l'UE, les Français ont répondu la paix (44%). Pour 37% d'entre eux, c'est aussi la valeur à défendre à l'avenir. Les Français ne semblent pas considérer comme acquise la pacification du vieux continent.

Les Français considèrent l'Union européenne comme la réponse pertinente à la globalisation. Ils estiment majoritairement que l'Union européenne rend la France plus forte face aux Etats-Unis (68%), plus forte face à la Chine (59%). De même, ils jugent qu'elle favorise le développement économique de la France (57%). D'une manière générale, plus des deux-tiers d'entre eux affirment que l'appartenance à l'Union renforce la puissance de la France dans le monde (69%).

La moitié des Français (52%, contre 47% qui ne le pensent pas) estiment que l'Union européenne accentue le problème de l'immigration en France, qu'elle accentue le chômage (48%, contre 50% qui ne le pensent pas), et qu'elle affaiblit la protection sociale (45%, contre 53% qui ne le pensent pas). De plus, 60% des Français jugent que le terme « chômage » correspond bien à l'Union européenne.

Près de deux-tiers des Français estiment qu'il faut être solidaire des pays de l'Union européenne en crise « même si cela représente un coût pour la France » (59%). Seulement 39% d'entre eux pensent au contraire que la France n'a pas à payer pour les autres pays de l'Union européenne « car ces pays sont responsables de leur situation ».

Les euro-confiants sont majoritairement des hommes, plutôt âgés, disposant de revenus supérieurs à la moyenne et d'un bon niveau de diplôme. Urbains, ils ont déjà voyagé à l'étranger y compris pour des raisons professionnelles. Sur un plan politique, les euro-confiants se reconnaissent dans les partis de gouvernement tels que le PS, l'UMP, le centre et les Verts[6].

Le tiers euro-sceptique est issu d'une France fragilisée

Les euro-sceptiques se recrutent principalement chez les 35–54 ans, parmi les Français aux revenus modestes, peu ou pas diplômés. Le plus souvent, ils sont ouvriers, chômeurs ou inactifs, ils ont peu voyagé hors de France et résident dans des agglomérations de taille petite ou moyenne. Les euro-sceptiques perçoivent la mondialisation comme une menace.

Notre sondage révèle que les Françaises ont une vision de l'Union européenne plus négative que les Français. Parmi les mots et les sentiments associés à l'Union européenne, les femmes choisissent bien plus souvent que les hommes des termes à connotation négative tels que « chômage », « déclin » et « peur ». Cette tendance est confirmée

[6] Voir *Chapitre 12*.

par des écarts significatifs des réponses aux questions concernant la construction européenne ou l'euro. Par exemple, à la question de savoir s'il faut aller plus loin dans la construction européenne, près de la moitié des Françaises (47%) répondent par la négative contre un tiers seulement des Français (35%).

Le sentiment que l'Union européenne menace l'identité française est minoritaire, mais il est d'autant plus fort que l'on est moins diplômé

Pour les deux-tiers des Français (64%), l'Union européenne ne menace pas l'identité nationale. Le tiers des Français qui considèrent au contraire que l'Union est une menace pour l'identité française (34%) possède le profil des euro-sceptiques. La corrélation entre le niveau de diplôme et la crainte° de l'Union est particulièrement frappante. Les Français sans diplôme (47%) ou ayant suivi des études courtes — BEPC, CAP ou BEP[7] (46%) — sont les plus nombreux à penser que l'Union européenne menace l'identité de la France, contre seulement 34% des titulaires du baccalauréat et 23% des diplômés de l'enseignement supérieur.

peur

L'euro cristallise les débats autour de l'Union européenne

Seule une courte minorité des Français portent un regard positif sur la création de la monnaie unique (51%). Les hommes jugent plus favorablement l'instauration de l'euro (57% d'opinions favorables, contre 45% chez les femmes). Si la majorité des Français souhaitent que la France conserve l'euro (67%), cette volonté est plus présente chez les hommes (73%) que chez les femmes (62%). Ainsi, un tiers de la population féminine souhaite que la France revienne au franc.

Les Français massivement hostiles à une sortie de l'Union européenne

Seuls 13% des Français expriment la volonté de « sortir de l'Union européenne ». Ils sont 41% à estimer que « l'Union européenne est bien comme elle est aujourd'hui » et 44% à souhaiter « aller plus loin » dans la construction européenne. Ces résultats remettent en question le climat euro-sceptique qui domine dans les médias et dans le discours de la classe politique.

« Europe » et « Union européenne » : on ne parle pas de la même chose

Les termes « Europe » et « Union européenne » sont souvent employés comme s'ils étaient équivalents. Nous avons donc voulu vérifier si ces deux termes résonnaient de la même manière dans l'esprit des Français. Si l'on pouvait penser que « l'Europe », espace historique et culturel, susciterait° plus de réactions positives, c'est en fait à « l'Union

would arouse

[7] Noms de diplômes (voir *Chapitre 10*). Le BEPC est une autre désignation pour le Brevet des Collèges.

benevolent

européenne », structure politique et institutionnelle, que les Français associent le plus de sentiments bienveillants°. Nous faisons l'hypothèse que « l'Union européenne » répond davantage à la demande de régulation exprimée dans l'opinion que « l'Europe ». L'Europe évoque un espace géographiquement, culturellement et historiquement identifiable mais inorganisé, tandis que l'Union européenne évoque un ensemble politique, ordonné et capable d'agir sur la marche du monde.

Europe ou Union européenne : mots et sentiments associés

	Europe (%)	Union européenne (%)
Démocratie	69	72
Solidarité	53	59
Satisfaction	21	24
Complexité	78	76
Déception	56	52
Déclin	44	39
Peur	39	36

En lisant le sondage

Indiquez si chaque phrase est **vraie** ou **fausse** et, pour celles qui sont fausses, fournissez les informations correctes en vous basant sur le contenu du sondage.

1. La grande majorité des Français croient que l'UE assure la paix.
2. La majorité des Français pensent que l'UE rend plus difficile le développement économique de la France.
3. Les Français sont divisés quant à la question de l'influence de l'UE sur le chômage en France.
4. La grande majorité des Français pensent que la France n'est pas responsable pour les autres pays de l'UE.
5. Les euro-confiants sont principalement adhérents des partis politiques de l'extrême droite.

6. Les femmes françaises ont une vision de l'UE plus négative que les hommes français.
7. La majorité des Français ne pense pas que l'UE menace l'identité nationale.
8. Selon les résultats de ce sondage, plus on est diplômé, plus on a une vision positive de l'UE.
9. Les résultats de ce sondage confirment le climat euro-sceptique qu'on voit dans les médias et dans le discours de la classe politique en France.
10. Les Français associent plus de sentiments positifs au terme « l'Union européenne » qu'au terme « l'Europe ».

Après avoir lu le sondage

Citations à discuter. Les affirmations ci-dessous décrivent des idées tirées du sondage. Analysez chacune et proposez une interprétation en vous basant sur vos lectures et vos connaissances personnelles.

1. « Les Français ne semblent pas considérer comme acquise la pacification du vieux continent. »
2. Les Français « estiment majoritairement que l'Union européenne rend la France plus forte face aux Etats-Unis (68%) ».
3. « Seule une courte minorité des Français portent un regard positif sur la création de la monnaie unique (51%). »
4. 44 % des Français souhaitent « aller plus loin » dans la construction européenne.

Questions de discussion. Réfléchissez aux questions suivantes, individuellement tout d'abord, puis en groupes de trois à quatre personnes. Notez vos réflexions et partagez-les avec votre classe et votre professeur.

1. Y a-t-il des résultats du sondage qui vous étonnent ? Lesquels ? Pourquoi ?
2. Les hypothèses que vous aviez formulées sur les opinions des Français vis-à-vis de l'Europe ont-elle été confirmées ou non (par exemple, hommes vs femmes, importance du niveau de diplôme) ? Que pensez-vous des différences d'opinion entre ces groupes telles qu'elles sont présentées dans les résultats du sondage ?
3. Les résultats du sondage vous donnent une idée des idées ou notions associées par les Française aux termes « l'Europe » et « l'Union Européenne ». Quelles sont vos hypothèses sur ce que révèlent ces résultats quant aux relations des Français avec l'UE ?

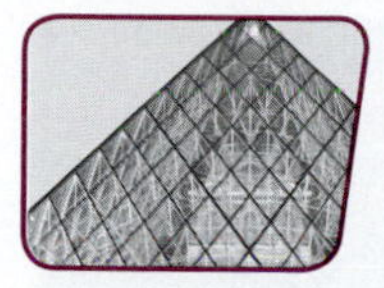

RAPPEL ! COMMENT PARLER DE L'AVENIR

Comme vous avez déjà vu, votre étude de la culture française vous mène à parler souvent des événements passés ainsi que des événements actuels. Mais elle vous mène aussi à parler des événements *futurs*, surtout par rapport aux enjeux sociaux et culturels contemporains et aux questions liées à l'avenir de la France. Pour exprimer une action ou un état certain ou réel à venir, on emploie *le futur simple,* un temps simple qui appartient au mode indicatif.

Notez que le futur simple s'utilise principalement à l'écrit ou alors à l'oral quand le cadre temporel reste vague. Par exemple, on dira : « j'irai en France l'an prochain / dans quelques années / quand j'aurai de l'argent / etc. » En revanche, s'il est question d'une date précise assez proche, on parle souvent au futur proche : « je vais aller au cinéma le week-end prochain » ou « je vais visiter Paris pendant les vacances de Noël ».

On utilise aussi le futur simple après des expressions comme *lorsque*, *quand*, *dès que* et *aussitôt* quand l'action se passe dans le futur : « aussitôt qu'il arrivera, on pourra commencer à dîner ». En anglais, le verbe reste au présent.

En plus de son usage le plus courant (pour exprimer une action à venir) le futur simple s'emploie aussi :

- Pour *exprimer une supposition* dont la probabilité est plus forte que quand on utilise le conditionnel. Dans ce cas, le futur de la proposition principale fonctionne en parallèle avec le présent dans la proposition subordonnée :

  Si la France *continue* de faire partie de l'UE, elle *sera* un des leaders de l'Union.

- Pour *indiquer un ordre* à valeur d'impératif

  On *aura besoin de trouver* un compromis entre le bien-être de la France et la solidarité avec les autres pays d'UE.

- Pour *demander quelque chose poliment*

  Je *prendrai* votre dossier sur l'UE maintenant, s'il vous plaît.

Le futur simple se construit en utilisant comme radical *l'infinitif du verbe,* auquel on ajoute les terminaisons : *-ai, -as, -a, -ons, -ez, -ont.* Pour les verbes dont l'infinitif finit par *–re*, on élimine le *-e*. Il existe cependant des exceptions.

Changement d'orthographe			Verbes qui ne changent pas		
infinitif	radical au futur	exemple	infinitif	radical au futur	exemple
acheter (présent : tu achètes)	achèter-	j'achèterai	répéter (présent : elle répète)	répéter-	elle répétera
appeler (présent : tu appelles)	appeller-	tu appelleras	espérer (présent : il espère)	espérer-	Il espérera

Radicaux irréguliers		
infinitif	radical au futur	exemple
aller	ir-	j'irai
avoir	aur-	tu auras
être	ser-	elle sera
devoir	devr-	il devra
faire	fer-	nous ferons
pouvoir	pourr-	vous pourrez
vouloir	voudr-	elles voudront
savoir	saur-	ils sauront
falloir	faudr-	il faudra
venir	viendr-	je viendrai
tenir	tiendr-	tu tiendras
voir	verr-	elle verra
courir	courr-	nous courrons
envoyer	enverr-	vous enverrez

Pratiquons !

Complétez chaque phrase en employant le futur simple des verbes entre parenthèses et des propositions logiques pour le reste de la phrase. Faites une phrase avec chaque verbe.

1. A l'avenir, l'UE… (favoriser, soutenir)
2. Dans les années à venir, la France… (avoir, devoir)
3. Si la mondialisation continue, les Français… (être, aller)
4. Si le projet européen avance, la France… (faire, collaborer)
5. Pour m'aider à mieux comprendre les opinions des Français, vous me… (donner, montrer)

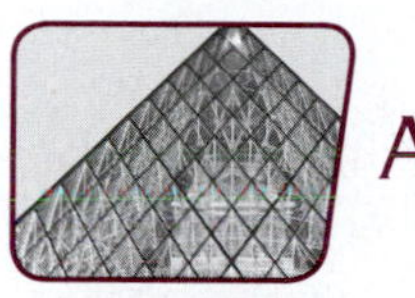

ACTIVITE DE SYNTHESE

Présentation à propos de la France et l'Union européenne

Faites des recherches sur l'influence de l'Union européenne en France dans un des domaines suivants :

Agriculture	Environnement	Economie et finances
Emploi et politique sociale	Multilinguisme	Sécurité

Ensuite, préparez une présentation PowerPoint™ traitant le thème que vous avez choisi. Votre présentation devrait répondre aux questions suivantes :

1. Comment décrire les caractéristiques de ce domaine et son rôle dans la société française ? en Europe ?
2. Comment l'UE influence-t-elle la France vis-à-vis de ce domaine ? Le rôle de l'UE dans ce domaine a-t-il évolué dans les dernières années ?
3. A l'avenir, quels grands obstacles la France et l'UE devront-elles surmonter dans ce domaine ? Concentrez-vous sur le rôle de l'UE vis-à-vis de ce domaine en France. Servez-vous des *Expressions de base* (page 219) ainsi que le *Rappel !* (pages 231–233) pour vous aider à préparer votre présentation.

CHAPITRE

14

La France et la Francophonie

OBJECTIFS

- Définir ce qu'est la francophonie
- Décrire les objectifs de l'Organisation internationale de la Francophonie
- Identifier les anciennes colonies françaises
- Analyser les défis associés au passé colonial et les relations actuelles entre la France et les pays francophones
- Enrichir son vocabulaire pour parler de la francophonie

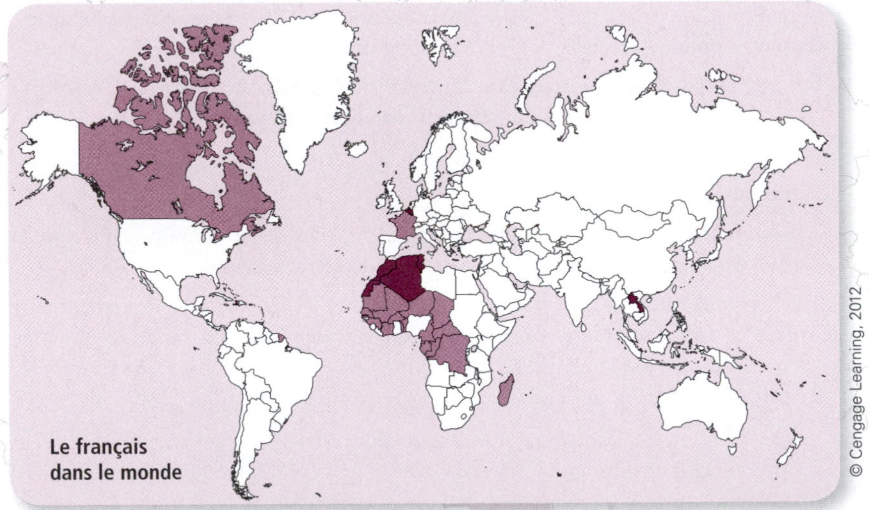

En regardant cette carte, quelle perception avez-vous de l'influence du français dans le monde?

Expressions de base pour parler de la francophonie

Noms
des biens *m.pl.*
la collaboration
un colon
le colonialisme
une colonie
la colonisation
le commerce (triangulaire)
une communauté
la coopération
la décolonisation
la diversité
un empire
l'esclavage *m.*
un(e) esclave
une ethnie
l'expansion *f.*
la francophonie
la Francophonie
l'identité *f.*
l'impérialisme *m.*
l'influence *f.*
la main-d'œuvre
la métropole
la mission civilisatrice
la mondialisation
le partenariat
une possession
un réseau
le territoire

Adjectifs
aboli(e)
(néo) colonial(e)
colonisé(e)
équitable
francophone
identitaire
impérialiste
mondial(e)
multiculturel(le)
plurilingue

Verbes
abolir
acquérir
étendre
exploiter
s'identifier (à quelque chose)
s'implanter
s'imposer
importer
partager
posséder
promouvoir
surmonter
transcender

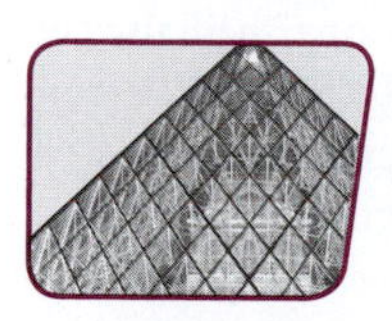

ENTREE EN MATIERE

Histoire et mémoire : La francophonie et le développement d'une idée

La présence de la France dans le monde n'a pas toujours été aussi positive que lors du rayonnement des Lumières au XVIIIe siècle. S'il existe aujourd'hui une notion ou une entité telle que « la francophonie », concrétisée à travers l'OIF (Organisation internationale de la Francophonie), et si le français reste une langue d'importance mondiale (voir *Chapitre 5*), cette influence est née d'un passé historique parfois sombre : la colonisation par la France d'un certain nombre de pays dans différentes régions du monde. *Vous êtes-vous déjà posé la question de comment l'anglais est arrivé à son statut actuel de langue internationale ? Quelle a été l'influence de l'espace anglophone dans le monde ? Dans quelle mesure envisagez-vous l'influence des Etats-Unis comme puissance néocoloniale, notamment à travers sa puissance économique et culturelle ?*

L'histoire du colonialisme : Le premier empire colonial

L'histoire coloniale française a commencé dès le XVIe siècle sous François Ier et a connu deux moments distincts, l'un avant et l'autre après la Révolution française. A son origine, l'expérience coloniale est basée sur le désir d'acquérir des richesses en contrôlant notamment le commerce des épices (la route des Indes). Dans le cas français s'ajoute une volonté d'étendre l'influence du christianisme. A la fin du XIXe et au début du XXe siècle, on a même parlé de « mission civilisatrice », justifiant l'expansion coloniale comme un service rendu aux populations colonisées.

Le premier empire colonial, principalement l'œuvre de Louis XIV, comprend de vastes territoires en Amérique du Nord, la « Nouvelle-France ». On y exploite les mers et rivières (pêche) et on y effectue le commerce du bois et des fourrures. A ces territoires s'ajoutent de nombreux comptoirs[1] en Afrique et en Asie qui sont répartis sur « la route des Indes ». Mieux implantée en Amérique du Nord et ayant du mal à s'imposer sur « la route des Indes orientales » (vers l'Asie) face au Portugal et aux Pays-Bas, la France néglige un peu la partie orientale de son empire colonial pour se concentrer sur ses possessions dans les mers des Caraïbes, les « Indes occidentales » : les îles des Antilles (Martinique, Guadeloupe) et un territoire en Amérique du Sud (Guyane) où on cultive le tabac et la canne à sucre, plus lucrative.

Cette « économie de plantation » va vite se baser sur l'esclavage et entraîner l'établissement du commerce triangulaire qui a permis la traite négrière. Les navires partaient des grands ports de la façade atlantique comme Nantes et Bordeaux, chargés de différents biens comme des tissus, des alcools ou des armes. Arrivés sur les côtes de l'Afrique sub-saharienne, surtout du Sénégal (l'épicentre du trafic d'esclaves en partance pour les Amériques), ces biens étaient échangés contre des personnes regroupées par des fournisseurs locaux. Les navires repartaient alors chargés d'esclaves qui allaient être vendus comme main-d'œuvre dans les plantations antillaises en échange contre des lettres de change ou des matières premières (café, sucre, coton, cacao). L'accroissement des besoins de main-d'œuvre et un taux de mortalité élevé ont eu pour conséquence la « nécessité » d'importer continuellement de nouveaux esclaves. Les armateurs des grands ports français et les propriétaires des plantations se sont considérablement enrichis au cours de cette période. La traite des Noirs n'est définitivement abolie en France qu'en 1817. Il faudra attendre 1848 pour voir abolir l'esclavage (1833 au Royaume-Uni ; 1860 aux Etats-Unis).

Question de compréhension. Pourquoi la France s'est-elle lancée dans l'aventure coloniale ?

L'histoire du colonialisme : Le second empire colonial

Le deuxième moment dans l'histoire coloniale française se passe surtout après 1830, date à laquelle commence la conquête de l'Algérie, première étape dans une politique impérialiste qui vise des territoires lointains (les Marquises, Tahiti). Cette politique d'expansion se poursuit avec la IIe République (1848–1852), puis le Second

[1] *Les « comptoirs » sont des territoires colonisés surtout destinés à favoriser le commerce. Il n'y a pas là de volonté d'un peuplement et d'une colonisation systématique.*

Empire (1852–1870) avec des territoires en Nouvelle Calédonie et à Madagascar. S'implanter en Afrique de l'Est permet à la France de limiter l'influence anglaise dans cette région du globe. Le Second Empire renforce également les positions françaises en Extrême Orient (Indochine, Cambodge) et en Afrique du Nord (Algérie, Tunisie et Maroc).
Sous la IIIe République (1870–1940), la France est en concurrence avec le Royaume-Uni d'un côté et l'Allemagne de l'autre, pour une domination symbolique et pour la course aux matières premières nécessaires au développement industriel. L'expansion de l'empire colonial se poursuit donc sur tous les fronts : au Tonkin (actuel Vietnam), à Madagascar et sur la façade orientale de la côte africaine (Djibouti, Somalie), mais c'est surtout au Maghreb, en Afrique de l'Ouest et en Afrique centrale que la France va s'établir de façon importante. Ceci débouchera sur l'établissement de deux grands ensembles : l'AOF (Afrique occidentale française: capitale Saint- Louis, puis Dakar) et l'AEF (Afrique équatoriale française: capitale Brazzaville).
A la veille de la Première Guerre mondiale, l'essentiel de l'empire colonial français est constitué. Entre les deux guerres, la France gère d'anciennes colonies allemandes et turques (comme le Cameroun, la Syrie, le Togo). Pendant la Seconde Guerre mondiale, la majorité des colonies se rallie à la France libre du général de Gaulle. A son apogée, l'empire colonial français, le deuxième du monde derrière le Royaume-Uni, s'étend sur 12 500 000 km^2 (1,5 fois la superficie actuelle des Etats-Unis, ou 23 fois la France actuelle) et regroupe 110 millions de personnes (5% de la population mondiale de l'époque). Le processus de décolonisation, parfois difficile, commencera après la Seconde Guerre mondiale (voir *Chapitre 1*).

Liste des anciennes colonies françaises

Amérique du Nord (Nouvelle-France[2])

Etats Unis

- Louisiane

Canada

- Acadie
- Plaisance (*actu.*Terre-Neuve)
- Isle Saint-Jean (*actu.* Ile du Prince Edouard)
- Isle Royale (*actu.* Cape Breton)
- Saint-Pierre-et-Miquelon*

Caraïbes

Anguilla
Antigua

[2] tout le bassin du Mississippi et du Missouri, région des Grands Lacs

Dominique
Grenade
Guadeloupe*
Martinique*
Montserrat
Saint-Martin*
Saint-Barthélemy*
Sainte-Lucie
Saint-Vincent-et-les Grenadines
Saint-Eustache
Ile Saint-Christophe
Tobago
Sainte-Croix
Saint Domingue[3]

Amérique du Sud

Brésil
Guyane française*
Iles Malouines

Afrique du Nord

Algérie française
Maroc
Tunisie
Territoire du Fezzan[4]

Afrique sub-saharienne

Bénin
Burkina Faso
Cameroun
Gabon
Gambie
Guinée
Côte d'Ivoire
Mali
Mauritanie
Niger
République Centrafricaine
République du Congo
Sénégal
Tchad
Togo

[3] appelée aujourd'hui Haïti et la République dominicaine

[4] partie de l'actuelle Libye

Océan Indien

Comores
Djibouti
Madagascar
Ile Maurice
Mayotte*
La Réunion*
Iles Éparses**
Seychelles
Tanzanie
Ile Amsterdam**
Ile Saint-Paul**
archipel de Crozet**
Iles Kerguelen**

Moyen-Orient

péninsule Cheikh Saïd au sud du Yémen
(administration seulement)
Castellorizo
Liban
Syrie
Hatay

Asie

partie de l'Inde[5]
Cambodge
Indochine française (y compris l'actuel Vietnam)
Laos
partie de la Chine[6]

Océanie

Ile de Clipperton
Nouvelle-Calédonie*
Polynésie française*
Vanuatu (Nouvelles-Hébrides)
Wallis-et-Futuna*

Antarctique

Terre Adélie**

Europe

Malte

* aujourd'hui un des DROM-COM

** font partie d'une collectivité d'outre-mer appellée Terres australes et antarctiques françaises (Taaf)

[5] comptoirs seulement Pondichéry, Karikal, Yanaon, Mahé et Chandernagor

[6] Les concessions de Shanghai, Tianjin (Pékin), Hankéou, Guangzhou Wan

Le colonialisme à la française, par opposition à l'approche anglaise, passait par l'établissement d'une importante population de colons et une infrastructure et une structure administrative lourdes et extensives. Celles-ci ont laissé des traces. Dans le domaine de la santé, la France a laissé de nombreux dispensaires et hôpitaux. Les colons avaient aussi fait construire des routes. Les Français ont parfois participé à la formation du personnel enseignant local mais surtout ils ont laissé leur système éducatif dans la plupart des colonies, africaines notamment. Les Français, enfin, ont laissé leur langue.

Questions de compréhension. Qui sont les principaux pouvoirs coloniaux ? Où la France s'est-elle principalement implantée ?

La francophonie : Un espace plurilingue et multiculturel lié par la langue

La présence du français dans les anciennes colonies établit une communauté linguistique à travers une langue commune dans un espace géographique qui connaît une diversité linguistique et culturelle extrême (plus de cinquante pays sur tous les continents). L'idée de **la francophonie** pour désigner l'ensemble des personnes parlant français n'est pas nouvelle: le géographe Onésime Reclus utilise ce terme le premier en 1880. Un peu plus tard, il englobe dans cette idée des éléments non linguistiques. Selon lui, la francophonie devrait porter en elle les valeurs de liberté, égalité et fraternité, issues de la Révolution et défendues par la République. Malgré l'oppression et les humiliations du colonialisme, il va rester des deux côtés la volonté de construire ensemble un projet positif autour de ces valeurs. En 1950, à l'initiative d'un journaliste québécois, Emile-Dostaler O'Leary, est fondée l'AIJLF (Association internationale des journalistes de la langue française), le premier pas dans la construction de la Francophonie, un ensemble d'institutions représentant de façon officielle les différents pays et protagonistes de la communauté francophone.

Une des institutions fondatrices les plus importantes est l'APF (Assemblée parlementaire de la Francophonie), fondée en 1967. L'APF jouera un rôle central dans l'établissement des différentes institutions qui régissent aujourd'hui la Francophonie, notamment l'établissement de l'ACCT (Agence de coopération culturelle et technique) qui deviendra l'OIF. L'OIF regroupe aujourd'hui 75 pays : 56 états membres et 19 pays observateurs. Lors du Sommet de la Francophonie, tous les deux ans, sont décidés les grands objectifs de la Francophonie, centrés sur l'amélioration des conditions de ses peuples et articulés autour des thématiques suivantes :

- promouvoir la langue française
- promouvoir la diversité linguistique et culturelle et le dialogue entre les cultures
- soutenir l'éducation, la formation et la recherche
- favoriser l'accès aux technologies de l'information de la communication et la littératie dans ce domaine
- soutenir les populations défavorisées dans l'espace francophone, en particulier les femmes et la jeunesse
- soutenir la coopération et le développement économique et social dans une perspective durable
- promouvoir la démocratie, les droits de l'homme et la paix dans le monde par la résolution des conflits

Pour atteindre ses objectifs, l'OIF travaille en partenariat, non seulement avec l'APF, mais aussi avec d'autres instances de la Francophonie, à savoir:

- l'AUF (Agence universitaire de la Francophonie), qui coordonne les efforts de collaboration en enseignement supérieur et recherche
- l'AIMF (Association internationale des maires francophones), qui fournit aux élus locaux un réseau international d'échange et de formation pour les assister dans le développement de leur politique d'urbanisme et de gestion locale
- l'Université Senghor d'Alexandrie, qui forme des cadres supérieurs africains dans le domaine du développement, de la gouvernance et de la politique publique.
- TV5 monde, la chaîne de télévision francophone, qui constitue le deuxième réseau international de télévision, diffusée dans plus de 200 pays et regardée par 55 millions de personnes chaque semaine

L'OIF a également intensifié sa collaboration avec des ONG (organisations non gouvernementales) opérant dans le monde francophone afin de mettre en place un certain nombre de programmes d'aide.

Question de compréhension. Quels sont les grands objectifs qui sous-tendent les efforts de la Francophonie ?

Vers un partenariat

Pour dépasser le traumatisme du colonialisme il faut nécessairement accomplir un devoir de mémoire, un travail en cours, que la France a jusqu'à présent plus ou moins bien réussi. Depuis le premier sommet de la Francophonie organisé en 1986 à l'initiative de François Mitterrand, les projets de collaboration se multiplient dans de nombreux domaines.

Les défis existent pourtant. La France a conservé une partie de ses anciennes colonies et celles-ci font désormais partie du pays sous la forme de DROM-COM, des territoires d'outre-mer régis par des statuts juridiques particuliers qui varient en fonction des territoires. Cette appartenance à la France met aussi en jeu des problématiques identitaires particulières et complexes. Comment se reconnaître français quand on vit à 15 000 kilomètres de la métropole (comme le sont les territoires de l'Océan pacifique) ? Ou quand on partage davantage de caractéristiques culturelles avec des territoires voisins comme cela peut être le cas avec les territoires des Caraïbes? Comment être sûr que les programmes mis en place par la Francophonie ne soient pas au seul bénéfice de la France mais bel et bien dans un souci de réciprocité équitable ?

C'est peut-être encore une fois du côté de la langue qu'il faut voir une solution. La France, à l'aide des pays membres de la Francophonie, s'est fait la championne de la défense de la diversité linguistique et culturelle face à la montée de ce qui est parfois perçu comme l'impérialisme américain dans ce domaine. La défense de cette cause peut aider les pays francophones à deux niveaux : (1) en préservant leur identité propre et (2) en mettant en place des stratégies pour revitaliser les langues locales — face, aussi, au français dans ce cas — comme instrument à part entière de construction identitaire et de développement économique et social. En développant leur relation de partenariat, les pays de la Francophonie peuvent donc potentiellement ouvrir la voie vers des solutions de développement durable particulièrement pertinentes aujourd'hui, au sens où il s'agit ici de les placer dans des contextes multiculturels et plurilingues qui revendiquent et mettent en valeur cette diversité et contribuent au bien-être des différents partenaires en présence.

Question de compréhension. Quel est le principal défi de la Francophonie ?

Questions de réflexion

Répondez aux questions suivantes individuellement. Ensuite, partagez vos idées avec vos collègues et votre professeur.

1. Qu'est-ce qui fait de la francophonie un phénomène unique ?
2. Quelles sont les forces et les faiblesses de la francophonie ?
3. Quelles sont les conditions nécessaires pour surmonter les clivages hérités de la période coloniale ? Sur quel terrain (quels types de projets) la France et les pays francophones pourraient-ils collaborer ?
4. Quelles similarités et différences voyez-vous entre le développement de l'empire colonial français et la façon dont les Etats-Unis ont été constitués (on parle, après tout, des « anciennes colonies » et de la « guerre d'indépendance ») ?

Avez-vous compris ?
Allez plus loin

TEXTE I A ANALYSER

La francophonie autrement : Nouveaux défis et nouvelles perspectives

Vous allez lire un article écrit par Daniel Maximin, un poète, romancier et essayiste guadeloupéen. Ce texte, « Les défis de la francophonie », fait partie d'une collection d'articles à propos du rôle de l'écrivain dans l'espace francophone. En 2006 Maximin a été responsable du volet littéraire du festival francophone, Francophonies, un festival d'une durée de sept mois destiné à célébrer la vitalité de la créativité en langue française.

Avant de lire l'article

Faites des hypothèses à l'écrit sur les défis rencontrés par les écrivains francophones, qui partagent typiquement la même langue d'expression, mais qui ont des origines diverses. Quelles sortes de défis existent-ils pour les auteurs francophones dans le monde d'aujourd'hui? Rappelez-vous le contenu de l'*Entrée en matière* de ce chapitre ainsi que votre connaissance du monde francophone. Partagez vos réflexions avec un(e) collègue.

En lisant l'article

Résumez chaque partie de l'article à l'écrit *en utilisant vos propres mots.* Identifiez et décrivez les quatre défis présentés et résumez les idées de l'introduction et de la conclusion.

1. Introduction (§ 1–2)
2. Défi #1 (§ 3–9)
3. Défi #2 (§ 10–15)
4. Défi #3 (§ 16–17)
5. Défi #4 (§ 18–20)
6. Conclusion (§ 21–22)

Les défis de la francophonie

(1) Depuis que l'aventure de ce festival a commencé, le combat que nous avons mené ensemble visait tout autant à° faire admettre un certain nombre d'idées qu'à en combattre d'autres, car chaque fois qu'on parle de francophonie, c'est d'abord pour dire ce qu'elle n'est pas, tant le mot charrie° de préjugés [...]

has aimed just as much at

carries along

(2) On entretient une coupure artificielle et fausse entre les écrivains dits français et les écrivains dits francophones, considérés comme des étrangers qui parlent français [...] Cette distinction est une erreur et, parfois aussi une volonté politique de séparation, tout simplement parce que la francophonie est née de gens qui luttaient contre une oppression politique, la colonisation, et contre un jacobinisme[7] culturel, littéraire et linguistique. Le combat pour l'ouverture, pour placer la littérature des Français de l'Hexagone à l'intérieur d'ensembles plus vastes, l'ensemble européen et aussi l'ensemble francophone, est un combat mené depuis longtemps, souvent de l'extérieur, par ceux qu'on appelle les écrivains francophones... [N]ous avons à affronter un certain nombre de défis.

[7]« Le jacobinisme » fait référence à une volonté de centralisation bureaucratique du pouvoir politique.

(3) Le premier est le défi du politique. L'Organisation internationale de la francophonie née plus récemment, est la forme politique actuelle de la francophonie, qui ne se résume pas. Pour éviter les faux débats, il serait tellement simple d'ajouter des adjectifs à ce mot. Nous en avons un peu tous assez, vu la gravité des questions qui se posent, la réalité des problèmes, le souci de nous rencontrer, de ces faux débats qui surgissent° facilement en France, où l'on se plaît parfois° à inventer un mot et ensuite à se battre autour de ce mot.

crop up
one sometimes likes to

(4) On nous a longtemps dit que la littérature, c'était des gens qui se battaient les uns contre les autres à chaque génération : les romantiques, puis les parnassiens, puis les symbolistes[8] ... On nous habitue ainsi à considérer que les époques s'affrontent° les unes les autres, et que c'est toujours mieux après qu'avant. Cette vision nous aliène, car on tend à suivre cette loi, à constituer des groupes, des écoles, à enfermer les écrivains francophones dans un ghetto. Le défi des francophones, c'est d'échapper à ce jacobinisme culturel français et d'accepter, et de revendiquer, au contraire, le fait de n'être pas enfermés dans une définition.

confront one another

(5) Le défi du politique est plus grave parce qu'il finit par enfermer dans quelque chose qui sert d'alibi, notamment au milieu culturel, au milieu littéraire, au milieu médiatique pour mépriser° ou pour ignorer les littératures et les cultures et les réalités qui se passent dans ces pays et même parfois les réalités politiques qui dérangent.

despise

(6) La facilité de dire : « la francophonie, c'est du néo-colonialisme, donc je ne m'y intéresse pas » est un alibi qui sert simplement à se garder les mains propres et à ignorer, à ne pas regarder des réalités qui pourtant sont aussi ce qu'est la France d'aujourd'hui et auxquelles la France participe elle aussi dans le monde et dans la mondialisation.

(7) C'est en ce sens que cette francophonie politique existe, et elle a le droit d'exister. Elle a d'autant plus le droit d'exister qu'elle est une invention des décolonisés, et que nous n'avons pas oublié que nos aînés°, par exemple, avaient souhaité, en ce qui concerne ce grand événement du XXe siècle qu'est la décolonisation notamment de l'Afrique, qu'elle se fasse dans un cadre° collectif [...]

elders
framework

(8) C'est cela aussi l'origine de la francophonie et c'est ce qui explique cette volonté depuis nos aînés de se réunir, de parler ensemble dans leur présent et pour l'avenir commun.

[8] Les romantiques, les parnassiens et les symbolistes sont des exemples de mouvements artistiques et en particulier d'écoles poétiques du début, milieu, et fin du XIXe siècle, respectivement.

(9) Nous avons finalement hérité d'une chose, c'est que, d'une manière générale, qu'on soit au Québec, en Suisse ou au Congo, ou en Algérie, l'écrivain est un homme des Lumières, avec une fonction sociale, qu'il le veuille ou non. Il n'y a pas de tour d'ivoire, même si on le souhaite, même si on en rêve pour faire son poème d'amour tout seul, le monde nous appelle, le monde nous interpelle°...

calling on us

crush, squash

(10) Le deuxième défi est le défi linguistique. On nous écrase° avec la fausse idée que la langue française serait la langue de l'Hexagone. Oui, c'est vrai que, depuis plus d'un siècle, la République, pour instaurer l'unité nationale, a inventé un certain nombre de signes de reconnaissance de l'identité, comme la langue, l'histoire, la géographie. On a inventé une identité historique partant de « nos ancêtres les Gaulois », une identité géographique encadrée par les quatre fleuves des livres scolaires : le Rhône, la Garonne, la Seine et la Loire, au détriment de toutes les rivières personnelles et locales que chaque enfant ne pouvait retrouver qu'à la sortie de son école.

blossomed

(11) C'est normal, tout pays doit construire son unité nationale autour de mythes d'origine. Mais encore faut-il que ce mythe soit considéré comme tel, c'est-à-dire que si la République a eu besoin de la langue, la langue n'a pas eu besoin de la République et s'est épanouie° en littératures, bien au-delà, encore une fois, de l'Hexagone, et cela, depuis son origine.

(12) C'est en cela qu'il est important pour nous de revenir toujours à l'histoire pour légitimer notre quête dans ces pays francophones d'une langue qui s'offrait y compris à la résistance parce que, tout simplement, en France même — et on revient aux Lumières —, elle s'offrait à la résistance. Et si on remonte à Rabelais, à Villon, et si on passe le XVIIIe siècle en transitant par le XIXe et par tous ces grands écrivains dont beaucoup étaient souvent en exil ou en prison, on se rend bien compte que cette langue est un véhicule de culture et que la culture, la littérature française, est absolument incapable d'être enfermée dans [une] volonté politique de l'Etat français depuis le Moyen Age jusqu'à nos jours.

(13) Et donc le fait qu'on reprenne cette langue lorsqu'elle a été imposée et qu'on s'en serve à son tour à condition d'en faire culture, à condition d'en faire littérature et à condition d'en faire écriture, est un geste naturel et normal de tout écrivain blanc, noir, jaune ou vert, quels que soient sa nationalité, son passeport, c'est un geste absolument naturel par rapport à toute langue, y compris la langue dite « maternelle », qui n'est pas plus une offrande facile pour l'écriture qu'une langue apprise et qu'une langue étrangère.

(14) C'est très important parce que nous sommes enfermés dans ce défi qui consiste à dire : « Mais comment faites-vous, vous Congolais,

Suisses, étrangers, pour écrire dans NOTRE langue ? » Cessons de dire NOTRE langue pour l'Hexagone seulement mais disons, nous, NOTRE langue pour cela française, comme conquête, outil et bien commun de tous les francophones, y compris les Français.

(15) Pourquoi diffuser plus ? Pourquoi être publié en France ? Pourquoi ne pas rester Sénégalais au Sénégal, etc. ? Justement à cause de ces défis, parce que nous avons besoin d'ouverture [...] La langue française, la langue anglaise deviennent, quel que soit notre vœu°, quelles que soient nos angoisses, quelles que soient nos inquiétudes, des grandes langues de circulation, de choses qui nous paraissent absolument essentielles de faire transmettre pour que nous allions dans une langue qui n'était pas forcément la langue de telle ethnie ou la langue de l'histoire ou de la tradition [...]

wish

(16) Le troisième défi est celui de la communication. Bien entendu, nous avons besoin de nous parler, entre citoyens du monde, et pour cela nous avons besoin de la traduction qui est la véritable langue commune de l'écriture. Mais, en même temps, il nous faut prendre garde à échapper à un certain nombre de choses qui seraient, là encore, l'illusion du miroir français. [...] Notre souci° de communication n'est rien d'autre qu'un moyen et non pas un but.

longing for

(17) Nous avons connu dans l'histoire récente du monde francophone des modes, la mode antillaise, la mode québécoise, et nous avons vu aussi comment un certain milieu intellectuel français fermé exigeait de nous de l'exotisme, exigeait ce qu'on appelle ces suppléments d'âme° dont nous entendons parler trop souvent où on a l'impression que, par exemple, la littérature du Sud[9] apporte « un sang neuf, du feu, du soleil, parce qu'on est ici un peu terne, avec le sang trop pâle ». Tous ces termes, racistes ou aliénés en réalité, ne correspondent pas, il faut qu'on le sache, à la réalité de ce qu'est la littérature, quoi que nous en pensions. Mais supposer qu'on va retomber dans une nouvelle forme de colonisation qui ne consiste non plus à aller chercher du sucre chez les autres, mais à aller chercher des mots, des idées nouvelles, de l'enrichissement pour le plaisir de sa lecture, c'est encore une tendance que nous devons refuser de manière très forte.

soul

(18) Dernier défi, celui de la création. Beaucoup considèrent que les écrivains francophones sont là pour donner des nouvelles de leur pays, des nouvelles des drames, des nouvelles de la faim, des nouvelles du sida. Donc, on ne les interroge pas sur leurs poèmes, leurs pièces de théâtre, leurs romans, leur esthétique, leur style, leur écriture [...]

[9] L'auteur désigne ici le sud de la Méditerranée, c'est-à-dire l'Afrique et, probablement par association, les Antilles.

witnesses

(19) Revenir à l'écriture, revenir au travail, c'est le vrai défi, indépendamment de nos fonctions d'enseignants, de nos fonctions de transmetteurs, de nos fonctions de journalistes, de nos fonctions de témoins°, de nos fonctions de promoteurs de langues, qu'elles soient africaines, françaises, il y va avant tout du devoir d'écrire.

(20) Dans la pièce magnifique de Wajdi Mouawad[10], présentée dernièrement, il y a une très belle scène : une vieille grand-mère avant de mourir dit à une petite fille : « Je te demande de me promettre quatre choses, quatre choses seulement : apprends à lire, apprends à écrire, apprends à parler et tu pourras penser. »

(21) Je termine avec une phrase de Khalil Gibran[11], encore un autre grand francophone, qui disait : « Prêtez-moi une oreille et je vous donnerai une voix. »

(22) Voilà ce que nous souhaitons tous, la possibilité dans tous les domaines de la chaîne du livre, de prêter l'oreille à toutes les voix qui s'offrent dans le monde francophone.

Source : « Les défis de la francophonie », Daniel Maximin

[10] Ecrivain, dramaturge, metteur en scène et acteur libanais né en 1968. Sa famille a émigré en France puis au Québec où il vit actuellement.

[11] Poète et peintre libanais (1883–1931) qui a vécu en Europe et surtout aux Etats-Unis. Son recueil le plus célèbre est *Le Prophète* (1923).

Après avoir lu l'article

Réfléchissez à chacune des questions suivantes et prenez des notes à propos de vos réponses avant de les discuter en petits groupes avec vos collègues.

1. Pourquoi les écrivains « francophones » ont-ils lutté depuis longtemps contre la distinction ou « coupure » entre les écrivains « dits français et les écrivains dits francophones » ?
2. Comment interprétez-vous la citation suivante ? « La facilité de dire : 'la francophonie, c'est du néo-colonialisme, donc je ne m'y intéresse pas' est un alibi qui sert simplement à se garder les mains propres et à ignorer, à ne pas regarder des réalités qui pourtant sont aussi ce qu'est la France d'aujourd'hui ».
3. Expliquez votre point de vue sur la citation suivante : « On nous écrase avec la fausse idée que la langue française serait la langue de l'Hexagone. (…) C'est normal, tout pays doit construire son unité nationale autour de mythes d'origine. Mais encore faut-il que ce mythe soit considéré comme tel, c'est-à-dire que si la République a eu besoin de la langue, la langue n'a pas eu besoin de la République et s'est épanouie en littératures, bien au-delà, encore une fois, de l'Hexagone, et cela, depuis son origine ».

4. En discutant le défi de la communication, Maximin met ses lecteurs en garde contre les dangers potentiels associés à la notion de « modes » dans la littérature francophone, par exemple, celle de « l'exotisme ». Pourquoi l'exotisme peut-il être vu comme contestable ou problématique ?
5. Revenez à la liste des hypothèses sur les défis rencontrés par les écrivains francophones faite avant la lecture. Votre liste correspond-elle aux quatre défis identifiés par Maximin dans son article ? Comment vos idées ont-elles évolué en lisant cet article ?

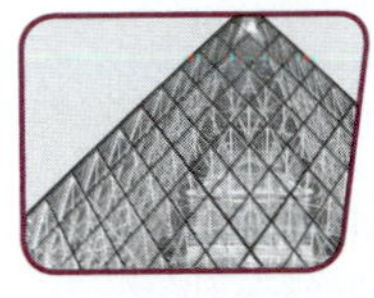

PREMIERE PERSONNE

Vidéo Perspectives des Français à propos de la francophonie

Vous allez regarder une vidéo dans laquelle deux écrivains français s'expriment sur la façon dont ils conçoivent la Francophonie et son rapport à la culture, française en particulier.

A propos des interviewés

- **Hervé Carn** est né dans les Ardennes où il a partagé son enfance entre les forêts de l'est de la France et la Bretagne de ses parents. Agrégé de lettres modernes et docteur en littérature française, il a enseigné le français au lycée. Aujourd'hui à la retraite, il continue de poursuivre une prolifique activité d'écrivain et de poète (près de trente livres depuis 1980).
- **Norbert Merjagnan**, que vous avez déjà rencontré au *Chapitre 5*, est né dans le sud de la France. Il est auteur de science fiction. *Les tours de Samarante* et *Treis, altitude zéro*, les deux premiers volumes d'une trilogie, ont fait des entrées remarquées sur le marché du livre contemporain, le premier ayant gagné le Nouveau Grand Prix de la science-fiction en 2008.

Avant de regarder la vidéo

Avant de regarder les interviews, discutez avec un collègue afin de formuler des hypothèses sur les perspectives que ces deux écrivains pourraient avoir de la francophonie. En vous basant sur les informations trouvées dans *L'Entrée en matière* et le texte que vous venez de lire dans *Texte I à analyser,* quels éléments de la francophonie vont-ils mentionner, selon vous ? De quels défis vont-ils parler ? Quand vous aurez formulé votre liste, comparez-la avec celle d'autres collègues et mettez-vous d'accord sur une liste finale.

En regardant les interviews

Indiquez si les affirmations suivantes sont **vraies** ou **fausses**.

1. Selon M. Carn, la langue française disparaît petit à petit en Afrique.
2. M. Carn est furieux qu'un feuilleton québécois soit sous-titré en français à la télévision.
3. M. Carn trouve le terme de « francophonie » adéquat.
4. Selon M. Carn, pour que la francophonie fonctionne vraiment, il faut plus d'échanges entre les personnes.
5. Selon M. Carn, il faut trouver un équilibre entre les différentes formes de français et la correction de la langue.
6. M. Merjagnan affirme que la France n'a jamais été aussi influente qu'aujourd'hui.
7. Selon M. Merjagnan la francophonie est une communauté inscrite dans la lignée des Lumières.
8. Selon M. Merjagnan, un des enjeux de la francophonie pour la France est de pouvoir envisager un multiculturalisme positif.
9. M. Merjagnan pense que l'influence de l'anglais est positive dans le développement de l'identité globale.
10. La francophonie constitue, pour M. Merjagnan, une identité partagée.

Vocabulaire utile

trabendiste	petit trafiquant, en Algérie
baragouiner	parler de manière incompréhensible
Barbès	quartier de Paris où vivent beaucoup de gens d'origine africaine
globish	anglais comme langue globale
quiconque	*whoever*
se réclamer de	vouloir appartenir à quelque chose
relever de quelque chose	tenir de quelque chose, référer à quelque chose
heurt	collision
à tire-larigot	beaucoup, sans arrêt

Après avoir regardé les interviews

A. Avec vos collègues, relisez votre liste d'hypothèses à la lumière de la vidéo que vous avez vue. Lesquelles ont été vérifiées ? Lesquelles ont été réfutées ?

B. Réfléchissez maintenant aux questions suivantes à propos des idées évoquées dans ces interviews. Ensuite, discutez vos réflexions avec vos collègues et votre professeur.

1. Selon les personnes interviewées, en quoi le français constitue-t-il l'élément central de la francophonie ?
2. Dans quelle mesure le français est-il à la fois facteur d'unification et de diversité au sein de la francophonie ?

3. En quoi la francophonie et la France seraient-elles engagées dans une relation mutuellement bénéfique ?
4. En quoi la francophonie peut-elle être considéré comme un signe de l'impérialisme français dans un contexte post-colonial ?
5. Quel contraste les personnes interviewées font-elles entre le français et l'anglais quant à leur rôle comme langues internationales ?
6. Comment la francophonie peut-elle contribuer au renouvellement de la culture française ?
7. Comment la francophonie peut-elle jouer un rôle dans le contexte de la mondialisation en promouvant une certaine idée du « vivre ensemble » ?

ACTIVITE DE SYNTHESE

Synthèse écrite

Dans cette activité, vous ferez des recherches sur un pays francophone de votre choix afin de préparer un texte écrit de 400 à 500 mots. Votre professeur vous fournira des suggestions quant aux ressources à consulter. Dans votre texte :

1. Décrivez d'abord le pays que vous avez choisi (situation géographique, démographique, relations historiques avec la France, statut du pays dans l'OIF) puis expliquez le statut de la langue française dans ce pays (qui le parle, dans quels contextes).
2. Faites l'analyse d'un enjeu ou d'un événement récent à propos de la langue française ou des relations entre ce pays et la France ou l'OIF (résumé de l'enjeu / l'événement puis explication de votre point de vue vis-à-vis de cet enjeu / cet événement après avoir étudié les relations entre la France et la Francophonie tout au long de ce chapitre). Par exemple, le Rwanda, une ancienne colonie belge où le français est une langue officielle, a décidé de privilégier l'anglais sur le français après le génocide de 1994. Il a même été question de réformer la constitution pour supprimer le français comme langue officielle du pays. L'avenir de la langue française au Rwanda est donc incertain.

Servez-vous des *Expressions de base* dans ce chapitre pour vous aider à préparer ce texte.

CHAPITRE 15

La France et les Etats-Unis

OBJECTIFS

- Identifier les grands moments dans les relations franco-américaines
- Analyser les mécanismes qui ont influencé les relations franco-américaines dans les dernières années
- Comprendre les origines et le fonctionnement des sentiments anti-français et anti-américains dans leurs pays respectifs
- Analyser les influences mutuelles que la pensée française et américaine ont l'une sur l'autre
- Enrichir son vocabulaire pour parler de la diplomatie et de la mondialisation
- Rappeler comment formuler des hypothèses

© Hemis / Alamy

Que vous révèle cette photo des Champs Elysées à Paris sur les rapports entre la culture française et la culture américaine ?

Images

Expressions de base pour parler des relations franco-americaines et de la mondialisation

Noms

les alliances *f. pl.*
un(e) allié(e)
l'américanisation *f.*
l'amitié *f.*
un bloc
une connotation
la coopération
la crise
un désaccord
le destin
une divergence
l'écroulement *m.*
un enjeu
une fratrie
la guerre
l'interposition *f.*
l'intervention *f.*
un impact
l'ingérence *f.*
une influence
la mondialisation
les négociations *f. pl.*
l'opposition *f.*
un(e) partenaire
une perspective
une problématique
un processus
une relation
une résolution
un sentiment
le soutien
une stratégie
les tensions *f. pl.*

Adjectifs

commun(e)
compétitif (-ive)
coopératif (-ive)
diplomatique
interdépendant(e)
menacé(e)
mondial(e)
polémique
protectionniste
puissant(e)
réciproque
tendu(e)

Verbes

se chamailler
contrecarrer
exporter
intervenir
parvenir
préconiser
se rapprocher (de quelque chose / quelqu'un)
réconcilier
reconstruire
tisser (des liens)

ENTREE EN MATIERE

Je t'aime, moi non plus : Amitié et discorde dans la fratrie franco-américaine

La relation entre la France et les Etats-Unis est comme un croissant : à la fois lourd et léger ; une délicatesse exotique et gourmande, riche presque jusqu'à l'excès ; une pâte feuilletée où chaque couche découvre et dissimule quelque chose de nouveau. Et on se chamaille pour la dernière bouchée. Comment qualifiez-vous les relations franco-américaines ? Quelles influences de la culture française voyez-vous dans la culture américaine ? Quelles influences de la culture américaine voyez-vous dans la culture française ? Après un bref retour sur l'histoire des relations entre la France et les Etats-Unis, vous allez explorer l'évolution de ces relations au cours des dernières années et examiner comment elles se présentent aujourd'hui.

Huit moments-clefs dans les relations franco-américaines

A l'image de l'océan qui sépare les deux pays, on peut, sans trop s'avancer, qualifier l'histoire des relations entre la France et les Etats-Unis comme une alternance d'épisodes calmes et d'autres plus tumultueux. Considérez les huit moments historiques suivants.

1. La guerre d'indépendance des Etats-Unis

Quand est signée la Déclaration d'Indépendance, le 4 juillet 1776, les Français accueillent avec enthousiasme l'annonce de l'insurrection et apportent aussitôt leur soutien — financier en particulier — aux insurgés avant de s'engager militairement en 1778, avec notamment le rôle du Marquis de La Fayette. La France est le premier pays à reconnaître officiellement les Etats-Unis. Ce soutien vient-il du fait que la Déclaration d'Indépendance ait été fortement influencée par la philosophie des Lumières, ou les Français voient-ils dans ce geste l'opportunité de s'opposer à leur rival anglais ? Peut-être les deux. Il reste que l'implication des forces françaises, en particulier la marine royale de Louis XVI, permet aux révolutionnaires de remporter une victoire décisive à Yorktown, en Virginie. C'est à Paris, en 1783, qu'est signé le traité de paix et que le Royaume-Uni reconnaît l'indépendance des Etats-Unis.

2. La Révolution française

Si la pensée des Lumières a eu une influence sur la Déclaration d'Indépendance américaine, on peut également citer l'influence des penseurs et hommes politiques américains sur la Révolution de 1789, notamment trois personnages en particulier : Thomas Paine, Benjamin Franklin et Thomas Jefferson. Le premier a été proclamé citoyen français en 1792 et ses écrits ont influencé la pensée révolutionnaire et le développement de la République en France. Le second, considéré comme l'un des pères fondateurs des Etats-Unis, était francophile et admiré des intellectuels français. Il a passé plusieurs années à Paris en tant qu'ambassadeur et a fait une carrière diplomatique brillante. Le troisième, un autre francophile lui aussi proche de La Fayette, a succédé à Franklin comme ambassadeur et a commenté le projet de *Déclaration des droits de l'homme et du citoyen* de 1789.

3. La statue de la Liberté

Sans aucun doute l'un des monuments les plus célèbres aux Etats-Unis et dans le monde, la statue de la Liberté, fait figure de symbole. Tout d'abord, elle a été offerte en 1886 en cadeau par la France aux Etats-Unis en signe d'amitié entre les deux pays mais aussi pour célébrer le premier centenaire de la Déclaration d'Indépendance américaine. Ensuite, pour beaucoup d'arrivants aux Etats-Unis, la statue, érigée sur Liberty Island, non loin d'Ellis Island, constituait la première vision du « Nouveau Monde », celle de la liberté éclairant le monde, un rôle que les Etats-Unis n'ont cessé de revendiquer au cours du XXe siècle. Enfin, l'architecte de la statue, Frédéric Bartholdi, fit appel à Gustave Eiffel — l'ingénieur de la tour célèbre qui porte son nom — pour en concevoir la structure intérieure. Ainsi deux des monuments les plus symboliques des cultures française et américaine partagent-ils un concepteur commun.

4. Deux Guerres mondiales... et la reconstruction

Vous savez l'importance des Guerres mondiales dans la culture française (voir *Chapitre 1*). Elles ont également eu un impact important dans la culture américaine même si les combats n'ont pas eu lieu aux Etats-Unis. La période de 1914 à 1945 a mis l'accent sur un élément nouveau : le caractère désormais mondial de la situation économique et politique des nations. L'entre-deux- guerres est marqué par la crise économique d'ampleur mondiale dont les origines remontent au krach boursier de 1929 à Wall Street.

La Seconde Guerre mondiale, par sa magnitude et les deux événements majeurs que sont l'Holocauste et l'utilisation de la bombe atomique, renforce la nature interdépendante du destin des états-nations du monde. Ceci se retrouve en particulier dans le plan d'aide des Etats-Unis à la reconstruction de l'Europe, communément appelé le « Plan Marshall ». Gardant à l'esprit les conséquences de la Première Guerre mondiale et d'un traité punitif pour l'Allemagne — qui avait finalement donné naissance au nazisme d'Hitler — les Etats-Unis voient la nécessité de reconstruire l'Europe dans une perspective multilatérale. Ils voient aussi la nécessité d'avoir un partenaire économique stable et viable ainsi qu'un allié politique puissant dans la région (en partie pour surveiller le bloc communiste naissant). Les Etats-Unis souhaitent donc l'élaboration d'un organisme international qui pourrait superviser cette coopération économique. C'est ainsi qu'en 1948 est constituée l'OECE (Organisation européenne de coopération économique), précurseur de l'OCDE (Organisation de coopération et de développement économique).

La gratitude des Français envers les Etats-Unis pour leur aide pendant la Seconde Guerre mondiale est encore très vivace aujourd'hui, en particulier en Normandie, théâtre du débarquement allié et première région libérée de l'occupation nazie.

5. Le conflit en Bosnie

Suite à la dislocation du bloc communiste et à l'écroulement de la Yougoslavie, deux conflits émergent dans les Balkans au début des années 1990 : celui entre la Serbie et la Bosnie-Herzégovine tout d'abord, puis l'autre entre la Serbie et le Kosovo. Les résolutions successives de l'ONU et le déploiement de différentes forces d'interposition des « casques bleus[1] » n'arrivent pas à arrêter les conflits dont la nature même est en question : guerre civile ou agression ? Les hésitations de la communauté internationale ralentissent le processus d'intervention sur le terrain. C'est finalement grâce au leadership des Etats-Unis et de l'administration Clinton — sous l'impulsion desquels les forces de l'OTAN interviennent — que ces deux conflits connaîtront une résolution (en 1995 pour la Bosnie, en 1999 pour le Kosovo). Les Français sont restés relativement impressionnés par la volonté d'agir et la capacité logistique américaine. Les Etats-Unis et la France ont œuvré côte à côte pour le processus de paix et ont été parmi les premiers pays à reconnaître officiellement le Kosovo en 2008.

[1] *Ainsi nommés parce que les troupes de l'ONU portent des casques ou des bérets bleu ciel.*

6. Le conflit israélo-arabe

Les relations franco-américaines sont plus tendues sur la question du conflit israélo-palestinien où des divergences majeures existent. Les désaccords en matière de politique internationale entre la France et les Etats-Unis entrainent souvent un renouveau de sentiments négatifs dans l'opinion publique dans les deux pays (voir ci-dessous).

Après la Seconde Guerre mondiale, la France se sent un peu écartée des transactions diplomatiques entre les deux grands blocs émergents. Elle décide donc de conduire indépendamment ses propres efforts diplomatiques, surtout au Moyen-Orient, et devient le premier supporter d'Israël. Cependant, la France n'arrive pas à réconcilier cette posture avec la réponse militaire d'Israël lors de la Guerre des Six Jours (1967), qu'elle trouve disproportionnée. Défendant le droit des peuples à disposer d'eux-mêmes, la France reconnaît donc un état palestinien indépendant et s'éloigne d'Israël. A la même époque, le gouvernement américain commence à défendre sans aucune équivoque la cause israélienne. Il existe donc une opposition franche ici entre les deux pays, opposition qui se manifeste lors des votes successifs aux Nations Unies sur le sujet[2].

7. Le 11 septembre

Les désaccords politiques et diplomatiques entre la France et les Etats-Unis devaient se poursuivre au début du XXIe siècle à la suite des attentats du 11 septembre 2001. Le 12 septembre au matin, on lisait dans l'éditorial du quotidien *Le Monde* : « Nous sommes tous américains ». Un mois plus tard, dans le même journal, alors que le gouvernement américain essayait de rallier la communauté internationale sur la légitimité d'une intervention en Irak, on trouvait un article qui posait la question de savoir jusqu'où il fallait suivre les Etats-Unis. La France avait soutenu les opérations militaires en Afghanistan en déployant jusqu'à près de 4 000 soldats pendant l'Opération *Enduring Freedom*. Mais Jacques Chirac, le gouvernement et l'opinion publique française n'ont jamais approuvé l'extension du conflit en Irak qu'ils voyaient comme un nouvel exemple de la tendance américaine à l'unilatéralisme. Cette décision a eu des conséquences sévères sur la perception de la France et des Français par le public américain, un *backlash* amplifié par la directive des Représentants Ney et Jones — membres du Congrès — de renommer les frites « *freedom fries* ».

8. Les intellectuels français aux Etats-Unis… et vice versa

Les échanges intellectuels et artistiques entre la France et les Etats-Unis existent dès le début des relations entre les deux pays. La fascination réciproque des deux pays l'un pour l'autre ne faisait que commencer. Au XIXe siècle, Alexis de Tocqueville a effectué de nombreux voyages outre Atlantique et a été fasciné par l'établissement de la jeune démocratie américaine. Au début du XXe siècle, de nombreux artistes et intellectuels américains séjournent en France et établissent des liens avec la vie

[2] *Ces votes sont d'ailleurs déséquilibrés puisqu'environ 160 pays votent en faveur de l'établissement d'un état palestinien indépendant et une dizaine, soutenant Israël, s'y opposent.*

culturelle et intellectuelle française en général, parisienne en particulier. Gertrude Stein[3] a dit : « L'Amérique est mon pays et Paris est mon chez moi ». Pendant la Seconde Guerre mondiale, un bon nombre d'intellectuels et écrivains français se sont exilés aux Etats-Unis.

Après 1945, alors que le monde essaie de se relever des atrocités qu'il a connues pendant ce conflit, les intellectuels essaient de repenser la condition humaine. Ce processus va donner naissance (dans les années 1960 en France, 1970 aux Etats-Unis) à ce qu'on appelle la *French Theory*. En effet, des intellectuels et universitaires français (Derrida, Foucault, Kristeva, Lyotard, entre autres) vont partager leurs carrières entre la France et les Etats-Unis où ils vont profondément influencer les études en lettres et sciences sociales. Ces travaux ont donné naissance a des concepts comme la déconstruction, le post-modernisme, le post-structuralisme ou, plus récemment, le post-colonialisme. Ce dernier a été alimenté par la présence aux Etats-Unis d'intellectuels et artistes francophones originaire d'Afrique et des Antilles qui, dans la mouvance de Césaire, Senghor, entre autres, et des *Civil Rights* vont adresser des problématiques autour des pays colonisés et des communautés en situation d'exploités.

Question de compréhension. La France et les Etats-Unis ont des relations souvent positives, parfois tendues, dans tous les domaines. Quels sont les plus grandes réussites de la collaboration franco-américaine dans les domaines politique, économique et culturel ?

La France et les Etats-Unis à l'heure de la mondialisation

Quoi qu'on en dise, les relations franco-américaines fascinent auteurs et journalistes. Il semble que de nouvelles publications sortent régulièrement sur le sujet. Certains prennent comme base les stéréotypes respectifs d'une culture sur l'autre. D'autres établissent le débat dans d'autres domaines. Aujourd'hui, à l'heure de la mondialisation, les relations franco-américaines sont plus interdépendantes que jamais et s'établissent sur des terrains différents, sous des modalités différentes et avec des tonalités différentes.

Dans le domaine du sport, on peut citer l'exemple du basket-ball. Créé en 1891, il apparaît en France dès 1893. Cependant, ce sont les relations au moment des deux guerres mondiales et par l'intermédiaire des YMCA et des patronages en France qu'il va se développer. Lorsqu'une ligue professionnelle viable est établie en France, les équipes françaises font appel à des joueurs américains (elles peuvent en embaucher deux). Certains d'entre eux restent en France, se marient et fondent des familles, beaucoup citant la qualité de la vie. Au fil du temps, les coaches se forment et les structures nécessaires au développement des jeunes joueurs sont mises en place. C'est ainsi qu'aujourd'hui, des phénomènes comme Tony Parker[4] ont été rendus possibles : un symbole de relations grandissantes et d'un phénomène qui se développe. Vingt-trois joueurs français ont été *draftés* par des équipes NBA, 18 ont signé un contrat et 12 sont aujourd'hui en activité, le plus grand nombre de joueurs étrangers venant d'un même pays.

[3] *Écrivaine et collectionneuse d'art.*

[4] *Joueur de basket-ball. Meneur de jeu des San Antonio Spurs (en NBA) et de l'équipe de France.*

Dans le domaine économique, les relations sont parfois coopératives, parfois compétitives. Par exemple, McDonald's, un fort symbole culturel des Etats-Unis à l'étranger, utilise souvent la France comme terrain d'essai pour de nouveaux concepts (récemment la décoration intérieure de ses restaurants), avant de les déployer ailleurs. Dans le domaine de l'aéronautique, la France et les Etats-Unis sont les leaders mondiaux avec Boeing et Airbus. Cette compétition parfois impitoyable a poussé ces deux géants à améliorer la qualité et la sécurité de leurs avions ainsi que leur empreinte carbone.

La compétition économique peut parfois comporter des éléments culturels qui dépassent les limites de ce seul domaine. A l'issue des négociations du GATT (*General Agreement on Tariffs and Trade*[5]) en Uruguay, la France s'est battue — et a obtenu — la signature d'une clause dite « d'exception culturelle » dont la finalité première est de préserver la diversité culturelle au niveau mondial. En pratique, cette clause a été perçue comme une volonté de contrecarrer ce qui est considéré comme une « américanisation du monde » dans une atmosphère de globalisation effervescente. La préservation de cette diversité culturelle (et linguistique) est définitivement un des enjeux de la mondialisation aux yeux de la France.

En effet, comme le dit Carolyn Durham, c'est parce qu'il est omniprésent dans le monde qu'Hollywood est populaire, pas l'inverse. A ce sujet, un article de Jeffrey Miller dans le quotidien *Atlanta Journal Constitution* abordait ce déséquilibre dans les relations interculturelles. Il indiquait que la culture américaine emprunte elle aussi beaucoup aux cultures étrangères : française avec le vin, la gastronomie ; italienne avec la culture des *coffee shops*, etc., sans pour autant se sentir menacée. Le problème, disait-il, c'est que le reste du monde à l'impression de perdre au change : ils exportent la gastronomie et la haute couture et en échange, ils reçoivent la *Guerre des étoiles* et Mickey.

La France est donc sensible à sa position dans le monde, vigilante sur la question de la diversité et consciente de la position de force des Etats-Unis qu'elle ne voit pas toujours d'un bon œil quand il s'agit d'hégémonie culturelle. Ainsi, quand Nicolas Sarkozy, l'ancien président de la France, a été élu après une campagne très médiatisée puis a épousé Carla Bruni dans un mariage non moins médiatisé, il a été rapidement qualifié de surnoms tels que « Sarko l'Américain », le « président *people* » ou le « président bling-bling ». Ces surnoms connotent le côté négatif de ce que peut être la culture populaire américaine mais révèlent aussi ce que les Français attendent habituellement d'un homme politique : être diplômé de l'ENA (Ecole nationale d'administration formant les plus hauts fonctionnaires de l'Etat), montrer de la réserve et peut-être appartenir à une certaine élite intellectuelle. De façon générale, on pourrait dire que les Français ont du mal à comprendre comment on peut élire président un « acteur de série B » (Reagan) ou un « fermier » (Carter).

En revanche, les Français admirent aussi les Etats-Unis, ce pays des possibles, un pays où l'histoire semble aller vite et qui passe rapidement à l'action, un pays dont Josephine Baker peut dire : « Un jour j'ai réalisé que j'habitais dans un pays où j'avais peur d'être noire. C'était un pays réservé aux Blancs. Il n'y avait pas de place pour les Noirs. J'étouffais aux Etats-Unis. Beaucoup d'entre nous sommes partis, pas parce que nous le voulions, mais parce que nous ne pouvions plus supporter ça … Je me suis sentie libérée à Paris. » C'est cela aussi les Etats-Unis : un pays qui signe le

[5] *En Français, Accord général sur les tarifs douaniers et le commerce.*

Civil Rights Act en 1964 et seulement 44 ans plus tard élit le premier président afro-américain de son histoire.

Même si elles s'opposent parfois sur quelques questions, la France et les Etats-Unis sont deux grandes nations qui ont une histoire et une culture communes et qui partagent des valeurs. Pourtant, comme dans les querelles familiales, il semble qu'elles se chamaillent. Même si la France fait encore partie des dix plus puissantes économies du monde (pays parmi lesquels elle est de loin le moins peuplé), son influence a diminué sur le plan international. Elle essaie donc d'exercer son influence différemment, notamment en se battant pour la diversité culturelle. S'il y a donc là un côté intéressé pour la France (vouloir préserver une sphère de pouvoir), personne ne nie le fait qu'il est important de vouloir préserver la diversité des langues, des cultures et des peuples. Cependant on lit parfois dans les médias des articles sur la soi-disant « mort de la culture française », posant l'argument que la France est désormais incapable de création artistique, que les Français refusent d'entrer dans le XXIe siècle (et d'adopter Internet par exemple), ou encore qu'ils s'obstinent à défendre des conceptions archaïques du rôle de l'état et de la justice sociale dans un climat de compétition mondiale. Bien sûr, ces arguments sont un peu simplistes : les artistes français et francophones vivant en France sont très vivaces et prolifiques, le taux de pénétration de l'Internet à haut débit en France (type ADSL) est supérieur à ce qu'il est aux Etats-Unis et lors de la crise financière récente, le modèle français a permis à beaucoup de Français de s'en sortir. Il semble donc que les relations franco-américaines bénéficient à la fois de la coopération et de la concurrence entre les deux pays.

Questions de compréhension. Quels sont les domaines où la concurrence entre la France et les Etats-Unis est la plus forte ? Quels sont les domaines où il existe un échange coopératif entre la France et les Etats-Unis ?

Questions de réflexion

Répondez aux questions suivantes individuellement. Ensuite, partagez vos idées avec vos collègues et votre professeur.

1. Selon vous, quels sont les trois moments les plus importants dans les relations franco-américaines ? Expliquez vos réponses.
2. Adhérez-vous à l'affirmation de Jeffrey Miller que les relations entre ces deux cultures sont déséquilibrées parce que les Etats-Unis importent la gastronomie et la haute couture et exportent la *Guerre des étoiles* et Mickey ? Expliquez.
3. Dans quelle mesure trouvez-vous légitimes les revendications de la France autour de « l'exception culturelle » ? Justifiez votre réponse.
4. Dans quelle mesure pensez-vous que la France et les Etats-Unis aient eu — et continuent d'avoir — une relation mutuellement bénéfique ? Justifiez votre réponse.

Avez-vous compris ?
Allez plus loin

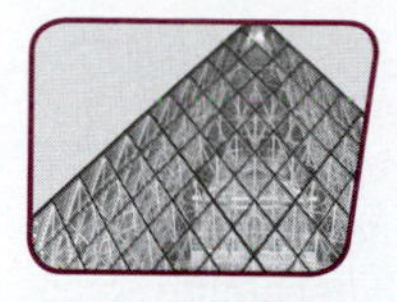

TEXTE I A ANALYSER

Deux cultures en compétition : La culture française devrait-elle adopter le modèle américain ?

Vous allez lire un article du journal *Le Monde* à propos du déclin (supposé) de la culture française. Dans cet article, l'auteur, Antoine Compagnon, professeur de littérature française au Collège de France et à Columbia University (New York) évoque ce phénomène complexe.

Avant de lire l'article

Après avoir étudié la culture française contemporaine tout au long du semestre, croyez-vous que cette culture soit en déclin à présent ? Réfléchissez à propos de cette question et notez à l'écrit (1) trois exemples qui soutiennent la notion que la culture française est actuellement en déclin et (2) trois exemples qui soutiennent la notion qu'elle ne l'est pas. Ensuite, comparez vos idées avec celles de vos collègues.

En lisant l'article

A. Déclin ou pas ? Pendant que vous lisez l'article, indiquez si chaque élément est lié (a) à la notion que la culture française est en déclin, (b) à la notion qu'elle ne l'est pas ou (c) aux deux. Soulignez aussi la partie (ou les parties) de l'article qui s'applique(nt) à chaque élément.

_____ 1. l'exportation de la littérature française contemporaine

_____ 2. le pourcentage des entrées au box-office en France pour les films américains

_____ 3. le marché de l'art et la création musicale à Paris

_____ 4. le tourisme à Paris

_____ 5. le rôle de la langue française dans le monde

_____ 6. l'implication des artistes français dans les événements musicaux à New York

B. Chacun son opinion. Que pense Compagnon des opinions de Don Morrison sur le phénomène du déclin de la culture française ? Citez des passages de l'article pour justifier votre réponse.

Le déclin français vu des Etats-Unis

« La mort de la culture française » : c'est le gros titre° en couverture du dernier numéro de l'édition européenne du magazine *Time* (3 décembre 2007) … C'est une vieille rengaine°. Il y a trois ans, la *London Review of Books* publiait deux articles tonitruants° de Perry Anderson sur « La chute de la France » (les 2 et 23 septembre 2004). Le sociologue marxiste de UCLA rendait compte d'une pléthore de livres français sur notre déclin tous azimuts°. On vivait alors une fin de règne… Don Morrison, le responsable de l'édition européenne de *Time*, a beau jeu° d'énumérer les symptômes du mal culturel français : 727 nouveaux romans en librairie à la rentrée 2007, mais moins d'une douzaine traduits aux Etats-Unis chaque année ; près de 200 films par an produits dans l'Hexagone, mais près de 50 % des recettes du box-office pour le cinéma américain ; Paris déserté par la création musicale et par le marché de l'art… Tout cela en dépit d'un budget de la culture disproportionné (1,5 % du PNB, contre 0,7 % en Allemagne, 0,5 % au Royaume-Uni, 0,3 % aux Etats-Unis). Bref, une culture sous perfusion°, largement subventionnée par l'Etat, les régions ou les municipalités, mais sans échos hors des frontières.

headline
same old story
thundering
all out
has an easy time
on an intravenous drip; life support

Les causes de cet isolement sont rappelées : le français n'est plus que la douzième langue parlée au monde ; la culture d'Etat décourage les initiatives privées ; les subsides permettent à la création de vivoter° à l'intérieur sans affronter le marché mondial ; le Nouveau Roman et la théorie littéraire ont stérilisé la fiction, si bien que les Français préfèrent lire des romans américains épiques.

to subsist

Sans doute pourrait-on faire valoir que Paris est la destination préférée des touristes de tous les pays, les Etats-uniens en particulier, que le français reste la première langue étrangère enseignée aux Etats-Unis (car l'espagnol n'y est plus une langue étrangère), ou que *Suite française*, d'Irène Némirovsky, prix de la traduction de la French-American Foundation pour 2006 (je fais partie du jury), figure depuis de nombreuses semaines sur la liste des best-sellers du *New York Times*.

Trois des principaux événements musicaux de cet automne à New York n'ont-ils pas été offerts par Pierre Boulez, remplaçant Claudio Abbado à la direction de l'orchestre du Festival de Lucerne dans la *Troisième Symphonie* de Mahler à Carnegie Hall, par le pianiste Pierre-Laurent Aimard, dans Haydn, Mozart et Beethoven avec l'orchestre de chambre Mahler, et par Natalie Dessay, lors de sa première au Metropolitan Opera dans *Lucia di Lammermoor* ?

Mais la belle revanche d'Irène Némirovsky ne récompense pas la littérature vivante, et Boulez n'est plus un jeune homme. Aussi serait-il déraisonnable d'ignorer le verdict de nos amis états-uniens sur la panne° de la culture française. Vus d'outre-Atlantique, après l'existentialisme et le

breakdown

structuralisme, après Malraux, Sartre et Camus, ou Barthes, Foucault et Derrida, les articles de Paris n'inspirent plus l'avant-garde intellectuelle…

Il y a trois ans, nous donnâmes le prix de la French-American Foundation à la traductrice de *Silbermann* de Jacques de Lacretelle, mince mais fort récit de 1922 sur la découverte de l'antisémitisme par un lycéen, non pas faute d'autres traductions soigneuses, mais faute, parmi les traductions soumises au jury, d'œuvres contemporaines substantielles.

Or le dilemme se répète quasi chaque année. Suivant Douglas Kennedy, cité par *Time*, tandis que *« la fiction américaine traite de la condition américaine, les romanciers français font des choses intéressantes, mais ce qu'ils ne font pas, c'est de regarder la France »*.

Comme les règles du journalisme américain exigent toujours de *« positiver »*, l'éditeur européen de *Time* nous remet quand même du baume au cœur en conclusion. Après tout, ne réalisons-nous pas quelquefois de bons films, comme les *Taxi* de Luc Besson, *L'Auberge espagnole* ou *Amélie Poulain* ?

Il se trouve que je les ai vus… mais ils ne me donnent pas de raisons particulières d'espérer. Plus sérieusement, en ayant fini avec le colonialisme… la France est devenue *« un bazar multiethnique d'art, de musique et d'écriture des banlieues et des coins disparates du monde non blanc »*, ce qui en fait *« un paradis pour les amateurs des cultures étrangères »*.

to weep

Que la culture française cesse donc de pleurnicher° sur sa décadence pour se ressourcer dans ses marges, qu'elle s'ouvre sans état d'âme à la mondialisation, telle est la recommandation de *Time*. Adoptons la recette multiculturelle et nous serons sauvés. Attention quand même ! Comme métropole diasporique postmoderne, comme capitale-monde du XXIe siècle, Paris ne rivalisera pas avec New York, pas plus qu'à la Bourse ou dans les salles des ventes.

bet

La sortie du déclin passe-t-elle par la refondation de l'école, la remise à la mode de la lecture, la réparation d'hiatus entre la littérature et le monde, l'introduction d'un enseignement artistique dans le secondaire, la concurrence des universités ou la libéralisation des affaires culturelles, comme le prescrivent le président de la République et ses ministres de l'éducation nationale, de l'enseignement supérieur et de la culture ? Peut-être, mais faisons surtout le pari°, pour démentir tous les Perry Anderson et Don Morrison, que le roman de la France contemporaine est sous presse.

Source : © Antoine Compagnon, *Le Monde*, 2007

Après avoir lu l'article

Relisez chaque citation de l'article et réfléchissez sur son rapport à la notion du déclin culturel de la France. Pour chaque citation, indiquez (1) si le phénomène mentionné vous semble être un élément significatif du déclin culturel de la France et (2) votre raisonnement quant à ce jugement. Réfléchissez à l'écrit, puis discutez vos opinions à propos de chaque élément en petits groupes.

1. « 727 nouveaux romans en librairie à la rentrée 2007, mais moins d'une douzaine traduits aux Etats-Unis chaque année ; près de 200 films par an produits dans l'Hexagone, mais près de 50 % des recettes du box-office pour le cinéma américain ».
2. La culture française est « une culture sous perfusion, largement subventionnée par l'Etat, les régions ou les municipalités, mais sans échos hors des frontières ».
3. « [L]e français n'est plus que la douzième langue parlée au monde ».
4. La France est devenue « un bazar multiethnique d'art, de musique et d'écriture des banlieues et des coins disparates du monde non blanc ».
5. « Comme métropole diasporique postmoderne, comme capitale-monde du XXIe siècle, Paris ne rivalisera pas avec New York, pas plus qu'à la Bourse ou dans les salles des ventes. »

RAPPEL

Comment former les phrases hypothétiques en utilisant le conditionnel

Votre étude de la culture française vous mène à parler non pas seulement des événements et des enjeux passés, présents et futurs mais aussi éventuels ou hypothétiques. Les phrases hypothétiques sont composées d'une proposition subordonnée introduite par **si** et d'une proposition principale indiquant le résultat de cette condition et peuvent commencer par la proposition introduite par **si** ou par la proposition principale. Comme vous avez vu dans le *Chapitre 13*, ces phrases se forment parfois en employant le *futur simple* qui se couple au *présent de l'indicatif*. L'hypothèse s'exprime aussi d'une autre manière — en utilisant *le conditionnel présent* ou *le conditionnel passé*[6]. A la page suivante, vous trouverez un tableau qui résume les différentes possibilités quant à la formation des phrases hypothétiques.

[6] *Rappelez-vous que le conditionnel présent se forme en utilisant le même radical employé au futur simple et les terminaisons de l'imparfait* (-ais, -ais, -ait, -ions, -iez, -aient). *Le conditionnel passé se forme en utilisant le conditionnel des auxiliaires* avoir *ou* être *et le participe passé du verbe principal.*

Situation	Proposition subordonnée	Proposition principale	Exemple
Une conséquence envisagée comme certaine ou probable	**si** + présent	le futur simple	Si la France n'exporte plus son art et ses films, elle perdra sa place parmi les pays les plus importants quant à la culture.
Une conséquence envisagée comme possible	**si** + imparfait	le conditionnel présent	Si les Français ignoraient l'influence de la culture américaine dans leur pays, ils n'auraient pas une vision réaliste du monde actuel.
Une conséquence envisagée comme possible dans le passé mais qui ne s'est pas produite	**si** + plus-que-parfait	le conditionnel passé	Si les Américains n'avaient pas participé à la cause des Alliés pendant la Seconde Guerre mondiale, les conséquences de cette guerre en France auraient été plus graves.

Pratiquons !

A. Complétez les phrases suivantes avec la forme correcte du *futur simple*, *du conditionnel présent* ou *du conditionnel passé* des verbes entre parenthèses.

1. Si les Français ignoraient la possibilité du déclin culturel de leur pays, ce ________________ (être) un problème potentiel.
2. Si les Etats-Unis continue à fonctionner comme un allié de la France, cela ________________ (représenter) un avantage pour les deux pays.
3. Si la France n'avait pas été un partenaire économique et politique des Etats-Unis pendant les cinquante dernières années, on ________________ (ne pas voir) « Nous sommes tous américains » dans *Le Monde* le lendemain du 11 septembre 2001.
4. Si la mondialisation ne continuait pas de changer le mode de vie des Français, ils ________________ (pouvoir) garder les traditions du passé.
5. Si les Français n'avaient pas élu Sarkozy en 2007, comment leur pays ________________ (être) différent à présent ?

B. Complétez maintenant les phrases suivantes avec le verbe de votre choix en employant le *futur simple*, le *conditionnel présent* ou le *conditionnel passé* selon le cas.

1. Si la culture française continue à être largement subventionnée par l'Etat, elle...
2. Si les Français n'avaient pas élu Hollande en 2012, leurs relations avec les Etats-Unis...
3. Si la France ignorait l'influence culturelle des Etats-Unis dans leur pays, cela...
4. Si la France veut continuer d'exercer une influence au niveau mondial, son gouvernement...

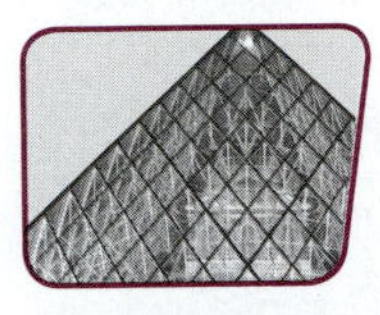

TEXTE II A ANALYSER

Le rêve : Le mythe fondateur américain peut-il influencer la culture française ?

Vous allez lire un extrait du livre *Français et Américains : L'Autre rive* (2007), de Pascal Baudry, né français mais naturalisé américain, diplômé MBA et docteur en psychologie, qui se spécialise en relations interculturelles. Ce texte, extrait du chapitre intitulé « Evolutions françaises », traite des changements actuels dans la société française résultant de l'influence de la culture américaine.

Avant de lire les extraits du livre

Réfléchissez aux questions suivantes, puis discutez vos réponses avec un collègue.

1. Quels mots ou expressions associez-vous à la vision ou conception du monde et son rôle dans le monde de votre pays ? D'où ces associations viennent-elles ?
2. Quels mots ou expressions associez-vous à la vision du monde et son rôle dans le monde des Français ? D'où ces associations viennent-elles ?
3. A votre avis, qu'est-ce que la « mondialisation » ? Expliquez votre réponse.

En lisant les extraits du livre

Décidez si chacune des phrases suivantes est **vraie** ou **fausse** en fonction du contenu des extraits.

1. Baudry critique la vision limitée de l'Amérique actuelle et admire la vision forte de la France au présent.
2. L'idée de *vision* proposée par l'auteur repose sur la notion de rester réaliste et de ne pas chercher à se dépasser.
3. L'auteur est optimiste quant à la possibilité de coopération franco-américaine.
4. Pour Baudry, la personnalité et les valeurs de Nicolas Sarkozy semblaient plus américaines que françaises.
5. L'élection de Sarkozy représentait, pour Baudry, une continuité historique pour les Français.
6. Quant à l'avenir de la culture française, l'auteur propose une double solution de protéger la culture française en même temps que de rester ouvert à l'extérieur.

« Evolutions françaises », extraits

The French Dream

Un pays qui n'a pas de vision est un pays sans avenir. Ce qui a fait de l'Amérique un grand pays, et qui lui a permis de le rester si longtemps, c'est sa capacité à faire rêver… Le discours de John F. Kennedy par lequel il engageait l'Amérique à envoyer un homme sur la Lune avant la fin de la décennie présentait une vision, de même que le New Deal de Roosevelt ou la Reconstruction après la guerre civile de 1861–1865. Un jour prochain, les Chinois enverront sans doute à leur tour un homme sur la Lune, et l'Amérique, piquée au vif° comme elle le fut en octobre 1957 par le bip-bip de Spoutnik, développera alors une autre vision de reconquête et évoluera peut-être vers une attitude hostile envers la Chine – mais une vision n'implique pas nécessairement la désignation d'un adversaire. Une vision forte est soutenue par une idéologie forte. Pourquoi rencontre-t-on les deux chez les Américains, et seulement du cynisme chez les Français ? Parce qu'en France les mots ne correspondent pas aux choses ; les Français savent que, lorsqu'on parle de valeurs, on manipule. Alors ils écoutent, narquois°, ou font semblant d'adhérer lorsqu'ils s'y sentent obligés par la verticalité hiérarchique. Mais le cœur n'y est pas, car ils ont déjà été trompés et ils savent que les actes ne correspondent pas aux paroles. Et puis leur fonds° dépressif les empêche d'adhérer durablement à une vision optimiste des choses. Enfin, leurs croyances de rareté les conduisent à porter plus d'attention à ce que l'instituant de la vision aurait à y gagner pour lui et donc, dans ce schéma de croyances, contre eux, plutôt qu'à ce qu'ils pourraient en tirer pour eux-mêmes. Une vision n'a

cut to the quick

mocking

assets

pas à être réaliste ; elle doit même être au-delà du réalisme, sinon il n'y aurait pas de rêve, pas de souffle, pas d'allant°. Il lui faut être engageante, inviter à se dépasser, faire sentir qu'on n'y arrivera pas tout seul et qu'il faut unir ses forces dans un acte positif. Actuellement, la France n'a pas de rêve, pas de vision, pas de projet. Pour l'instant, elle n'a pas d'avenir. Mais c'est peut-être de ce grand vide, qui ne peut plus être nié° malgré les contorsions autour du thème du déclin de la France, que des forces inconnues surgiront et se mobiliseront pour une renaissance. S'il est un peuple capable de rebond, c'est bien les Français.

drive

denied

Edgar Morin écrit : « La désintégration d'une culture sous l'effet destructeur d'une domination technico-civilisationnelle est une perte° pour toute l'humanité dont la diversité des cultures constitue un de ses plus précieux trésors… La mondialisation culturelle n'est pas homogénéisante. Il se constitue de grandes vagues transnationales qui favorisent en même temps l'expression des originalités nationales en leur sein° tout en nourrissant un bouillon de culture planétaire. Son développement est un trait marquant de la seconde partie du 20e siècle et il devrait s'amplifier dans le 21e. » Si nous voulons pouvoir partager son optimisme sur ce dernier point, ce ne sera qu'au prix d'un dynamisme au moins égal à celui de la culture actuellement la plus conquérante. Je suis persuadé qu'il y a une place pour une cohabitation fructueuse° des cultures française et américaine, mais ce droit à la coexistence n'est pas acquis, il se gagne. En avant !

loss

within them

fruitful

Et Sarkozy arriva…

Dans la lignée de ce qui précède, les Français ont élu Nicolas Sarkozy en mai 2007. Se mettant dans le rôle de l'homme providentiel, il concentre beaucoup de pouvoirs entre ses mains et déploie une énergie considérable pour mettre en œuvre tous azimuts° les réformes qu'il a annoncées… [A]u-delà de considérations politiciennes qui ne sont pas l'objet de cet ouvrage, je ne peux résister à l'envie d'identifier ce en quoi cet « hyper-président » incarne des valeurs plus généralement associées avec les Américains qu'avec les Français.

wide-sweeping

Qui d'autre que lui, dans la classe politique française – et surtout pas ses deux prédécesseurs –, peut exhiber à un même degré des valeurs ou des comportements axés sur l'explicite… l'individuation (*I / You can do it !* et une philosophie de *l'empowerment*), la tâche – par son rythme de travail et par sa centration sur la résolution de problèmes –, la valorisation du travail, la culture du résultat, la méritocratie et le refus de l'égalitarisme, l'« accountability », le volontarisme° (par opposition à l'acceptation d'un destin ou de la fatalité), la préférence donnée au maintenant sur le plus tard et au dynamique sur le statique, le refus de la position dépressive, le succès… sa logique inductive… et pragmatique anglo-saxonne partant du terrain et non des Grands Principes… son refus de la verticalité féodale française en se désignant comme issu du peuple, parlant un français

enthusiasm

dotted with familier, même parfois émaillé° de fautes, son langage corporel et sa gestuelle, voulus simples et directs, l'usage de phrases courtes… sa vulnérabilité non dissimulée, la place donnée publiquement à sa famille ?

Le choix populaire de ce personnage atypique et improbable dans une tradition française où le Président était supposé être plus du côté des dieux que des hommes, constitue une réelle rupture culturelle. Mais surtout, il représente la réintroduction officielle d'un Père qui s'assume comme tel, dans la grande famille dysfonctionnelle française. L'Histoire dira si les Français se seront mis à marcher dans ses traces, et seront donc devenus plus comparables aux Américains, ou si le décalage° aura été trop fort et aura entraîné un rejet par une explosion sociale. *shift*

Je t'aime, moi non plus

Ce qui compte ici, ce n'est pas que Nicolas Sarkozy ait des valeurs et des comportements qui sont américains, mais qu'il ait tels ou tels valeurs et comportements, qui auront telles ou telles conséquences ; au passage, il se trouve que ces traits sont plutôt comparables à ceux des Américains. Cela dit, ce dernier point, même s'il est subsidiaire, ainsi que le pro-américanisme affiché par le Président, vont sans doute avoir des conséquences sur les relations franco-américaines… En tout cas, un retour de balancier° est probable, lui aussi encouragé par les leaders et amplifié par les médias. Espérons que les Français sauront alors faire preuve de discernement pour décider ce qu'il y a à prendre dans la culture américaine et à protéger dans la culture française. Si cela leur donne le sens du possible et du « penser grand », la « gagne » dans la durée, une plus grande tolérance au risque, une meilleure individuation, une mesure d'« *accountability* », et s'ils ne se départissent pas au passage du sens du contexte, de la finesse, de la profondeur des relations et de ce qu'ils appellent « la culture », alors ils n'auront pas perdu au change. *pendulum*

Source : Pascal Baudry, *Français et Américains, l'Autre rive* © Pearson France, 3ème édition, 2007 (*Français et Américains, l'Autre rive* peut être téléchargé gratuitement depuis www.pbaudry.com).

Après avoir lu les extraits du livre

Choisissez une citation qui vous intéresse d'un minimum de deux phrases tirée de chacune des trois parties de cette lecture (The French Dream, Et Sarkozy arriva…, Je t'aime, moi non plus). Pour chaque citation, faites une interprétation détaillée à l'écrit, en expliquant votre réaction ou votre point de vue. Après avoir préparé vos réponses, travaillez en petits groupes et expliquez vos idées à vos collègues. Faites aussi des commentaires à propos de leurs citations.

ACTIVITE DE SYNTHESE

Le déclin culturel de la France — illusion ou réalité ? Débat

Dans cette dernière activité de synthèse, vous devrez travailler en groupe pour présenter une argumentation à propos du phénomène (supposé) du déclin de la culture française lors d'un débat. Les deux positions à défendre sont les suivantes : Le déclin culturel de la France est une *illusion* et, le contraire, le déclin culturel de la France est une *réalité*. Une fois la classe divisée en groupes, chaque personne devra inventer une identité (c'est-à-dire, un rôle à jouer — une personnalité avec un prénom, un métier/une profession, des opinions à exprimer sur le phénomène du déclin de la France) et cette identité devra être à la fois distincte des autres membres de votre groupe et complémentaire à votre cause commune. Votre professeur vous fournira des détails à propos du déroulement du débat (combien de temps chaque groupe aura pour présenter ses arguments, les critères de notation, etc.).

Préparation du débat. Compléter chaque étape afin de bien vous préparer au débat. Parlez avec les membres de votre groupe et prenez des notes à l'écrit.

1. Inventez vos identités et identifiez la contribution de chaque membre du groupe. Quels sont les arguments des différents membres du groupe ? Un bon point de départ pour l'élaboration de votre argumentation peut être de relire les différents chapitres de ce livre et les thèmes culturels qui y sont traités.
2. L'élaboration de l'identité de chaque membre du groupe. Avez-vous besoin de consulter des ressources supplémentaires pour élaborer votre identité et argument ? Faites un *brainstorming* des ressources possibles à consulter.
3. Clarifiez l'argument majeur et le raisonnement derrière cet argument. Y a-t-il des points communs parmi les différentes identités? Si oui, lesquels ?
4. Raffinez l'argument. Avez-vous besoin d'ajouter quelque chose à cet argument que personne n'a mentionné jusqu'à présent ?
5. Organisez votre discours. Qui va dire quoi ? Et dans quel ordre ?

Pour vous aider au niveau linguistique, n'oubliez pas de consulter les *Expressions de base* de ce chapitre ainsi que les différents *Rappel !* qui pourraient vous être utiles, par exemple, celui du *Chapitre 8* à propos de comment donner son opinion, exprimer son accord ou son désaccord et nuancer l'argument.

Lexique français-anglais

Included in the French-English vocabulary are all terms from the *Expressions de base* list. The gender of nouns is indicated with *m.* or *f.* Feminine and masculine forms of nouns and feminine endings of adjectives are provided. Parts of speech are also indicated if ambiguous. For example, if a word can be both a noun or an adjective, this will be indicated. Expressions consisting of more than one word are listed under the first word in that expression. Some expressions are also listed under their principal term. For example, reflexive verbs are listed under both the first letter of the verb and under the reflexive pronoun.

A

à priori *(loc. adv.) a priori*
aboli(e) *abolished*
abolir *to abolish*
abriter *to shelter, to harbor*
absentation *(f.) :* **taux d'~** *(m.) number of people who do not vote in an election*
absolu(e) *(adj.) absolute*
accéder *to access*
accent *(m.) accent*
accord *(m.) agreement*
s'accorder *to come to an agreement, to agree*
accueillir *to welcome*
acculturation *(f.) acculturation*
achever *to finish*
  s'achever *to come to an end, to end*
acquérir *to acquire, to buy*
actif *(m.) working person*
actif (-ve) *(adj.) active*
adaptation *(f.) adaptation*
adhérer *to adhere, to join*
administrer *to administer, to manage*
adopter *to adopt*
afficher *to display*
affiliation *(f.) affiliation, membership*
affirmer *to assert*
  s'affirmer *to assert oneself*
afin de *(conj.) in order to*
agglomération *(f.) urban area*
agir *to act*
  s'~ de *to be about*
  il s'agit de *it is about*
agrémenter *to adorn, to embellish*
ainsi *(adv.) thus*
aire *(f.) surface area*
  ~ urbaine *(f.) urban area*
aise : à l'~ *comfortable*
alliances *(f. pl.) alliances*
allié / alliée *(m./f.) ally*
allié(e) *(adj.) allied*
allocation *(f.) benefit, allotment*
américanisation *(f.) americanization*
amitié *(f.) friendship*
antisémitisme *(m.) antisemitism*
anxieux (-euse) *anxious, nervous, eager*
apogée *(f.) peak, pinnacle*
appartenance *(f.) membership, (sense of) belonging*
appartenir (à) *to belong (to)*

appellation *(f.) appellation, designation*
apprécier *to appreciate*
apprendre *to learn, to teach*
apprentissage *(m.) apprenticeship*
aptitude *(f.) skill, aptitude*
aristocratie *(f.) aristocracy*
arrivée *(f.) arrival*
arrondissement *(m.) district, area in Paris*
artisan *(m.) craftsman*
artisanal(e) *made by traditional craftsmanship*
artistique *artistic*
assimilation *(f.) assimilation*
association *(f.) association*
assurance *(f.) insurance; assurance*
assuré(e) *(adj.) insured, assured*
attachement *(m.) attachment, bond*
attente *(f.) expectation, waiting*
attribuer *to assign, to grant, to attribute*
au vu de *given*
au-delà (de) *(loc. adv.) beyond*
autochtone *(m./f.) native, autochton*
autochtone *(adj.) native*
autonomie *(f.) autonomy, independence, range*
autre *(m./f.) other*
autre *(adj.) other*
avancée *(f.) progress*
avoir tendance à *to tend to*

B
baccalauréat (le bac) *(m.) French high school diploma*
banlieue *(f.) suburb(s)*
bénéficiaire *(m./f.) recipient, beneficiary*
bénéficier *to benefit*
bénévolat *(m.) volunteer work*
bénévole *(m./f.) volunteer worker*
bien *(m.) good*
biens *(m. pl.) goods*
bilan *(m.) results, balance sheet, bottom line*
bilinguisme *(m.) bilingualism*
bloc *(m.) block*
bourg *(m.) town, town center*
bourgeoisie *(f.) bourgeoisie*
brevet *(m.) certificate, patent*

C
cadre *(m.) frame, framework,*
~ **d'entreprise** *executive*
~ **de vie** *living conditions, where one lives*
campagnard(e) *(adj.) rural, rustic*
campagne *(f.) countryside*
canton *(m.) township*
cantonal(e) *(related to a) township*
capitale *(f.) capital city*
caractérisation *(f.) characterization*
catholicisme *(m.) Catholicism*
catholique *(adj.) Catholic*
centralisé(e) *centralized*
centre urbain *(m.) urban area, urban pole*
centre-ville *(m.) city center, downtown*
centriste *(adj.) centrist (politically), moderate*
cependant *(adv.) however*
se chamailler *to bicker, to squabble*
se changer *to change (clothes)*
~ **les idées** *to change ideas*
chômage *(m.) unemployment*
chômeur / chômeuse *(m./f.) unemployed person*
choqué(e) *shocked*
chrétien(ne) *(adj.) Christian*
christianisme *(m.) Christianity*
ciblé(e) *targeted*
circonscription *(f.) (electoral) district, precinct*
citadin / citadine *(m./f.) city dweller*
citadin(e) *(adj.) urban*
citoyen / citoyenne *(m./f.) citizen*
citoyen(ne) *(adj.) civic*
citoyenneté *(f.) citizenship*
civilisatrice : mission ~ *(f.) civilizing mission*
civilisation *(f.) civilization*
civique *(adj.) civic*
civisme *(m.) public spirit*

clandestin(e) *clandestine*
classe *(f.) class*
~ **économique** *economic class*
~ **sociale** *social class*
cliché *(m.) cliché, stereotype*
climat *(m.) climate*
climatique *climatic*
clivage *(m.) division, cleavage*
coalition *(f.) coalition*
cohabitation *(f.) cohabitation*
colinguisme *(m.) colingualism*
collaboration *(f.) collaboration*
collaborer *to collaborate*
collectif *(m.) group*
collectif (-ive) *(adj.) collective*
collectivité *(f.) collectivity*
~ **locale, territoriale** *local administration*
collège *(m.) middle school, junior high school*
colon *(m.) settler*
colonial(e) *colonial*
colonialisme *(m.) colonialism*
colonie *(f.) colony*
colonisation *(f.) colonization*
colonisé / colonisée *(m./f.) colonized person*
colonisé(e) *(adj.) colonized*
commerce *(m.) trade*
~ **équitable** *fair trade*
~ **triangulaire** *triangular trade*
commun(e) *common*
en ~ *in common, jointly*
communautarisme *(m.) communitarianism, clannishness, tendency of a community to isolate itself from the rest of the nation*
communauté *(f.) community*
commune *(f.) commune, municipality, town, village*
communication *(f.) communication*
communiquer *to communicate*
comparer *to compare*
compatriote *(m./f.) compatriot, fellow citizen*
compétitif (-ive) *competitive*
complexe *complex*
comportement *(m.) behavior*
comporter *to consist of, to entail*
se comporter *to behave*
composante *(f.) component*
composer *to compose*
se composer de *to consist of*
compréhension *(f.) understanding*
concept *(m.) concept*
confession *(f.) confession*
conflit *(m.) conflict*
congés (payés) *(m. pl.) (paid) vacation*
connaissances *(f. pl.) knowledge, acquaintances*
connotation *(f.) connotation*
conscience : prendre ~ *to realize, to become aware*
conseil régional *(m.) regional council*
conséquence *(f.) consequence*
conserver *to keep, to preserve, to retain, to maintain*
considérer *to consider*
se considérer *to consider oneself*
constituer *to constitute, to form*
constitutif (-ive) *constitutive*
constitution *(f.) constitution*
construire *to build, to construct*
se construire *to build (for) oneself*
construit(e) *built, constructed*
contemporain(e) *(adj.) contemporary*
contrecarrer *to thwart, to oppose*
controverse *(f.) controversy*
convenir *to admit, to agree*
il convient de *one should (do something)*
convention *(f.) convention*
conventionnel(le) *conventional*
coopératif (-ive) *cooperative*
coopération *(f.) cooperation*
coordonner *to coordinate*
cotisation *(f.) dues, membership fee*
cotiser *to contribute*
cours *(m.) course, class, price*
courtiser *to court*
couverture *(f.) protection, blanket*
~ **sociale** *coverage (insurance, social security)*
crise *(f.) crisis*
croire *to believe*
croissance *(f.) growth*

croix *(f.) cross*
croyance *(f.) belief*
croyant / croyante *(m./f.) believer*
culte *(m.) religion, worship*
  lieu de ~ *(m.) place of worship*
culture *(f.) culture*
culturel(le) *cultural*
cursus *(m.) curriculum*

D

d'outre-mer *from overseas*
débouché *(m.) outlet; market; (fig.) job opportunity*
débrouillardise *(f.) resourcefulness*
débrouilllard(e) *(adj.) resourceful*
décentralisation *(f.) decentralization*
déclencher *to trigger*
déclin *(m.) decline*
décolonisation *(f.) decolonization*
découpage *(m.) cutting, carving*
  ~ administratif *administrative zoning*
défendre *to defend*
défi *(m.) challenge*
déménager *to move (houses)*
démissionner *to resign*
démocratie *(f.) democracy*
démocratique *(adj.) democratic*
démographique *(adj.) demographic*
démuni(e) *destitute, helpless*
département *(m.) department*
dépense *(f.) expense*
déplacer *to move, to displace*
  se déplacer *to move; to shift, to travel*
dépouiller *to strip, to deprive*
député / députée *(m./f.) representative, deputy*
désaccord *(m.) disagreement*
désormais *(adv.) henceforth, from now on*
destin *(m.) destiny, fate*
dialecte *(m.) dialect*
dialogue *(m.) dialogue*
différence *(f.) difference*
différencier *to differentiate*
  se différencier *to differentiate oneself*
diffusion *(f.) diffusion*
diplomatique *diplomatic*
diplôme *(m.) degree, diploma*
dire *to say*
  en ~ long sur *to say/reveal a lot about; to speak volumes*
directive *(f.) guideline, directive*
discours *(m.) speech, discourse*
discret (-ète) *discrete (distinct), discreet (circumspect)*
distinguer *to distinguish, to differentiate*
divergence *(f.) divergence*
divers *diverse, various*
diversité *(f.) diversity*
dominer *to dominate*
donation *(f.) (charitable) donation, gift*
droite *(f.) right*

E

échec *(m.) failure*
école *(f.) school*
  ~ maternelle, primaire *pre-school, primary school*
économique *economic*
éducation *(f.) education, schooling; upbringing*
  ministère de l'~ *(m.) Ministry of Education*
éduquer *to educate; to raise*
égal(e) *(adj.) equal*
égalité *(f.) equality*
  ~ des chances *equal opportunities*
église *(f.) church*
  l'Eglise *the Church*
égoïste *(adj.) selfish*
électeur / électrice *(m./f.) voter*
élection *(f.) election*
électoral(e) *electoral*
électorat *(m.) electorate*
élégant(e) *elegant*
élève *(m./f.) student in elementary/secondary school*
élevé(e) : mal ~ *bad-mannered*
élire *to elect*
élu(e) *elected*
émaner *to emanate; to stem from, to come out of*
émeute *(f.) riot*

empire *(m.) empire*
emploi *(m.) employment, job*
emprise *(f.) hold, influence*
  sous l'~ de *under the influence of, under the domination of*
en commun *in common, jointly*
en dire long sur *to say/reveal a lot about; to speak volumes about*
en effet *(loc. adv.) indeed*
en plein essor *booming, soaring*
en revanche *(loc. adv.) on the other hand*
en vue de *(loc. adv.) with a view to*
enjeu *(m.) issue, stake*
enseignant / enseignante *(m./f.) teacher*
enseignement *(m.) teaching*
  ~ supérieur *(higher) education*
enseigner *to teach*
entreprise *(f.) company*
envahir *to invade*
envisager *to consider, to contemplate*
s'épanouir *to blossom, to reach fulfillment*
épreuve *(f.) test, trial, examination*
équitable *equitable, fair*
  commerce ~ *(m.) fair trade*
ère *(f.) era*
esclavage *(m.) slavery*
esclave *(m./f.) slave*
espace *(m.) space*
  ~ urbain *(m.) urban space, urban area*
essor *(m.) soar*
  en plein ~ *booming, soaring*
estimer *to estimate, to evaluate, to esteem*
établir *to establish*
établissement *(m.) establishment, institution*
  ~ scolaire *school*
état *(m.) state*
  ~ membre *member state*
étendre *to expand, to extend*
  s'étendre *to extend, to stretch, to elaborate*
ethnie *(f.) ethnic group*
étrange *strange, odd, unfamiliar*
étranger / étrangère *(m./f.) foreigner*
étranger (-ère) *(adj.) foreign*
être *to be*
  ~ à l'aise *to be comfortable*
  ~ mal à l'aise *to be uncomfortable*
  ~ mal élevé(e) *to be badly behaved, to have bad manners*
  ~ membre de *to belong to, to be a member of*
étudiant / étudiante *(m./f.) student*
étudiant(e) *(adj.) student*
étudier *to study*
étymologie *(f.) etymology*
européanisation *(f.) Europeanization*
européen(ne) *(adj.) European*
événement *(m.) event*
évoluer *to evolve*
évoquer *to evoke*
exécutif (-ive) *(adj.) executive*
  pouvoir ~ *(m.) executive branch*
expansion *(f.) expansion*
exploiter *to exploit*
exporter *to export*
externe *(adj.) external, outside*

F

faire partie de *to be a part of*
familial(e) *(adj.) family*
familier (-ière) *familiar*
faubourg *(m.) suburb; city neighborhood located between the center and the suburbs*
favoriser *to promote*
festif (-ive) *festive*
fier (-ère) *proud*
filière *(f.) (academic) track*
financer *to finance*
fiscalité *(f.) tax system, taxation*
fleuve *(m.) river (flowing to the ocean)*
fonctionner *to function*
fondamentaliste *(adj.) fundamentalist*
formation *(f.) formation, training*
formel(le) *formal*
former *to train*
formuler *to formulate*
fort(e) *strong*
Français / Française *(m./f.) French person*
  ~ de souche *of French descent (vs. immigrant descent)*

franchise *(f.) (commercial) franchise; honesty*
francophone *(m./f.) French-speaking person*
francophone *(adj.) French-speaking*
francophonie *(f.) French-speaking world*
Francophonie *(f.) members of the Organisation internationale de la Francophonie (OIF)*
fratrie *(f.) siblings*
fréquenter *to frequent*
  ~ **une église** *to attend a church*
frontière *(f.) border, frontier*
fuir *to flee*

G
gastronomie *(f.) gastronomy*
gastronomique *gastronomic*
gauche *(f.) left*
gêner *to embarrass*
général(e) *(adj.) general*
génération *(f.) generation*
généreux (-euse) *generous*
géographie *(f.) geography*
géographique *geographic*
géométrique *geometric*
gouverner *to govern, to rule, to steer*
grammaire *(f.) grammar*
grandes écoles *(f. pl.) specialized, elite institutions of higher education*
graphie *(f.) writing, written word/form*
gratuit(e) *(cost-)free*
grève *(f.) (labor) strike*
gros(se) *(adj.) big, fat*
guerre *(f.) war*

H
habitants *(m. pl.) inhabitants*
habiter *to live (in), to inhabit*
habitude *(f.) habit*
harmonisation *(f.) harmonization*
hégémonie *(f.) hegemony*
héritage *(m.) legacy, héritage, inheritance*
hexagone *(m.) hexagon*
  L'Hexagone *(Continental) France*
hybridité *(f.) hybridity*

I
s'identifier *to identify oneself*
  s'identifier à *to identify oneself with*
identitaire *(adj.) (related to) identity*
identité *(f.) identity*
il convient de *one ought to, should*
il s'agit de *it is about*
imaginaire *imaginary*
immigration *(f.) immigration*
immigré / immigrée *(m./f.) immigrant*
immigré(e) *(adj.) migrant; immigrant*
immigrer *to immigrate*
impact *(m.) impact*
impérialisme *(m.) imperialism*
impérialiste *(m./f.) imperialist*
impérialiste *(adj.) imperialist*
s'implanter *to establish oneself*
impliquer *to entail, to connote, to imply, to implicate*
impoli(e) *impolite*
importer *to import, to matter*
s'imposer *to impose oneself*
impôts *(m. pl.) taxes*
imprégné(e) *imbued*
individu *(m.) individual*
individuel(le) *(adj.) individual*
industrialisation *(f.) industrialization*
industriel(le) *(adj.) industrial*
inégal(e) *unequal, uneven*
inégalité *(f.) inequality, disparity*
influence *(f.) influence*
informel(le) *informal*
infrastructure *(f.) infrastructure*
ingérence *(f.) interference, intrusion*
initiative *(f.) initiative*
insertion *(f.) insertion*
  ~ **sociale** *social integration*
s'installer *to settle (down)*
institution *(f.) institution*
intégration *(f.) integration*
s'intégrer *to integrate, to fit in*
intégriste *(adj.) (religious) fundamentalist*
intelligent(e) *intelligent, smart*
interaction *(f.) interaction*
interdépendant(e) *interdependent*
interdiction *(f.) prohibition, ban*
interdire *to prohibit, to ban*

intérieur(e) *(adj.) inside, interior, inner*
interlocuteur / interlocutrice *(m./f.) interlocutor*
international(e) *(adj.) international*
interne *(adj.) internal*
interposition *(f.) interposition*
  forces d'~ *(f. pl.) peace-keeping/ intervention forces*
interprétation *(f.) interpretation*
intervenir *to intervene*
intervention *(f.) intervention*
  force d'~ *response force*
intolérance *(f.) intolerance*
invisible *invisible*
irréductible *(lit.) irreducible, (metaph.) cannot be subdued or subjected*
islam *(m.) Islam*
isolement *(m.) isolation*
issu(e) *(coming) from*
  ~ **de l'immigration** *of immigrant descent*

J
judaïsme *(m.) Judaism*
judéo-chrétien(ne) *judeo-christian*
judiciaire *judicial*
  pouvoir ~ *judicial branch (of government)*
juge *(m./f.) judge*
juger *to judge*
juif / juive *(m./f.) Jew, Jewish man / woman*
juif (-ive) *(adj.) Jewish*
juridique *legal*
justice *(f.) justice*
  ~ **sociale** *social justice*

K
kippa *(f.) kippa, yarmulke*

L
laïc (laïque) *(adj.) secular, lay*
laïcité *(f.) secularism*
langage *(m.) language*
langagier (-ière) *linguistic, language*
langue *(f.) tongue, language*
  ~ **d'oc** *southern variants of Old French*
  ~ **d'oïl** *northern variants of Old French*
  ~ **maternelle** *mother tongue*
  ~ **officielle** *official language*
  ~ **romane** *Romance language*
légal(e) *legal*
législatif (-ive) *legislative*
lenteur *(f.) slowness, sluggishness*
lexique *(m.) lexikon, vocabulary*
libéral(e) *free-market oriented*
liberté *(f.) freedom*
liens : former des ~ *to forge relationships*
lieu de culte *(m.) place of worship*
limitrophe *(adj.) neighboring, adjacent*
linguistique *(adj.) linguistic*
littoral *(m.) coastline*
littoral(e) *(adj.) coastal*
local(e) *(adj.) local*
locuteur / locutrice *(m. pl.) speaker*
  ~ **(non) natif (-ive)** *(non-) native speaker*
loi *(f.) law*
  lois Ferry *(f. pl.) series of laws voted in 1881–1882, establishing secular, free, and compulsory public education*
long : en dire ~ sur *to say/reveal a lot about;, to speak volumes about*
lorsque *(conj.) when, during*
lycée *(m.) high school*

M
Maghreb *(m.) Maghreb, North Africa*
Maghrébin / Maghrébine *(m./f.) North African man / woman*
maghrébin(e) *(adj.) North African ; from the Maghreb*
magistrat / magistrate *(m./f.) magistrate, judge*
main-d'œuvre *(f.) work force, labor*
mairie *(f.) city/town hall*
mal *bad(ly)*
  ~ **à l'aise** *uncomfortable*
  ~ **élevé(e)** *bad-mannered*
malgré *(prép.) despite, in spite of*
malin (maligne) *clever; malicious*

manifester *to demonstrate; to manifest; to show*
se manifester *to occur; to manifest oneself*
marginalisé(e) *marginalized*
maternelle : école ~ *(f.) pre-school*
matière *(f.) (academic) discipline; matter*
~ **à réfléchir** *food for thought*
méchant(e) *(adj.) mean*
médiatique *(adj.) media*
membre *(m.) member*
menacé(e) *threatened*
méritocratie *(f.) meritocracy*
métissage *(m.) intermixing, hybridization; intermarrying*
métissé(e) *(adj.) mixed race*
métro, boulot, dodo *routine; daily grind (literally, "subway, work, sleep")*
métropole *(f.) metropolis, large city*
métropolitain(e) *metropolitan, urban*
se mettre au vert *to get some rest (presumably in the countryside)*
migrant / migrante *(m./f.) migrant*
migratoire *migratory*
militaire *(adj.) military*
ministère *(m.) ministry*
~ **de l'Education nationale** *National Ministry of Education*
mission *(f.) mission*
~ **civilisatrice** *civilizing mission*
mixité *(f.) mix, diversity*
mobiliser *to mobilize*
se mobiliser *to mobilize, to rally*
mobilité *(f.) mobility*
mode *(f.) fashion*
mode *(m.) mode*
~ **par défaut** *default mode*
modèle LMD (licence-master-doctorat) *organization of higher education in Europe (Bachelor, Master, Doctorate)*
moderne *(adj.) modern*
modernité *(f.) modernity*
monarchie *(f.) monarchy*
mondial(e) *world, global*
mondialisation *(f.) globalization*
monnaie *(f.) currency, change*
~ **unique** *common currency (e.g., the euro)*
monolinguisme *(m.) monolingualism*
montagne *(f.) mountain*
montée *(f.) rise, clim, surge*
se moquer de *to make fun of*
mosquée *(f.) mosque*
motion *(f.) motion, resolution*
~ **de censure** *motion of censure (vote of no confidence in the government)*
multiculturalisme *(m.) multiculturalism*
multiculturel(le) *multicultural*
municipal(e) *municipal*
musical(e) *(adj.) musical*
musulman / musulmane *(m./f.) Muslim*
musulman(e) *(adj.) muslim*
mutualiser *to pool (resources)*
mutuel(le) *mutual,shared; reciprocal*
mutuelle *(f.) supplementary insurance*
mythe *(m.) myth*
mythologie *(f.) mythology*

N

nation *(f.) nation*
national(e) *national*
nationalisme *(m.) nationalism*
nationaliste *(adj.) nationalist*
nationalité *(f.) nationality*
négliger *to neglect*
négociation *(f.) negotiation*
négocier *to negotiate*
néocolonial(e) *neocolonial*
néo-rural / néo-rurale *(m./f.) neo-rural person ; person who leaves the city to settle in the country*
néo-rural(e) *(adj.) neo-rural*
noblesse *(f.) aristocracy, nobility*
norme *(f.) norm*
nuance *(f.) nuance*

O

obligatoire *compulsory, mandatory*
obtenir *to obtain*
occidental(e) *(adj.) Western*

occupation *(f.) occupation, profession, pursuit*
occuper *to occupy*
  s'occuper *to keep oneself busy*
  s'occuper de *to take care of, to look after*
œuvre *(f.)*
  main d'~ *(f.) work force, labor*
  ~ caritative *charitable works*
opposition *(f.) opposition*
optimiste *(adj.) optimistic*
ordre *(m.) order, command*
  ~ du jour *agenda*
organiser *to organize*
orientation *(f.) orientation*
origine *(f.) origin, root*
outre *(prép.) besides*
ouvrier / ouvrière *(m./f.) blue-collar worker*
ouvrier (-ière) *(adj.) working class*

P

pallier *to palliate, to relieve*
par conséquent *(loc. adv.) consequently*
parcours *(m.) trajectory, course, journey*
parler *to speak, to talk*
  ~ couramment *to speak fluently*
parole *(f.) speech, talk, utterance; word*
partager *to share*
partenaire *(m./f.) partner*
partenaire *(adj.) partner*
partenariat *(m.) partnership*
parti *(m.) political party*
participation *(f.)* **: taux de ~** *(m.) (voter) turnout rate*
participer *to participate in*
particularité *(f.) feature, detail; peculiarity, idiosyncrasy*
particulier (-ière) *particular, peculiar*
partie *(f.) part*
  faire ~ de *to be a part of*
parvenir *to reach, to achieve*
passer *to pass*
  ~ un examen *to take an exam*
patrimoine *(m.) patrimony, legacy, heritage*
pauvre *(adj.) poor; pitiful*
pauvreté *(f.) poverty*
pension *(f.) pension*
percevoir *to perceive*
perdre *to lose*
  ~ du terrain *to lose ground*
perdurer *to continue, to last*
période *(f.) period, term; epoch*
périphérie *(f.) periphery, outskirt, edge*
perspective *(f.) perspective*
pessimiste *(adj.) pessimistic*
peuple *(m.) people*
phénomène *(m.) phenomenon*
phonétique *phonetic*
phonologique *phonological*
plurilingue *multilingual*
plurilinguisme *(m.) multilingualism*
pôle *(m.) pole*
  ~ urbain *urban center*
polémique *(f.) controversy*
polémique *(adj.) polemical*
poli(e) *polite*
politique *(f.) politics; policy*
  ~ publique *public policy*
  ~ social(e) *social policy*
population *(f.) population*
port *(m.) wearing; harbor, port*
porteur (-euse) *(adj.) supporting, carrying*
position : prendre ~ *to take a stand*
posséder *to own, to possess, to have*
possession *(f.) possession, ownership*
pourtant *(conj.) yet, however*
pourtant *(adv.) though, nevertheless*
pouvoir *to be able to*
pouvoir *(m.) power*
  ~ exécutif *executive branch*
  ~ judiciaire *judicial branch*
  pouvoirs publics *(m. pl.) public authorities*
pratiquant(e) *(adj.) practicing*
pratique *(f.) practice*
  ~ religieuse *religious practice*
préconiser *to advocate, to recommend*
préfet *(m.) prefect*
prélèvement *(m.) levy (tax)*
prélever *to deduct (taxes)*

prendre *to take*
  ~ **conscience** *to realize, to become aware*
  ~ **position** *to take a stand*
préparatoire *preparatory*
préparer *to prepare*
préserver *to preserve*
prestation *(f.) benefit (redistributed by the state)*
primaire : école ~ *(f.) elementary school*
primo-arrivant / primo-arrivante *first-generation immigrant*
prise de position *(f.) stance (on something), position*
privé(e) *private*
privilégier *to privilege*
problématique *(f.) issue, problem(s)*
problématique *(adj.) problematic*
processus *(m.) process*
procureur *(m.) prosecutor*
professionnalisation *(f.) professionalization*
professionnel(le) *(adj.) professional*
programme *(m.) program*
projet *(m.) project; plan*
  ~ **de loi** *bill*
promouvoir *to promote*
promulguer *to promulgate (to put a law into effect)*
prononciation *(f.) pronunciation*
propice *propitious, auspicious*
protection *(f.) protection*
  ~ **sociale** *social protection, coverage*
protectionniste *(adj.) protectionist*
protestant / protestante *(m./f.) Protestant*
protestant(e) *(adj.) protestant*
provenance *(f.) origin, source*
public (-que) *(adj.) public*
puissance *(f.) power*
puissant(e) *(adj.) powerful, mighty*

Q

qualité *(f.) quality*
  ~ **de vie** *quality of life*
quant à *(loc. adv.) as to, regarding*
quartier *(m.) neighborhood*
quitter *to leave*

R

radin / radine *(m./f.) tightwad, miser*
radin(e) *(adj.) miserly, tightfisted*
rapprocher *to bring closer, to liken*
  se rapprocher de *to get closer to*
rayonnement *(m.) influence; fervor (lit: radiance)*
recherche *(f.) research*
réciproque *mutual, reciprocal*
réclamer *to claim, to demand*
  se réclamer de *to claim to be a follower of ; to claim to adhere to*
réconcilier *to reconcile*
reconstruction *(f.) rebuilding, reconstruction*
reconstruire *to rebuild, to reconstruct*
réel(le) *real*
référendum *(m.) referendum*
région *(f.) region*
régional(e) *regional*
régionalisme *(m.) regionalism; regional expression*
règne *(m.) reign*
régner *to reign*
regroupement *(m.) grouping, regrouping*
regrouper *to regroup; to pool*
rejoindre *to meet, to rejoin*
relatif (-tive) *(adj.) relative*
relation *(f.) relationship, relation*
relativité *(f.) relativity*
relief *(m.) relief, perspective, depth*
religieux (-euse) *(adj.) religious*
religion *(f.) religion*
rembourser *to reimburse*
renvoyer à *to refer to*
répandu(e) *widespread*
repli *(m.) withdrawal, retreat, recess*
  ~ **communautaire** *when members of a community tend to live together*
reposer sur *to rely on; to rest on*
représentation *(f.) representation*
républicain(e) *(adj.) republican (relating to a republic)*

république *(f.) republic*
réseau *(m.) network*
résident / résidente *(m./f.) resident*
résolution *(f.) resolution*
ressemblance *(f.) resemblance*
retraite *(f.) retirement, pension; retreat*
retrouver *to retrieve; to find again*
réussir *to succeed*
~ **un examen** *to pass an exam*
réussite *(f.) success*
revanche : en ~ *(loc. adv.) on the other hand*
revendiquer *to claim, to demand*
revenu *(m.) income*
revenus *(m. pl.) revenue, income*
revitalisation *(f.) revitalization*
richesse *(f.) wealth*
rivière *(f.) river (flowing into another river or a lake)*
roman(e) *(adj.) romance*
langue ~ *(f.) romance language*
style ~ *Romanesque style*
royaume *(m.) kingdom*
rue *(f.) street*
~ **de Grenelle** *street where the Ministry of Education is located; term used to identify this ministry*

S

s'accorder *to come to an agreement, to agree*
s'achever *to come to an end, to end*
s'affirmer *to assert oneself*
s'épanouir *to blossom, to reach fulfillment*
s'étendre *to extend, to stretch, to elaborate*
s'identifier (à) *to identify oneself (with)*
s'implanter *to establish oneself*
s'imposer *to impose oneself*
s'installer *to settle (down)*
s'intégrer *to integrate, to fit in*
santé *(f.) health*
savoir *(m.) knowledge*
savoir *to know*
scolaire *(adj.) scholastic, academic, relating to school*
scrutin *(m.) vote, ballot*
se chamailler *to bicker, to squabble*
se changer *to change (clothes)*
~ **les idées** *to change ideas*
se comporter *to behave*
se considérer *to consider oneself*
se construire *to build (for) oneself*
se déplacer *to move, to shift, to travel*
se différencier *to differentiate oneself*
se manifester *to occur; to appear*
se mettre au vert *to get some rest (presumably in the countryside)*
se mobiliser *to mobilize, to rally*
se moquer de *to make fun of*
se rapprocher (de) *to get closer (to)*
se réclamer de *to claim membership in*
secondaire *secondary*
secte *(f.) sect*
Sécurité *(f.) sociale social security (including national health care)*
séjour *(m.) stay, visit*
sénateur / sénatrice *(m./f.) senator*
sens *(m.) meaning, sense*
sentiment *(m.) feeling*
service *(m.) service*
siècle *(m.) century*
signe *(m.) sign*
signifiant *(m.) signifier*
signification *(f.) signification, meaning*
signifié *(m.) signified*
signifier *to signify, to mean*
similarité *(f.) similarity*
sincère *sincere*
situer *to locate, to situate*
social(e) *social*
société *(f.) society, company*
socle *(m.) base, pedestal, foundation*
soi *(m.) self*
soins *(m. pl.) (medical) care*
solidaire *united*
solidarité *(f.) solidarity*
son *(m.) sound*

soutenir *to support, to sustain*
soutien *(m.) support*
souveraineté *(f.) sovereignty*
sphère *(f.) sphere*
~ **privée / publique** *private / public sphere*
spiritualité *(f.) spirituality*
sportif / sportive *(m./f.) athlete*
sportif (-ive) *(adj.) athletic*
stéréotype *(m.) stereotype*
stigmatisation *(f.) stigmatization*
stratégie *(f.) strategy*
subvenir *to provide, to support*
subvention *(f.) subsidy*
superficie *(f.) surface area*
superficiel(le) *superficial*
supprimer *to suppress*
supranational(e) *supranational*
surmonter *to overcome*
symbole *(m.) symbol*
symbolique *symbolic*
symboliser *to symbolize*
synagogue *(f.) synagogue*
système *(m.) system*

T
tantôt *(adv.) sometimes, at times*
taux *(m.) rate*
~ **d'abstention** *number of people who do not vote in an election*
~ **de participation** *(voter) turnout rate*
technique *(f.) technique*
technique *(adj.) technical*
temple *(m.) temple*
tendance *(f.) tendency*
avoir ~ à *to tend to*
tendu(e) *tense, nervous*
tensions *(f. pl.) tensions*
tenue *(f.) attire, outfit*
~ **vestimentaire** *attire, outfit*
terrain : perdre du ~ *to lose ground*
territoire *(m.) territory*
terroir *(m.) local soil, local area, land, terroir*
tisser *to weave*
~ **des liens** *to forge relationships*
tolérance *(f.) tolerance*
tradition *(f.) tradition*
traditionnel(le) *traditional*
traité *(f.) treaty, treatise*
transcender *to transcend*
transmettre *to transmit*
transmission *(f.) transmission*
traverser *to cross, to traverse*

U
ultramarin(e) *overseas*
uni(e) *united*
unification *(f.) unification*
unifié(e) *unified*
uniformisation *(f.) standardization*
université *(f.) university*
usage *(m.) usage, use*
utiliser *to use, to utilize*

V
vague *(f.) wave*
vague *(adj.) vague*
valeur *(f.) worth, value; valor*
vert : se mettre au ~ *to get some rest (presumably in the countryside)*
vestimentaire : tenue ~ *(f.) attire, outfit*
vieillesse *(f.) old age*
village *(m.) village*
ville *(f.) town, city*
vivre *to live*
voile *(m.) veil*
voile *(f.) sail*
voter *to vote*
vu : au ~ de *given*

X
xénophobe *(adj.) xenophobic*

Z
zone *(f.) zone, area*
~ **rurale** *rural area*

Indice

T

U

V

France
MER DU NORD
Pays-Bas
Grande-Bretagne
Allemagne
Dunkerque
Calais
Belgique
NORD-PAS-DE-CALAIS
Lille
Valenciennes
MANCHE
Luxembourg
Amiens
HAUTE-NORMANDIE
Cherbourg
Le Havre
Rouen
PICARDIE
Reims
Metz
Caen
Seine
LORRAINE
ALSACE
BASSE-NORMANDIE
Paris
CHAMPAGNE-ARDENNE
Saint-Malo
Versailles
Nancy
Strasbourg
Brest
ILE-DE-FRANCE
Fougères
Troyes
BRETAGNE
Rennes
Le Mans
Orléans
Mulhouse
PAYS-DE-LA-LOIRE
Blois
Chambord
BOURGOGNE
Angers
St-Nazaire
Tours
Dijon
Besançon
Nantes
Chinon
Chenonceaux
Azay-le-Rideau
Bourges
Chalon-sur-Saône
FRANCHE-COMTE
Suisse
Nevers
CENTRE
Poitiers
La Rochelle
LIMOUSIN
Vichy
OCEAN ATLANTIQUE
Clermont-Ferrand
Annecy
POITOU-CHARENTES
Limoges
Lyon
Saint Étienne
RHONE-ALPES
Italie
Périgueux
AUVERGNE
Grenoble
Bordeaux
MASSIF CENTRAL
PROVENCE-ALPES-COTE-D'AZUR
Rodez
AQUITAINE
Garonne
MIDI-PYRENEES
Avignon
Monte-Carlo
Nîmes
Tarascon
Monaco
Montpellier
Grasse
Biarritz
Aix-en-Provence
Bayonne
Toulouse
Béziers
Nice
Pau
Marseille
Toulon
Cannes
Carcassonne
Narbonne
LANGUEDOC-ROUSSILLON
Perpignan
Espagne
Andorre
MER MEDITERRANEE
CORSE
Ajaccio
0 75 km

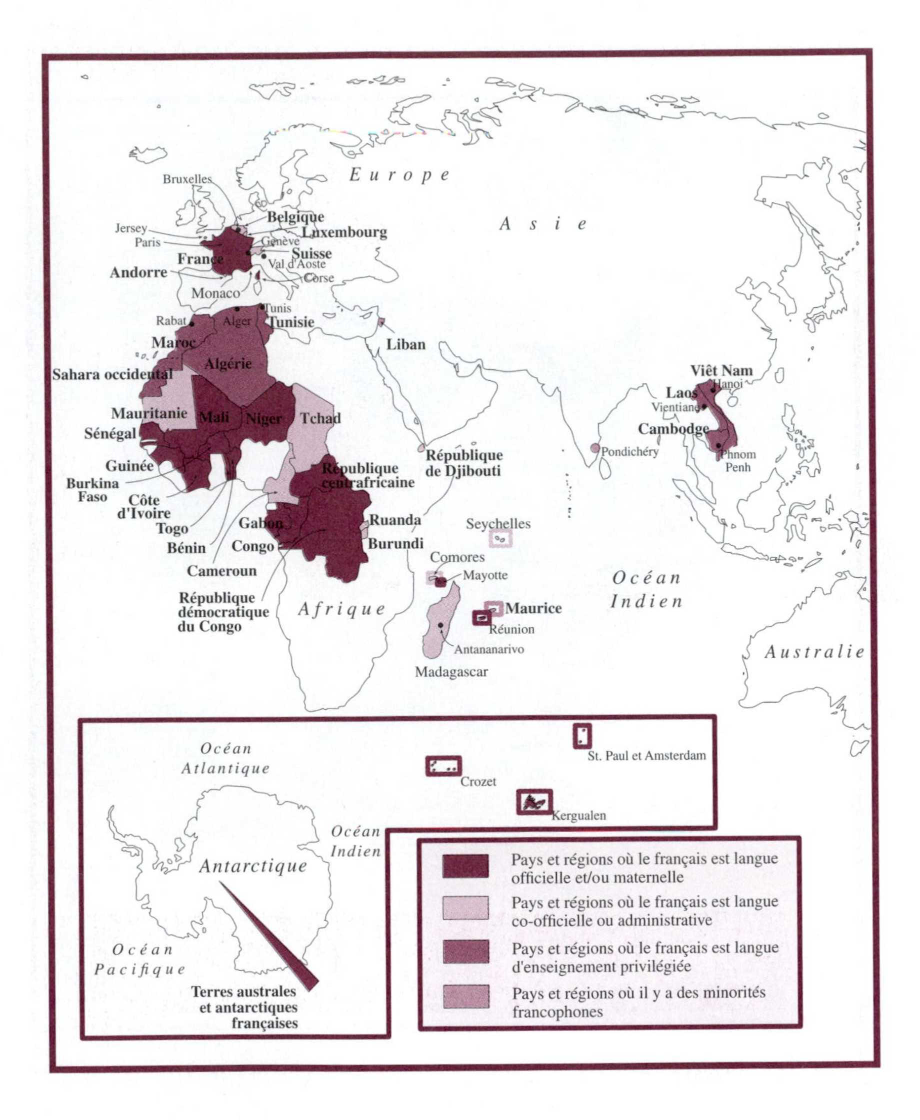
Europe
Asie
Bruxelles
Belgique
Luxembourg
Jersey
Paris
Genève
France
Suisse
Val d'Aoste
Andorre
Corse
Monaco
Tunis
Rabat
Alger
Tunisie
Maroc
Liban
Algérie
Sahara occidental
Viêt Nam
Hanoi
Laos
Vientiane
Mauritanie
Mali
Niger
Tchad
Cambodge
Sénégal
République de Djibouti
Pondichéry
Phnom Penh
Guinée
République centrafricaine
Burkina Faso
Côte d'Ivoire
Togo
Gabon
Ruanda
Seychelles
Bénin
Congo
Burundi
Comores
Mayotte
Cameroun
Océan Indien
République démocratique du Congo
Afrique
Maurice
Réunion
Antananarivo
Madagascar
Australie
Océan Atlantique
St. Paul et Amsterdam
Crozet
Kergualen
Océan Indien
Antarctique
Océan Pacifique
Terres australes et antarctiques françaises
Pays et régions où le français est langue officielle et/ou maternelle
Pays et régions où le français est langue co-officielle ou administrative
Pays et régions où le français est langue d'enseignement privilégiée
Pays et régions où il y a des minorités francophones

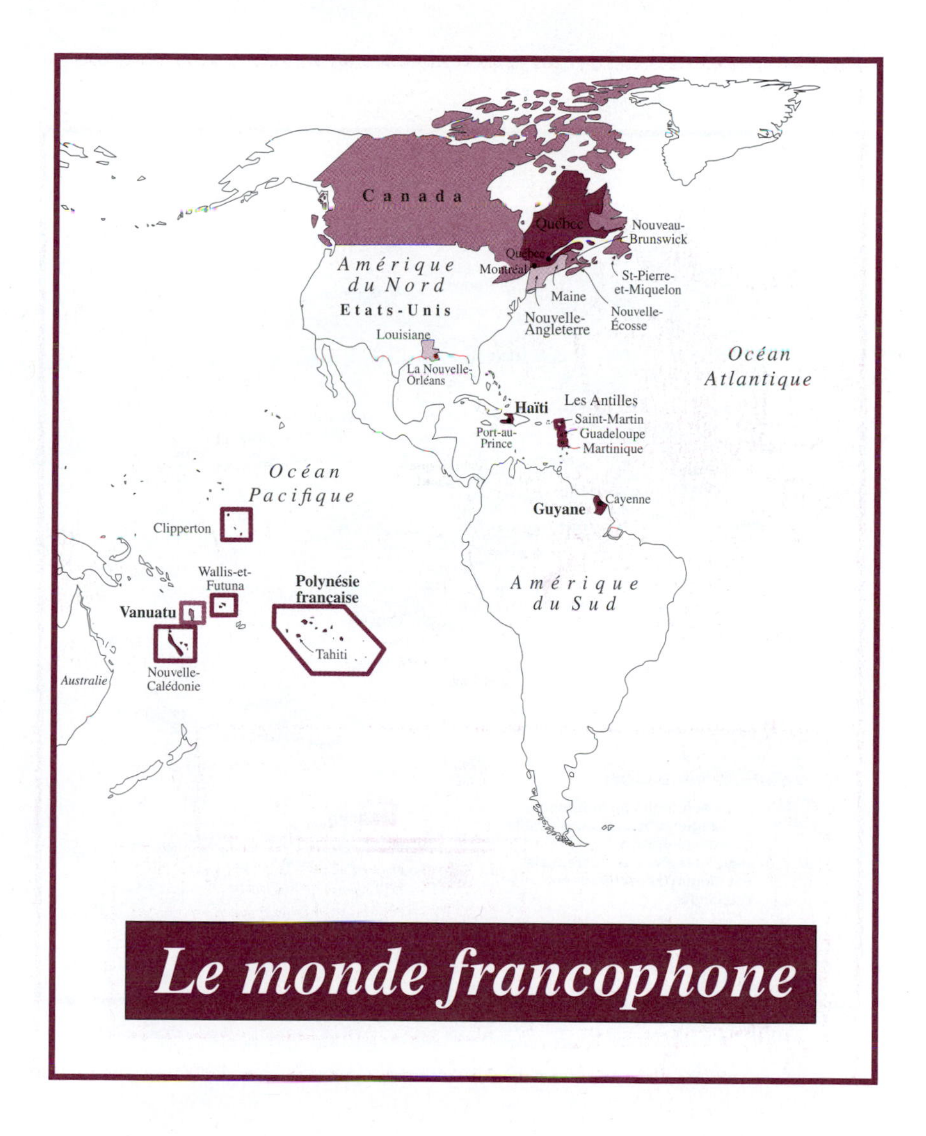
Canada
Québec
Nouveau-Brunswick
Québec
Montréal
St-Pierre-et-Miquelon
Maine
Amérique du Nord
Etats-Unis
Nouvelle-Angleterre
Nouvelle-Écosse
Louisiane
La Nouvelle-Orléans
Océan Atlantique
Haïti
Les Antilles
Saint-Martin
Guadeloupe
Martinique
Port-au-Prince
Océan Pacifique
Guyane
Cayenne
Clipperton
Wallis-et-Futuna
Polynésie française
Vanuatu
Tahiti
Nouvelle-Calédonie
Australie
Amérique du Sud
Le monde francophone

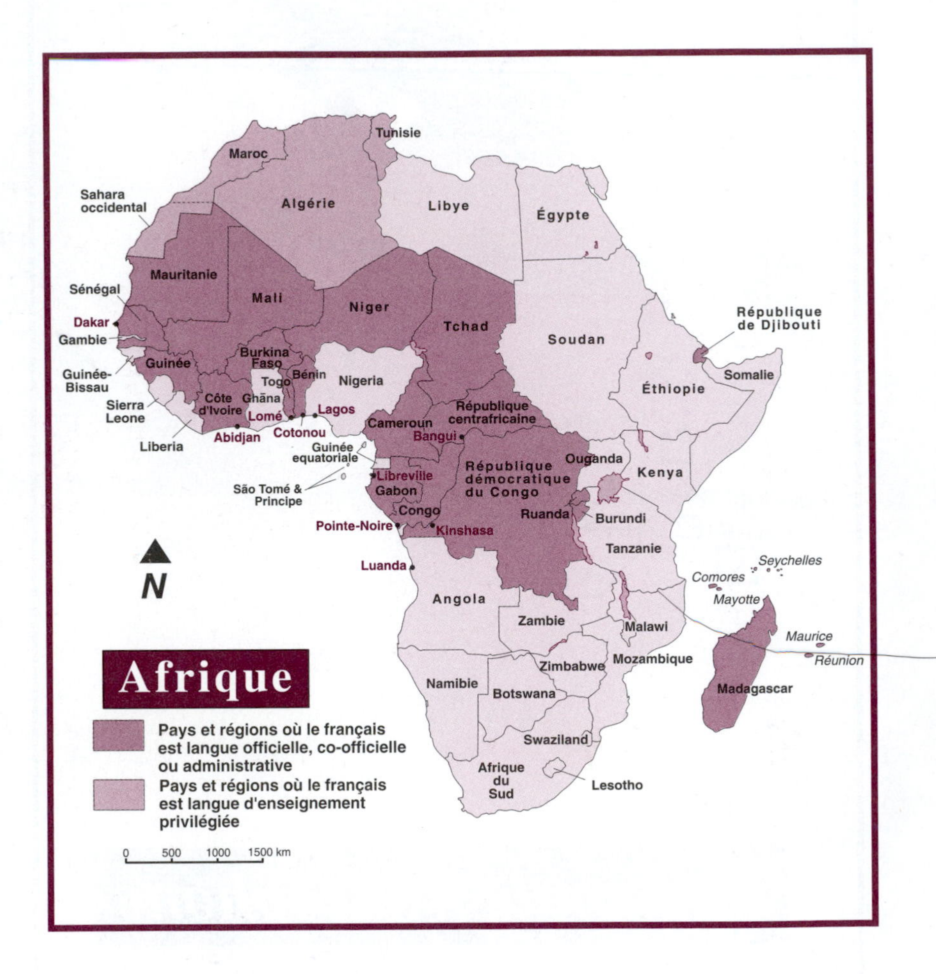

Afrique
Pays et régions où le français est langue officielle, co-officielle ou administrative
Pays et régions où le français est langue d'enseignement privilégiée
0 500 1000 1500 km
N
Tunisie
Maroc
Algérie
Libye
Égypte
Sahara occidental
Mauritanie
Mali
Niger
Tchad
Soudan
Sénégal
Dakar
Gambie
Guinée
Guinée-Bissau
Sierra Leone
Liberia
Burkina Faso
Bénin
Togo
Nigeria
Côte d'Ivoire
Ghāna
Lomé
Lagos
Abidjan
Cotonou
République de Djibouti
Somalie
Éthiopie
République centrafricaine
Cameroun
Bangui
Guinée equatoriale
São Tomé & Principe
Libreville
Gabon
Congo
Pointe-Noire
Kinshasa
République démocratique du Congo
Ouganda
Kenya
Ruanda
Burundi
Tanzanie
Luanda
Angola
Zambie
Malawi
Seychelles
Comores
Mayotte
Maurice
Réunion
Madagascar
Mozambique
Zimbabwe
Namibie
Botswana
Swaziland
Afrique du Sud
Lesotho